文史哲學集成

那思陸著

清代中央司法審判制度

文史哲出版社印行

國立中央圖書館出版品預行編目資料

清代中央司法審判制度 / 那思陸著. -- 初版. --
臺北市 : 文史哲, 民81
面 ; 公分. -- (文史哲學集成 ; 252)
參考書目: 面
ISBN 957-547-109-1(平裝)

1. 法制史 - 中國 - 清(1644-1912)

580.927　　81001011

㉕② 文史哲學集成

清代中央司法審判制度

著者：那思陸
出版者：文史哲出版社
登記證字號：行政院新聞局局版臺業字五三三七號
發行人：彭正雄
發行所：文史哲出版社
印刷者：文史哲出版社
台北市羅斯福路一段七十二巷四號
郵撥〇五一二八八一二彭正雄帳戶
電話：三五一一〇二八
實價新台幣五二〇元
中華民國八十一年三月初版

ISBN 957-547-109-1

清代中央司法審判制度目錄

第五章　清代中央司法審判程序之二—京師案件現審程序……二九五

第一章　緒　論

第一節　清代司法審判制度的研究價值

一

中國傳統法制（指清代以前的中國法制）與歐陸法制迥不相同。基本上可以說，三千多年來中國傳統法制完全是獨自發展的，與歐陸法制並無關連，也未受歐陸法制影響。中國傳統法制是中華民族獨自創制的一套法律制度，它忠實的反映了中國人的政治、經濟與社會生活，它具有濃厚的民族色彩。

中國自秦漢以後，建立了大一統的帝國，也建立了一元的法律制度（包括司法審判制度），這套法律制度是中央集權的，它與中國傳統政治制度的本質，是一致的。兩千年來，由於中國基本的政治、經濟和社會環境的變化緩慢，因此，中國傳統法制的變革也是緩慢的。這種情形和一七八九年法國大革命以前的歐洲各國是類似的。法國大革命之後，君主專制與封建制度動搖了，歐洲各國的政治、經濟和社會發生了驚天動地的變化，連帶的也使得歐洲各國的法律制度發生了巨大的變革。現代化的法典誕生了，法國拿破崙民法典（一八〇四年）和德國民法典（一八九六年）的頒布即爲著例。實體法的變革固然是非常巨大，程序法的變革也是非常巨大，但是歐陸法制的巨大變革並未影響到古老的中國。在辛亥革命（一九一一年）以前，中國傳統法制（包括傳統司法審判制度）依然維持其原來面貌，很少改變。

辛亥革命之後，中國傳統法制被徹底揚棄，我國急遽的移植先進的歐陸法制，期望藉以除舊佈新。民國初年我國移植歐陸法制的勇氣與魄力是值得稱道的，但是這種法制上急遽的「全盤西化」必然地也產生了一些問題。無疑的，民國初年的引進歐陸法制是「超前立法」。「超前立法」是早熟的立法，它雖然有引導國家社會進步的積極作用，但因爲它是移植來的法制，沒有歷史與文化的基礎，也沒有與之配合的政治、經濟與社會條件，它對國人而言是陌生的，所以儘管它是先進的法律，但是施行在落後的中國，很遺憾的，它發生適應不良的情形，成效也大大受到影響。

歷史法學派的德國法學家薩維尼（Friedrich Carl von Savigny 1779—1861）認爲法律是民族精神的產物，它具有民族性，各民族均有其各自的習慣法，各自的習慣法顯現各民族的民族精神，而成爲各民族的法律。薩維尼的學說主要是針對民法而言，但事實上，對於其他法律，薩維尼的態度也是一樣的。歷史法學派的學說雖有缺陷與錯誤，但仍有其不可磨滅的價值。學者認爲：「德國歷史法學在強調習慣法這一方面似乎也包含許多眞理。」（註一）

民國初年我國移植先進的歐陸法制過於匆忙，並未充分考慮到我國的習慣法、民族性以及政治、經濟與社會條件的問題，這次的移植歐陸法制可以說是急就章式的。移植歐陸法制適應不良的情形非常普遍，在民法、刑法等實體法的施行上存在著，在民事和刑事訴訟法的施行上也存在著。

民國初年我國移植歐陸法制適應不良的情形，可以從下面兩個現象得到證明：

一、國人普遍認爲司法機關「司法不公」

造成國人認爲司法機關「司法不公」的原因主要有二：一是司法風紀不良，二是法律規定不公平、不合理。其中第二項原因，嚴格言之，並非司法問題，而係立法問題。國人之所以認爲現行的法律規定不公平、不合理，有可能是因爲現行法律規定與人民的法律觀念（指中國傳統的法律觀念）有所歧異，實體法或程序法上均有此情形。以民事訴訟而言，中國傳統法制下的民事訴訟採行「職權進行主義」，而現行的民事訴訟採行「當事人進行主義」；中國傳統法制下的民事訴訟著重實體之眞實發現，而現行的民事訴訟著重程序之公正。此一事例足以說明歐陸法制與中國傳統法制的歧異。

二、國人漠視或不遵守法律的情形十分普遍

國人漠視或不遵守法律的原因很多，除了政治、經濟與社會等原因外，還有法律本身的原因。國人常有「法律歸法律」（即不理會法律）的想法，這不是偶然的。法律是人類社會生活的規範，法律規範如果是自各該民族的習慣法中產生的，且符合各該民族的民族性，則較易爲國民所遵守。反之，法律規範如果不是自各該民族的習慣法中產生的，且不符合各該民族的民族性，則較難爲國民所遵守。我國現行法律是移植歐陸法律而來的，並非自中國民族的習慣法中產生的，且許多方面並不符合中國

民族的民族性。我國現行法律是移植的而非固有的這一事實，與國人漠視或不遵守法律的現象是有關連的。

民國初年我國移植歐陸法制適應不良的原因，具體言之，有下列兩點：

㈠歐陸法制在中國沒有歷史與文化的基礎

歐陸法制在歐洲有兩千多年的歷史，羅馬法是它早期的淵源。而羅馬法則是羅馬文明的產物。基督教文明興起後，基督教文明又滲入了歐陸法制。法國大革命之後，歐陸法制除去了君主專制與封建制度的成分，增加了自由民主的內容，變革至巨，使歐陸法制更趨成熟。歐洲各國的民族、歷史、文化、宗教、風俗習慣均與我國全然不同，很明顯的，歐陸法制具有歐洲歷史文化的色彩。植根於歐洲歷史文化的歐陸法制在中國並沒有歷史與文化的基礎，其移植中國後的適應不良是必然的。平情言之，固步自封、抗拒法制改革的態度是錯誤的，但是不顧歷史文化背景，而在法制上「全盤西化」的作法也是偏激的。

㈡歐陸法制在中國沒有與之配合的政治、經濟與社會條件

法制的移植與自然科學的移植不同，它必須有一定的政治、經濟與社會條件。二十世紀初期的歐陸法制是世界上最進步的法制，但是它的產生有一定的政治、經濟與社會條件，當時的歐洲各國已施行民主政治，並已進入工業化社會，而且教育普及。但當時的中國，仍然是專制的農業國家，而且教育落後。由於中國不具備歐洲各國的政治、經濟與社會條件，所以歐陸法制移植到中國，自然會發生

適應不良的情形。

由於上述兩項原因，歐陸法制對國人而言是全然陌生的，普遍都有適應不良的情形，農民是如此，知識份子也是如此。其實，這種移植歐陸法制適應不良的情形在其他亞洲國家也同樣的存在，原因也頗爲類似，只不過是適應不良的情形有輕有重而已。在中國（臺灣地區），移植歐陸法制適應不良的情形現在已大爲改善，這是由於政治經濟的變革、社會的進步以及教育的普及所致。但是在移植歐陸法制的過程當中，國人已經付出了相當大的代價，那是七十多年國人對中國現行法制的陌生、迷惘、懷疑與怨尤。

二

從事法學的研究，必須進行歷史的考察。「知古所以鑒今」，從事中國傳統法制的研究，目的即在於此。中國傳統法制雖然已經失去實際效力，而且是在中國特定政治、經濟與社會環境下的產物，已無法適用於二十世紀九十年代的社會。但是它是中國人獨自創制的一套法制，它的興起發達與沒落消亡，都可作爲歷史的借鑒。

再者，中國傳統法制涵蘊著中國人的法律思想，無論民事法、刑事法或訴訟法上，都可以找到中國人的法律思想。中國傳統法制雖然已經沒落消亡，但是中國傳統法律思想仍然存活著。因之，中國傳統法制的研究並非毫無現實意義。基於上述理由，我們認爲中國傳統法制有其研究價值。

清代法制(包括司法審判制度)是中國傳統法制的一部分，它是中國傳統法制的珍貴遺產。清朝是我國君主政治最末的一個王朝，它是滿族建立的王朝。滿族雖以少數民族入主中原，但在取得政權之後，即接受了明朝的典章制度，包括明朝的政治制度與法律制度(包括司法審判制度)，清朝是中國傳統法制(包括司法審判制度)最末的繼承者，它居於「承先啓後」的關鍵地位。研究中國傳統法制，必須研究清代法制。

滿族在關外時期(一六四四年以前)已經建立政權，時間長達二十八年(一六一六年～一六四三年)，包括後金時期的天命朝(共十一年)、天聰朝(共九年)以及大清時期的崇德朝(共八年)。清太祖努爾哈齊與清太宗皇太極均是滿族的傑出領袖，對建國初期國家典章制度的建立頗有建樹。因滿族與漢族血統、語言、文化、風俗習慣及民族性均有不同，故關外時期後金與清的政治制度與法律制度(包括司法審判制度)有其鮮明的特色，極具民族色彩。關外時期後金與清的政治制度與法律制度(包括司法審判制度)是中國少數民族法制的瑰寶，這使得清代法制的研究具有特殊的意義。

清代司法審判制度是整個清代法制的重要一環，研究清代法制，必須研究清代司法審判制度。清代民事、刑事案件均須經由各級衙門加以審判，由地方到中央司法審判衙門，層級繁多，程序複雜。重大案件從呈控、批詞、查驗、檢驗，到傳喚、拘提、緝捕、監禁，再到審訊，定擬招解、府司審轉、督撫覆審，最後到刑部或三法司核擬、皇帝批行，以至於執行死刑，全部審判程序十分繁瑣複雜。各級衙門官員都有司法審判職責，司法審判甚至可以說是各級衙門官員的主要工作。學者認爲：「中國古代司法組織，與其謂以行政官兼理司法，毋寧謂以司法官兼理行政之更切實際。」（註二）中國傳統司法審判制度的重要性，於此可見。再者清代的司法審判制度與清代政治、經濟與社會制度相關，事實上它反映了清代政治、經濟與社會。透過清代司法審判制度的研究，我們可以瞭解清代政治、經濟與社會的眞實情況，學術價值極高。又就中國法制史的研究而言，從事刑事法、民事法等實體法研究的學者爲數較多，而從事民事刑事訴訟法研究的學者則爲數極少。因此，清代司法審判制度這一學術研究領域，更值得學者努力耕耘，積極研究。

清代司法審判制度中，有關州縣衙門司法審判制度的研究目前已有學者從事，而有關中央的司法審判制度的研究則罕見學者從事。其主要的原因是缺乏檔案資料，不易進行研究。近年來，有關清代中央的檔案資料已陸續整理編印出版。甚至關外時期的滿文老檔也已翻譯成書，這使清代中央司法審判制度的研究，較前便利。我們希望有關清代中央司法審判制度的研究，有助於清代司法審判制度眞實面貌的逐漸明朗清晰，使中國法制史有關這方面的研究日趨充實。

第二節　清代司法審判制度的歷史分期

一

關於清代法制（包括司法審判制度）的歷史分期，中國大陸法學家張晉藩認爲可分爲三個階段：

（註三）

一、第一階段：一六一六～一六四四年（天命元年至順治元年）。

二、第二階段：一六四四～一八四〇年（順治元年至道光二十年）。

三、第三階段：一八四〇～一九一一年（道光二十年至宣統三年）。

上述有關清代法制歷史分期的說法，第一階段的分期應係正確無誤，可爲定論。第二和第三兩階段的分期則有待商榷，值得探究。

張氏認清代法制第二階段起於一六四四年（順治元年），並無不妥。惟張氏認清代法制第二和第三階段分界於一八四〇年（道光二十年）鴉片戰爭，則不無可議之處。張氏認爲：「一八四〇年鴉片戰爭以後，外國侵略者憑借不平等條約，打破中國閉關鎖國的大門，攫取了中國的經濟、政治、司法大權，使中國由封建社會逐漸淪爲半殖民地半封建社會。」（註四）這種說法是將馬克斯主義者對歷史發展的看法硬梆梆的套入清代法制史中，是泛政治化的說法，並無學術上的價值。至於張氏認爲：「在這七十年間，就法制的變化而言，從一八四〇～一九〇一年，主要是外國侵略者通過不平等條約取得了領事裁判權，並在租界內建立了會審公廨，使中國喪失了司法主權。從一九〇一～一九一一年，主要是封建的舊法體系已經不適應急遽變動的新形勢、新關係，同時清政府又屈從於外國侵略者的壓力，開始變法修律。」（註五）這段話倒是與清代法制（包括司法審判制度）有關，一是領事裁判權與會審公廨的問題，二是變法修律的問題。

領事裁判權最早是在道光廿二年（一八四二年）南京條約附件善後章程中清政府同意給與英國的，後來西方列強均援例要求給與，損害中國主權至巨。至於會審公廨則係始於咸豐四年（一八五四年）清政府與英、法等國締約，協議在租界內設立會審公堂，同治七年（一八六八年）清政府又與各國訂立「上海洋涇濱設官會審章程」，確定會審公廨的設立。兩者均破壞了中國司法權的完整，都是不平等條約下的產物，也是清代司法審判制度必須論述的重要問題，但是以之作爲清代法制（包括司法審判制度）歷史分期的基準，尚嫌不足。因爲領事裁判權與會審公廨的設立，其實施範圍僅限於通商口岸「租界」地區，其影響是局部的而不是全部的。事實上，清代法制（包括司法審判制度）自乾隆以後至清末變法以前，變革緩慢，幅度不大。以司法審判制度而言，基本上領事裁判權與會審公廨的設立，雖然侵損了清政府司法審判權的實施範圍，但並未變更清代司法審判制度的本質與內容。

至於變法修律，倒是可以作爲清代法制（包括司法審判制度）歷史分期的基準。清末有兩次變法，一次是光緒廿四年（一八九八年）的「戊戌變法」，這次變法是光緒皇帝發動的，主要側重在政治軍事教育及實業方面，在司法審判方面少有變革，百日之後即歸於失敗。另一次是光緒廿七年（一九〇一年）開始的「辛丑變法」，這次變法是慈禧太后在八國聯軍之役後迫於形勢，不得不採行的，因慈禧具有實權，故變法稍具效果。這次變法有關司法審判方面的有二：一、光緒卅二年（一九〇六年）官制改革，改刑部爲法部，掌理司法行政。改大理寺爲大理院，掌理審判，爲全國最高審判機關，並配置總檢察廳，辦理檢察事務。就司法審判而言，這次官制改革具有法制改革的成分。二、宣統元年（一九〇九年）頒布法院編制法，採四級三審制，以大理院、高等審判廳、地方審判廳與初級審判廳爲四級審判機關，四級審判機關並配置同級檢察機關。至此，清代法制改革又推進一步。

這兩次變法都有歷史上的重大意義，但就清代法制（包括司法審判制度）而言，光緒廿七年開始的「辛丑變法」較具重要性。而其中又以光緒卅二年的官制改革（或稱法制改革），完全改變了清代傳統上刑部與大理寺的權責劃分，徹底改革了清代司法審判制度，更具有劃時代的意義。所以清代法制第二階段和第三階段的分界應是光緒卅二年（一九〇六年）的官制改革，而非道光二十年（一八四〇年）的鴉片戰爭。儘管光緒卅二年的官制改革（或稱法制改革）是曇花一現，僅持續了六年，到宣統三年清朝就覆亡了，但就制度而論，它應可作爲清代法制（包含司法審判制度）歷史分期的基準。

二

基於上述理由，清代司法審判制度應分爲下列三個階段：

第一階段：天命元年至崇德八年（一六一六～一六四三年），共廿八年，這是部族習慣法時代。

萬曆十一年（一五八三）清太祖努爾哈齊以父祖「十三副遺甲」起兵，攻尼堪外蘭。是歲受明敕書十三道，馬三十四，襲建州左衞都指揮使。是時努爾哈齊事實上已建立部族政權，於建州左衞地區，行使其統治權，自稱女眞國，惟名義上仍臣服於明朝。此一部族政權的人民並不衆多，民刑案件也少，所有民刑案件均由努爾哈齊親自審判。努爾哈齊不但是部族的族長，軍事的統帥，也是司法上的最高裁判者。但經過三十年之征伐，國勢增強，疆土日廣，人民也逐漸增多。努爾哈齊遂逐步編立八旗，各旗由主旗貝勒統之，握有司法審判權。萬曆卅一年（一六一五年）努爾哈齊又設置理政聽訟大臣五人，札爾固齊（即理事官）十人，掌理司法審判，建立三覆審制。萬曆卅二年（一六一六年）努爾哈齊即建立後金國，建元天命。天命朝十一年間，後金國屬部族統治形態，其司法審判適用部族習慣法，與明制差異極大，兩者迥然不同。

天命十一年，清太宗皇太極即汗位，改元天聰，逐步建立中央集權政制，各種典章制度逐步採行明制。天聰五年（一六三一年），設置吏戶禮兵刑工六部，與明制相同，惟六部長官名稱稍異於明制。此後司法審判事務改由刑部掌理。八旗主旗貝勒雖仍有部分司法審判權，但已較前大爲削減。天聰十年，皇太極改國號爲清，以當年爲崇德元年，同年設立都察院，獨立行使監察權，監察各部及諸王貝勒。天聰（共九年）、崇德（共八年）兩朝十七年間，大清國仍屬部族統治形態，雖已漸採明制，但兩國司法審判制度仍不相同。以明會典的引進而言，至遲在天聰六年七月以前，達海即已將明會典翻譯成滿文，而早在天聰六年正月以前，皇太極已下達諭令：「凡事都照大明會典行」。（註六）但事實上，滿漢不同俗，兩國國情也不相同，明會典上有關司法審判的律例並未在清國有效施行，至多是作爲參考而已。當時的司法審判仍然適用部族習慣法，絕大部分是不成文的。現存盛京刑部原檔（崇德三年至四年）即可證明此點。

第二階段：順治元年至光緒卅一年（一六四四～一九〇五年），共二百六十二年。這是繼受明朝法制時代。

清入關之後，一切典章制度迅速採行明制。司法審判方面即係如此，入關初期地方衙門司法審判程序固然率由舊章，中央司法審判程序也鮮少變革，三法司會審、會題、秋審、朝審、三覆奏、勾決等制度全部保留下來。這是出於清政府已由地方性的部族政權，轉變爲全國性的統一各民族的政權，爲適應廣大被統治的漢民族的實際需要，不得不採行明制。入關後清政府繼受了大明律例，當然也繼受了明代司法審判制度。

入關後的清代司法審判制度雖係繼受明代司法審判制度而來，但它對明代司法審判制度仍然有所因革損益，兩者仍有不同。很明顯的，清代司法審判制度具有多民族色彩。八旗衙門、理藩院、內務府、步軍統領衙門、軍機處等衙門俱係明代所無，而這些衙門均有部分司法審判權，掌理滿蒙藏司法審判事務，形成清代司法審判制度的多民族色彩。

清代司法審判制度第二階段長達二百六十二年，於此期間，清代法制亦有變革，因之，第二階段之司法審判制度又可分爲前期與後期兩個時期。前期自順治元年至雍正十三年（一六四四～一七三五年），後期自乾隆元年至光緒卅一年（一七三六～一九〇五年）。前後兩期司法審判制度大同而小異，至其分期則係以軍機處的擴張職權與奏摺的公開使用爲基準。此二事均與清代司法審判制度有重大關連。

軍機處之擴張職權，起於乾隆年間。早在雍正七年六月，即設有軍需房，密辦西北軍需一應事宜。

雍正十年「改軍機房稱辦理軍機處」。（註七）雍正十三年十月，雍正去世不久，乾隆曾一度裁辦理軍機處，但旋於乾隆二年十一月恢復。乾隆以後，軍機處地位益隆，職權日益擴張，「威命所寄，不於內閣而於軍機處，蓋隱然執政之府矣。」（註八）軍機處處理國家政務，參與司法審判，其職權之擴張使清代司法審判制度爲之變革。

至於奏摺之公開使用，亦係起於乾隆年間。明代公文書並無奏摺之名，康熙年間，奏摺漸行，起先僅於君臣之間秘密使用，後至乾隆年間，奏摺逐漸公開使用，成爲正式公文書，並取代了題本的部分功能。重大死罪案件專摺具奏，由軍機處處理，程序較爲迅速。一般死罪案件仍應專本具題，由內閣處理，程序較爲緩慢。這種司法文書上的變革，影響清代司法審判制度之運作。由於內外一切奏摺事件均由軍機處處理，使軍機處的擴張職權與奏摺的公開使用兩者結合在一起，這兩者的結合使得清代司法審判制度自乾隆初年起即產生變革。因之，第二階段可以乾隆元年爲分界點，分爲前期與後期兩個時期。

第三階段：光緒卅二年至宣統三年（一九〇六～一九一一年），共六年，這是繼受歐陸法制時代。

道光二十年（一八四〇年），鴉片戰爭爆發，西方列強勢力侵入我國。道光廿二年（一八四二年），英國首先取得領事裁判權，西方列強亦於其後陸續取得是項特權。同治七年（一八六八年），清政府並同意在租界設立會審公廨。這一連串的不平等條約，侵損了清政府的司法審判權。有識之士於是主張變法修律。「光緒廿八年受了英日美葡四國允許有條件放棄領事裁判權的刺激，於是研究外國法律成爲政府的一新事業。」（註九）在清政府變法修律的過程當中，影響清代司法審判制度最大的就是光緒卅二年（一九〇六年）的官制改革（或稱法制改革）。在這次改革中，刑部改名法部，大理寺更名大理院，前者掌理司法行政，後者掌理司法審判並配置總檢察廳。宣統元年，清政府又頒布法院編制法，採行四級三審制，除大理院外，並普設高等審判廳、地方審判廳及初級審判廳，成爲四級審判機關，並配置同級檢察機關。先進的歐陸法制被引進中國，傳統的司法審判制度漸被揚棄。這一階段雖然時間很短，但是仍不失爲清代司法審判制度史上的重要一頁，值得學術界深入研究。

【附註】

註一　林文雄，法實證主義，頁九。
註二　謝冠生，中國司法制度概述，見中國政治思想與制度史論集㈡。
註三　張晉藩，清代法制史綜論，見法史鑒略，頁二三〇―二五七。
註四　前書，頁二五二。
註五　同前註。
註六　羅振玉編，天聰朝臣工奏議，見潘喆等編，清入關前史料選輯第二輯，頁二。
註七　清史稿，卷一七六，軍機大臣年表一。
註八　同前註。
註九　楊鴻烈，中國法律思想史，頁三〇五。

第二章　清入關前司法審判制度

第一節　清入關前司法審判制度的特徵

明萬曆四十四年（一六一六年），清太祖努爾哈齊建後金國，即汗位，建元天命。明天啓六年（一六二六年），清太宗皇太極即汗位，改元天聰。明崇禎九年（一六三六年），皇太極即皇帝位，改國號爲清，改元崇德。此一政權歷經兩代（太祖、太宗）三朝（天命、天聰、崇德），時間長達廿八年（一六一六～一六四三年）。其實早在萬曆十一年（一五八三年），清太祖努爾哈齊以父祖十三副遺甲起兵時，即已建立部族政權，萬曆十七年（一五八九年）更進而稱王。論述清入關前司法審判制度雖以天命元年（一六一六年）至崇德八年（一六四三年）期間爲主，但自努爾哈齊起兵至天命元年以前的制度，爲得通盤之瞭解，亦宜一併探討研究。

滿族的經濟生活是以漁獵游牧爲主的，漢族的經濟生活則是以農業生產爲主的。滿族遲至十六世紀方才發展出拼音文字，漢族則早在三千年前即已發明文字。由於生活方式及文化的不同，導致兩大民族在政治和法制發展上的差異。漢族很早就發展出君主集權制及成文的法律，滿族（即女眞族）則在入關以前，基本上仍然維持氏族民主制及不成文的部族習慣法。由於在政治和法制發展的巨大差異，清入關前司法審判制度自然有其本民族的特點，與明朝司法審判制度頗不相同。

萬曆十一年（一五八三年）努爾哈齊起兵之時，我國東北地區女眞族各部落是相當獨立自主的，各部落雖然接受明政府的勅封，但均擁有相當大的自主權，通常明政府不干涉各部落的內政。這些女眞族部落在政治上施行氏族民主制，在司法審判方面，則適用不成文的部族習慣法。關於這種不成文的部族習慣法，日本學者島田正郎曾加以說明：

我們推測，在草原上遊牧的人，其族內生活，開始都是按照著他們的習慣，換言之，他們的生活，是以薩滿教的世界觀與遊牧的生活和生產方式爲基礎，而維持著父權氏族社會制的秩序。在這一種社會狀態中的「法」，當然是一種與宗教道德尚未分化的狀態，因爲其社會尚未表現出堅強的政治型態，故以公的權威爲基礎的「法」很難建立。在那一種尚未成熟的社會狀態中的所謂「法」，當然祇是一種很廣泛的「規範」。（註一）

努爾哈齊經過三十四年（一五八三～一六一六年）的征戰，統一了女眞族各部落，建立了後金國。在建立後金國前一年（一六一五年），努爾哈齊也確立了八旗制度，孟森評論八旗制度曰：「八旗者，太祖所定之國體也。一國盡隸於八旗，以八和碩貝勒爲旗主，旗下謂之屬人，屬人對旗主有君臣之分。八貝勒分治其國，無一定君主，由八旗公推一人爲首長，如八家意有不合，即可易之。此太祖之口定憲法。其國體假借名之，可曰聯邦制，實則聯旗制耳。」（註二）孟森所說的「聯旗制」表明了後金國天命時期氏族民主制的實況。天命時期，努爾哈齊建立了「共議國政」的傳統，後金國一切國家政務（含司法審判），均由八旗諸貝勒共議，再由努爾哈齊做最後的裁決。「共議國政」表現在司法審判上，即爲「合議審判」。天命時期八旗諸貝勒大臣經由「共議國政」，建立「合議審判」的傳統，成爲清入關前司法審判制度的一大特色。

有關後金國天命時期司法審判的史料，現存的很少。從少數現存的史料（如滿文老檔）中可得知，後金國天命時期是適用不成文的部族習慣法來進行司法審判的。這些習慣法範圍很廣，內容也豐富，包括實體法與程序法，有些習慣法的內容甚至可以追溯到金代女眞族的習慣法，極具民族特色。

天命十一年（一六二六年），皇太極即汗位後，開始中央集權。在政治方面，逐步削減貝勒的權力，建立君主集權制。在司法審判方面，則逐步引進明制，如天聰五年的設立刑部（註三）和明令適用大明會典（註四）（事實上只是部分適用而已）。此二事使後金國的司法審判機關和程序都有所改變，相當程度地變革了後金國的司法審判制度。雖然在政治上和法治上，皇太極進行了巨大的變革，但是在天聰朝和崇德朝兩個時期，八旗「合議審判」及「部族習慣法」的傳統仍然具有巨大的影響力，明制並未取得主導性的地位。

由後金國的天命朝到大清國的天聰朝，政治情勢變化極大。由於女眞各部族的兼併以及各民族的歸附（漢、蒙古、朝鮮），國民的組成較前複雜，使得淸的司法審判制度必須加以變革。天聰五年皇太極設立刑部並明令適用大明會典，實是適應當時政治情勢之舉。清入關前司法制度可以天聰五年七月設立刑部爲分界點，分爲前後兩期。天命元年至天聰五年六月爲前期，此一時期「部族習慣法」的色彩極爲濃厚。天聰五年七月至崇德八年爲後期，此一時期雖仍具有「部族習慣法」的色彩，但已染有明朝典章制度的色彩。

綜而言之，清入關前的司法審判制度以滿族固有的傳統爲基礎，以「合議審判」和「部族習慣法」爲其特徵，極具民族特色。「合議審判」爲氏族民主制的表現，這種傳統可以追溯到遼金時期。就廣義而言，「合議審判」的傳統亦係「部族習慣法」。天聰五年皇太極的引進明制，相當程度的變革了清的司法審判制度，但仍未改變此一時期司法審判制度中「部族習慣法」的特徵。

第二節　清入關前司法審判機關

關於清入關前司法審判制度（含司法審判機關及司法審判程序），清史稿簡述曰：

太祖始創八旗，每旗設總管大臣一，佐管大臣二。又置理政聽訟大臣五人，號爲議政五大臣。扎爾固齊十人，號爲理事十大臣。凡聽斷之事，先經扎爾固齊十人審問，然後言於五臣，五臣再加審問，然後言於諸貝勒。衆議既定，猶恐冤抑，親加鞫問。天命元年，諭貝勒大臣曰：「國人有事，當訴於公所，毋得訴於諸臣之家。兹播告國中，自貝勒大臣以下有罪，當靜聽公斷，執拗不服者，加等治罪。凡事俱五日一聽斷於公所，其私訴於家，不執送而私斷者，治罪不貸。」十一年，太宗以議政五大臣、理事十大臣不皆分授，或即以總管、佐管兼之，於是集諸貝勒定議裁撤。每旗由佐管大臣審斷詞訟，不令出兵駐防。其每旗別設調遣大臣二員，遇有駐防調遣，所屬詞訟仍令審理。（註五）

清史稿上述記載因過於簡陋，有欠明確，許多清入關前司法審判制度上的重大變革均未記載，致使清入關前司法審判制度仍呈撲朔迷離狀態，世人難以窺其全貌。綜言之，清入關前，因其政治體制曾經多次變革，其司法審判制度因之變革極大，司法審判機關有時新置，有時廢除，各級司法審判機關的司法審判權亦時大時小，變動不已。欲明瞭清入關前司法審判制度，必須掌握清入關前政治體制之變革，否則無由得知其眞相。清入關前司法審判機關的變革頗大，可分爲：㈠、萬曆四十三年（一六一五年）以前，㈡、天命元年（一六一六年）至天命十一年（一六二六年）八月，㈢、天命十一年（一六二六年）九月至天聰五年（一六三一年）六月，㈣、天聰五年（一六三一年）七月至崇德八年（一六四三年）等四時期說明：

一、萬曆四十三年以前的司法審判機關

萬曆十一年（一五八三年）努爾哈齊以父親十三副遺甲起兵，第二年九月進攻棟鄂部，即「率兵五百」。（註六）是時，努爾哈齊即已建立部族政權。在其部族之中，努爾哈齊是政治和軍事的最高

領袖，也是司法審判上的最高裁決者，握有生殺予奪的權力。由於所統治的族人並不多，族人間所發生的案件也不會太多，均由努爾哈齊親自審理，無人協助審理。但隨著軍事上的勝利，屬人日益增多，至萬曆二十九年（一六〇一年）創編四旗時，努爾哈齊已擁有四十牛彔（niru）的屬人。（註七）至萬曆四十三年（一六一五年）創編八旗時，努爾哈齊已擁有二〇〇牛彔的屬人。（註八）由於屬人的大量增加，努爾哈齊必須設置官吏，以爲治理。萬曆二十九年，努爾哈齊將每三百人設一牛彔額眞（niru i ejen）。（註九）萬曆四十三年，努爾哈齊又將五牛彔設一甲喇額眞（jalan i ejen），五甲喇設一固山額眞（gūsa i ejen），每固山額眞左右設兩梅勒額眞（meiren i ejen）。（註一〇）同年，努爾哈齊置理政聽訟大臣五人，扎爾固齊（jarguci）十人，佐理國事。（註一一）又依據滿文老檔之記載，同年，努爾哈齊置八大臣及四十名審事官。（註一二）依清太祖高皇帝實錄乙卯年（萬曆四十三年）的記載，此一時期的司法審判程序如下：

> 又置理政聽訟大臣五人，扎爾固齊十人，佐理國事，上五日一視朝，焚香告天，宣讀嘉言懿行，及古來成敗之書，以誡諭國人。凡有聽斷之事，先經扎爾固齊十人審問，然後言於五臣，五臣再加審問，然後言於諸貝勒。衆議既定，奏明三覆審之事。猶恐尚有冤抑，令訟者跪上前，更詳問之，明核是非，故臣下不敢欺隱，民情皆得上聞。（註一三）

此一時期八旗基層官員牛彔額眞是否掌有司法審判權，史料並無記載，但我們可以合理地斷定牛彔額眞對牛彔下旗人的輕微案件確實掌有司法審判權。此一時期，比較重大的案件均須送扎爾固齊審問。

扎爾固齊即清史稿刑法志所稱之「理事大臣」。扎爾固齊，蒙語，審事官也。依據清太祖武皇帝實錄記載，萬曆二十一年（一五八三年）閏十一月，太祖派兵圍佛多古山時，已稱噶蓋為扎爾固齊。扎爾固齊之設，應在此之前。扎爾固齊之人數，設置之初或僅有一二人，但因屬人不斷增加，扎爾固齊人數亦隨之而增。依清太祖高皇帝實錄記載，萬曆四十三年（一六一五年）置扎爾固齊十人。（註一四）又依滿文老檔記載，同年，努爾哈齊「委四十名為審事官（beidesi）」。（註一五）依事理推斷，努爾哈齊置扎爾固齊十人乙事在先，委審事官四十名乙事在後。案件經扎爾固齊或審事官審問後，應送理政聽訟大臣再加審問。

理政聽訟大臣清史稿刑法志稱為「議政大臣」。依清太祖高皇帝實錄記載，萬曆四十三年，置理政聽訟大臣五人。（註一六）但依滿洲實錄記載，萬曆四十一年（一六一三年）正月，努爾哈齊征烏拉國時，已有五大臣之名，此五大臣為費英東（一五六四—一六二〇）、何和里額駙（一五六一—一六二三）、達爾漢轄（一五七八—一六二三）、額亦都（一五六二—一六二一）、碩翁科羅（即安費揚古，一五五九—一六二二）（註一七），可知五大臣之設置應在是年以前。又依滿文老檔記載，萬曆四十三年，努爾哈齊「遴選審理國事之公正賢能人士，擢為八大臣」。（註一八）依事理推斷，努爾哈齊置五大臣乙事在先，遴選八大臣乙事在後。案件應經理政聽訟大臣（五大臣或八大臣）審問，理政聽訟大臣審問後，再由諸貝勒審問。

萬曆四十三年以前，參與議政和司法審判的貝勒可能有穆爾哈齊（一五六一—一六二〇）、舒爾哈齊（一五六四—一六一一）、緖英（一五八〇—一六一五）、代善（一五八三—一六四八）、阿敏（一五八六—一六四〇）、莽古爾泰（一五八七—一六三二）和皇太極（一五九二—一六四三）等。萬曆四十三年那一年，除舒爾哈齊、緖英已死外，穆爾哈齊五十五歲、代善三十三歲、何敏三十歲、莽古爾泰二十九歲、皇太極二十四歲。努爾哈齊其餘諸子或地位較低，或年齡較小，尙難參與議政或司法審判。又案件經「衆議既定」之後，應係由扎爾固齊（或審事官）向努爾哈齊「奏明三覆審之事」，由努爾哈齊做最後的裁決。萬曆四十三年以前，三覆審的程序大體上是被遵守的。

無疑的，努爾哈齊握有司法審判上最後的裁決權。在萬曆四十三年以前，因屬人不多，多數案件均由努爾哈齊親自審理。雖然案件已經扎爾固齊（或審事官）、理政聽訟大臣及諸貝勒「三覆審」、努爾哈齊仍然親自審理「更詳問之，明核是非」。對於生殺予奪的司法大權，努爾哈齊是牢牢掌握的。

二、天命元年以後的司法審判機關

天命元年（一六一六年），努爾哈齊建後金國，即汗位，這個部族政權進入了新紀元。在天命朝十一年中，後金國在軍事上不斷取得勝利，政治、經濟或司法審判上，也都有長足的進步。司法審判上三覆審的制度依然維持著。

天命年間，後金國所屬牛彔數由約二〇〇個增加到約二三〇個。（註一九）此一時期牛彔額眞之掌有司法審判權，滿文老檔上有明確之記載：

（天命六年）二月二十八日，順兒牛彔下之弓匠渾岱，曾於界藩及鐵嶺軍中私匿馬匹各一，其妻、弟首告於順兒。順兒未及時擒拿審理，後欲遣人拿問時，其人已聞訊而逃。按律擬順兒父子以罪，各罰銀二十兩。（註二〇）

上述滿文老檔之記載，即說明了牛彔額眞掌有「擒拿審理」之權力和職責。惟牛彔額眞只能審理輕微案件，比較重大的案件都必須移送上級司法機關三覆審。

天命年間，三覆審之初審係由審事官擔任，而非由扎爾固齊擔任。自萬曆四十三年努爾哈齊「委四十名爲審事官」之後，扎爾固齊（或稱理事大臣）之職能已爲審事官所取代，在司法審判上已無實際作用。又依清史稿記載，遲至天命十一年（九月），皇太極始集諸貝勒定議裁撤扎爾固齊。（註二一）依滿文老檔記載，天命年間審事官的人數時有變更。天命七年三月，後金國「設諸申審事八人，漢審事八人，蒙古審事八人。」（註二二）天命七年六月，努爾哈齊「特委任總兵官達爾漢轄……等十六人，審理國中各項案事。」（註二三）此十六人應係諸申審事官。天命八年二月，後金國「每旗設審事官二員，蒙古審事官八員，漢審事官八員」。（註二四）天命年間，僅有滿洲八旗，並無蒙古和漢軍八旗，此所謂「每旗設審事官二員」係指每旗設諸申審事官二員，八旗共設諸申審事官十六員。此一時期，諸審事官間已有爲首審事官與末等審事官之別。（註二五）又天命年間雖無蒙古和漢軍八旗，但因已征服不少蒙古人和漢人，故設蒙古審事官（或審事）和漢審事官（或審事），審理有關蒙古人和漢人的訴訟案件。依三覆審制度，審事官初審後，訴訟案件應送議政大臣（或都堂）覆審。即滿文老檔上所謂「衆審事審理後，報於大臣。」（註二六）

依滿文老檔記載，乙卯年（一六一五年），努爾哈齊「遴選審理國事公正賢能人士，擢爲八大臣。」（註二七）自這一年起，議政大臣已是八大臣而非五大臣。惟因五大臣之名號由來已久，一時之間，尚難完全廢棄不用。在實際運作上，天命七年以前三覆審之覆審係由議政大臣（即八大臣）擔任。又須說明者，五大臣（費英東、何和里額駙、達爾漢轄、額亦都、安費揚古）自天命五年至天命九年即已陸續去世。

天命七年三月，後金國「設諸申大臣八員，漢大臣八人，蒙古大臣八人。」（註二八）依滿文老檔記載，案件經「大臣擬定後，奏於八王知」（註二九）可知此二十四大臣均有司法審判權，惟其如何分工，目前因史料缺乏，尚難加以論述。

天命八年二月，後金國「八旗設都堂八員」。（註三〇）八都堂是：烏爾古岱、阿布泰、揚古利、多璧、卓里克圖、蘇巴海、阿什達爾漢和貝託惠。（註三一）都堂（du tang）係漢語，明代遼東之人稱巡撫（其本職爲都察院都御史）爲「都堂」，爲遼東地區最高軍政長官，後金國遂借用此一名稱作爲官稱。都堂與議政大臣地位相當，又都堂與固山額眞兩者關係爲何，是否爲同一職務之異稱，目前尚不明晰。

天命八年二月設都堂八員以後，案件改由都堂覆審。都堂覆審後，依案件輕重，或告於諸貝勒，或進而奏聞於汗。

天命年間，參與議政和司法審判的貝勒，除四大貝勒（代善、阿敏、莽古爾泰和皇太極）外，其他衆小貝勒台吉亦逐漸參與。天命六年正月，努爾哈齊與諸子侄盟誓子孫間勿相刑傷時，參與盟誓的除四大貝勒外，另有德格類（一五九六—一六五三）、濟爾哈朗（一五九九—一六五五）、阿濟格（一六〇五—一六五一）、岳托（一五九九—一六三九）等四貝勒。（註三二）此四人應係最早參與議政和司法審判的貝勒。天命九年正月，努爾哈齊與蒙古巴約特盟誓時，參與盟誓的除上述八人外，另有阿巴泰（一五八九—一六四六）、宰桑古（生卒年分不詳）、岳托（一五九九—一六三九）、碩托（?—一六六三）、薩哈連（一六〇四—一六三六）等五人。（註三三）以上十三人應是天命年間參與議政和司法審判的主要人員。清史稿曰：「太祖建號後，諸子皆長且才，故五大臣沒而四大貝勒執政。」（註三四）五大臣自天命五年後陸續去世，諸貝勒權勢日隆，四大貝勒尤然。議政貝勒與議政大臣（即八大臣或八都堂）之地位相去日益懸殊，努爾哈齊建立之「親貴議政制」逐漸確立，重大案件之司法審判由諸貝勒合議之，已然成爲後金國之傳統。

天命年間，因後金國屬人增多，案件亦隨之而增，努爾哈齊已不可能親自審理所有案件。案件經大臣或都堂覆審後，告於諸貝勒。一般案件諸貝勒核可後即可結案，重大案件則奏聞於汗，汗或親自審理，或交由諸貝勒合議。事實上，乙卯年以前的三覆審制度在實際司法運作上不一定被嚴格遵守。此一時期，專業的司法人員—審事官—已然取得比較重要的地位，正式的審判程序逐漸形成，萬曆四十三年以前的家族統治形態也逐漸轉變爲國家統治形態。

天命六年，後金國進入遼瀋地區，努爾哈齊將被征服之漢人納入統治。天命七年正月，對於漢人案件之司法審判程序，努爾哈齊諭令：「諸凡案件，先交守堡、備禦。守堡、備禦審訊後，交參將、遊擊。參將、遊擊審訊後，交都堂、總兵官。都堂、總兵官審訊後，告於八貝勒。小事則由八貝勒共同審理結案。大事則奏聞於汗。」（註三五）依此一諭令，漢人案件，須經八旗各級官員之審訊，其審級爲四級：㈠守堡、備禦。㈡參將、遊擊。㈢都堂、總兵官。㈣八貝勒。

總兵官以下各官原係明軍官之官稱。天命五年，「帝論功序爵，列總兵之品爲三等，副（將）、參（將）、遊擊亦如之，其牛彔額眞俱爲備禦，每牛彔下設千總四員。」（註三六）依此可知，天命五年後，後金國將總兵官以下各官稱作爲世職，按軍功大小加授，至八旗各級官員之官稱則仍係固山額眞、梅勒額眞、甲喇額眞和牛彔額眞。

上述漢人案件司法審判程序與女眞人（諸申人）案件司法審判程序頗相類似，由八旗各級官員審訊之後，小事由諸貝勒審理結案，大事由汗作最後之裁決。

三、天命十一年九月以後的司法審判機關

天命十一年（一六二六年）八月，努爾哈齊崩逝，皇太極即汗位，改元天聰。後金國司法審判制度再起變革。

牛彔額眞仍爲後金國基層之司法審判機關，輕微案件自可審理結案。比較重大的案件則須送八旗佐管大臣（或調遣大臣）審問。

天命十一年九月，皇太極與諸貝勒定議，除八大臣（即八固山額眞）外，設十六大臣「佐理國政，審斷獄訟，不令出兵駐防。」（註三七）此即清史稿刑法志所稱之「佐管大臣」。又設十六大臣「出兵駐防，以時調遣，所屬詞訟，仍令審理。」（註三八）此即清史稿刑法者所稱之「調遣大臣」。八旗佐管大臣十六員和調遣大臣十六員均有司法審判權。八旗佐管大臣（或調遣大臣）就比較重大的案件加以初審。八旗佐管大臣（或調遣大臣）初審之後，便送八旗總管大臣覆審。

天命十一年九月，皇太極與諸貝勒定議，設八大臣，「爲八固山額眞，總理一切事務。」（註三九）此即清史稿所稱之「總管大臣」。總管大臣既總理一切事務，自掌有司法審判權。總管大臣覆審後，奏明於汗。一般案件，汗核可後結案，重大案件汗或交由諸貝勒大臣合議，或親自審理。

天聰初年，爲了抑制八旗諸貝勒的權力，皇太極特別提高八旗總管大臣（即固山額眞）的地位，使其參與議政。此一時期，「凡議政處，（固山額眞）與諸貝勒偕坐共議。」（註四〇）透過議政人員的擴大，削減八旗諸貝勒的權力，逐步建立君主集權制。

天聰初年，皇太極的權力是受到限制的。即位之初，三大貝勒（大貝勒代善、二貝勒阿敏、三貝勒莽古爾泰）擁有相當大的權力。朝會時，皇太極與三大貝勒並坐理政，共同決定國家的政務。努爾哈齊晚年有意建立「八王共治」的政治體制，到了天聰初年，發展成「汗與三大貝勒共治」的局面。

但是，這種局面，僅僅維持了短暫的時間。天聰四年六月，阿敏得罪，免死幽禁。天聰五年十月，莽古爾泰亦因罪喪失權勢。天聰六年元旦朝賀，皇太極南面獨坐。自此起，皇太極始握有絕對的政治權力。努爾哈齊「八王共治」的構想已然瓦解，但是後金國諸貝勒「共議國政」的傳統却仍維持著。

此一時期，在司法審判上，遇有重大案件，皇太極常交由諸貝勒大臣會議決定，頗具氏族民主制的精神。諸貝勒大臣會議決定後，由皇太極做最後的裁決。

又天聰四年，後金國已有刑名衙門之名。（註四一）惟因史料缺乏，其實際情形難以論述。

四、天聰五年七月以後的司法審判機關

天聰五年（一六三一年）七月，後金國引進明制，設立刑部，並於稍後明令適用大明會典，此一項措施造成後金國司法審判制度的巨大變革。皇太極的引進明制，是企圖建立司法審判上的中央集權，削減諸貝勒大臣的司法審判權，集權於刑部而由皇太極掌握最高的司法審判權。

牛彔額眞仍掌有司法審判權，天聰五年七月，設立刑部後不久，皇太極以諭令規定了牛彔額眞得審理案件的範圍：

各牛彔額眞所屬，凡以糧食貸人者，止許取利一年，雖年久亦不得於利上加利。如犬噛牲畜至死者，以肉歸畜犬之家，令其賠償。若二人鬥毆，不直者，依例責懲。毀衣服者，令償之。死畜之肉，私分與人索價者，依例坐罪。以肉給告發之人，仍追價入官。如人墮水救出者，與價

值之半。如盜人鷄鵞等類，及斧斤、衣服細物，幷囊金、田稻、場內柴草者，依例坐罪。賞告告銀三兩。如豕入人田者，令送還本主，每次計豕罰銀五錢，過三次，許赴告該牛彔額眞，即以其豕給之。如羊入人田者，計每隻罰銀二錢。駱駝牛馬驢入人田者，計每匹頭罰銀一兩，仍償其禾。如逸出邊外，與牧者銀二兩，邊內一兩，城內五錢。矢上不書名姓，被人拏獲者，罰本人銀二十兩，以上諸項，俱令各該牛彔額眞，即行審結，事有大於此者，送部審理。（註四二）

此項諭令具體規定牛彔額眞得審理案件的範圍，其範圍頗廣，包含民事（借貸、損害賠償）、刑事（鬥毆、毀損、竊盜）及行政（販死畜肉、矢上不書姓名）案件。上述案件，「各該牛彔額眞，即行審結。」較重大的案件，則須「送部審理」。所謂「送部審理」，是指送刑部或其他各部審理而言。

天聰五年七月，皇太極「集諸貝勒大臣議，爰定官制，設立六部。」（註四三）六部之中，以刑部與司法審判之關係最爲密切，但戶部、禮部、兵部等部亦對部分案件有司法審判權。此外，崇德元年（一六三六年）五月清設立都察院，崇德三年六月清將蒙古衙門改爲理藩院。都察院與蒙古衙門亦掌有部分司法審判權。

天聰五年七月，後金國設立刑部以後，司法審判制度開始走向中央集權，與明之司法審判制度漸趨接近，但明之三法司制度則尚未能全盤移植於後金國。都察院遲至崇德元年始行設立，大理寺於清入關前始終未設立，故清入關前並無「三法司」之名，此一時期之司法審判，刑部之權獨大。玆將此一時期有關之司法審判機關分述如後：

㈠刑部

後金國初設六部時，均由諸貝勒管六部事，此即所謂管部貝勒。管部貝勒，六部各設一人，均由八旗貝勒擔任。六部政務均由管部貝勒主持，六部承政等官，均須聽命於管部貝勒，無權決定政務。

後金國初設刑部時，依滿文老檔之記載，其組織如下：（註四四）

刑部的貝勒：管理固山（旗）的貝勒，稱爲刑部的和碩貝勒。未管固山（旗）的臺吉，稱爲刑部的臺吉。

承政四人：蒙古一人，珠申二人，漢一人。

參政十四人：蒙古四人，珠申八人，漢二人。

啓心郎四人：珠申二人，漢二人。

筆帖式十人：珠申八人，漢二人。

章京：每一牛彔一人。

差人：每一固山（旗）二人。

惟依清太宗實錄記載，初設刑部時，管部貝勒爲濟爾哈朗。管部貝勒之下設承政五人（滿洲二人，蒙古一人，漢二人），參政八人，啓心郎一人。（註四五）與滿文老檔之記載相較，除管部貝勒外，兩者出入甚大：

1. 承政（a.liha a.mban）（註四六）人數：滿文老檔爲承政四人（蒙古一人，珠申二人，漢一人）。

清太宗實錄爲承政五人（滿洲二人，蒙古一人，漢一人）。

2.參政（ashan i amban）（註四七）人數：滿文老檔爲參政十四人（蒙古四人，珠申八人，漢二人）。清太宗實錄爲參政八人。（民族別不詳）

3.啓心郎（mujilen bahabuku）（註四八）人數：滿文老檔爲啓心郎四人（珠申二人，漢二人）。清太宗實錄爲啓心郎一人（滿洲一人）。

有關刑部組織之記載，滿文老檔與清太宗實錄兩者詳簡不同，惟依有關史料推斷，自以滿文老檔之記載較爲眞確。

天聰五年七月以後，後金國之司法審判邁入新紀元，八旗佐管大臣、總管大臣（固山額眞）和八旗諸貝勒的司法審判權大部分已被剝奪，權限大爲縮減。八旗諸貝勒大臣原則上僅得審理汗所交付合議之重大案件。

崇德三年（一六三八年）七月，皇太極命吏部管部貝勒睿親王多爾袞更定六部、都察院、理藩院官制。刑部管部貝勒仍爲濟爾哈朗。管部貝勒之下，設承政一人，參政五人（滿洲二人，漢二人，蒙古一人），理事官六人，副理事官八人，啓心郎三人（滿洲一人，漢二人），主事二人。（註四九）此一組織型態維持至崇德八年入關前夕。

後金國雖然引進明制，設立六部，但仍不得不考慮其國情，而有所斟酌損益。六部管部貝勒之設置即爲後金國所獨創，國家政務由六部貝勒共議決定，大體上仍維持著後金國諸貝勒「共議國政」的傳統。天聰初年，皇太極雖已打破「八王共治」，但對諸貝勒「共議國政」的傳統權力仍不得不予以尊重。直至崇德八年，皇太極始諭令廢止諸貝勒管部事，進一步削減諸貝勒的權力。

在司法審判上，設立刑部後，司法審判工作改由承政、參政、理事官、副理事官等掌理，其職稱雖與明制之尚書、侍郎、郎中、員外郎等有異，但其職掌則相同。天聰年間，刑部管部貝勒猶有實權，刑部各官須向其負責。惟崇德以後，刑部管部貝勒權力漸被架空，刑部各官已直接向皇帝負責。由崇德年間之盛京刑部原檔（漢譯名）中可以發現，絕大多數案件由參政、理事官或副理事官（一至四人不等）審理後，即直接向皇帝奏聞，由皇帝裁決，刑部管部貝勒已少實際作用。後金國司法審判制度已逐漸趨向明制，君主集權之勢已然形成。

(二)戶部

後金國初設戶部時，依滿文老檔之記載，其組織如下：（註五〇）

戶部的貝勒：管理固山（旗）的貝勒，稱爲戶部的和碩貝勒。未管固山（旗）的臺吉，稱爲戶部的臺吉。

承政十四人：蒙古四人，珠申八人，漢二人。

啓心郎四人：珠申二人，漢二人。

筆帖式十八人：珠申十六人，漢二人。

倉長十人：珠中八人，漢二人。

稅課長：珠中八人，漢四人。

章京：每一牛彔一人。

差人：每一札闌一人。

惟依清太宗實錄記載，初設戶部時，管部貝勒爲德格類。管部貝勒之下，設承政四人（滿洲二人，蒙古一人，漢一人），參政八人，啓心郎一人。（註五一）此項記載與滿文老檔之記載頗爲不同，依有關史料推斷，以滿文老檔之記載較爲眞確。

崇德三年七月，清更定官制，戶部管部貝勒改由皇太極長子豪格（一六〇九—一六四八）擔任。管部貝勒之下，設承政一人，參政五人（滿洲二人，漢二人，蒙古一人），理事官十人，副理事官十六人，啓心郎三人（滿洲一人，漢二人），主事二人。（註五二）

清入關前並無嚴格之民事與刑事案件之分，但戶部有權審理有關戶部主管業務之部分案件。如有關人丁、牲畜、違法出邊貿易等案件，例如：

崇德四年十一月初五日，多羅饒餘貝勒（阿巴泰）出征，以籌備軍餉，遣其家人吳希特依、沃吉倫取其何濟拜牛彔下毛巴里懷胎牛一頭，携至軍營。後以弗准，自軍營送回，牛主索之，不與，宰之用於宴。於是，毛巴里携牛犢訟於戶部，審實，議以饒餘貝勒身爲貝勒，不欲贍養貧窮，反取窮民懷胎牛用於宴，此例國中弗有，遂治其罪，盡奪其牛群入官。（註五三）

(三)禮部

後金國初設禮部時，依滿文老檔之記載，其組織如下：（註五四）

禮部的貝勒：管理固山（旗）的貝勒，稱爲禮部的和碩貝勒。未管固山（旗）的臺吉，稱爲禮部的臺吉。

承政四人：蒙古一人，珠申二人，漢一人。

參政十四人：蒙古四人，珠申八人，漢二人。

啓心郎四人：珠申二人，漢二人。

筆帖式十人：珠申八人，漢二人。

章京：每一牛彔一人。

差人：每一札闌一人。

惟依清太宗實錄記載，初設禮部時，管部貝勒爲薩哈連。管部貝勒之下，設承政四人（滿洲二人，蒙古一人，漢一人），參政八人，啓心郎一人。（註五五）此項記載與滿文老檔之記載頗爲不同，依有關史料推斷，以滿文老檔之記載較爲眞確。

崇德三年七月，清更定官制，禮部管部貝勒改由多鐸（一六一四——一六四九）擔任。管部貝勒之下，設承政一人，參政五人（滿洲二人，漢二人，蒙古一人），理事官四人，副理事官六人，啓心郎三人（滿洲一人，漢二人），主事二人。（註五六）

禮部有權審理有關禮部主管業務之部分案件。如有關邪教之案件，例如：

崇德七年五月戊寅（初十日），鑲紅旗牛彔章京濟馬護家善友邪教李國梁左道惑衆，潛懷異心，爲其主母告於戶部。比質問，供有一用印札付，據送禮部，訊實，……部議俱應論死。（註五七）

㈣ 兵部

後金國初設兵部時，依滿文老檔之記載，其組織如下：（註五八）

兵部的貝勒：管理固山（旗）的貝勒，稱爲兵部的和碩貝勒。未管固山（旗）的臺吉，稱爲兵部的臺吉。

承政四人：蒙古一人，珠申二人，漢一人。

參政十四人：蒙古四人，珠申八人，漢二人。

啓心郎四人：珠申二人，漢二人。

筆帖式十八人：珠申十六人，漢二人。

章京：每一札闌一人。

惟依清太宗實錄記載，初設兵部時，管部貝勒爲岳托。管部貝勒之下，設承政四人（滿洲二人，蒙古一人，漢一人），參政八人，啓心郎一人。（註五九）此項記載與滿文老檔之記載頗爲不同，依有關史料推斷，以滿文老檔之記載較爲眞確。

崇德三年七月，淸更定官制，兵部管部貝勒仍爲岳托。管部貝勒之下，設承政一人，參政五人（

滿洲一人，漢二人）、理事官十人，副理事官十人，啓心郎三員（滿洲一人，漢二人），主事二員。（註六〇）兵部有權審理有關兵部主管業務之部分案件，如有關圍獵違律之案件。清初極重畋獵，圍獵時必勒以軍律，違者由兵部逮捕、審理。崇德三年三月初六日，席翰、康喀賴等圍獵違律，即由兵部審理定罪。（註六一）但違反軍律案件大部分仍送刑部審理。少數案件或由兵部、刑部二部會議審理，崇德六年六月十六日兵部、刑部二部會審薩穆什喀等即爲一例。（註六二）

㈤都察院

崇德元年年初，清設立都察院。（註六三）設立時並未仿照六部之例，設總管貝勒。僅設承政、參政等官，人數不詳。

崇德三年七月，清更定官制。都察院設承政一人，參政四人（滿洲一人，漢二人，蒙古一人），理事官六人（滿洲二人，漢二人，蒙古二人）。（註六四）

清設立都察院係引進明制之進一步措施。都察院職司監察及諫諍，上自皇帝，下至文武官員，都察院均有權稽察參劾。有權稽察官員者，除都察院外，尚有禮部、吏部等衙門，但都察院爲皇帝之耳目，稽察官員時有權參劾，顯然最爲重要。此一時期，因清尚未採行三法司制度，故都察院基本上仍係監察機關，但重大犯罪案件，汗交付貝勒大臣等合議時，都察院官員得與六部官員等參與司法審判，亦掌有部分司法審判權。又都察院參劾官員後，常即移送刑部審理。（註六五）

㈥理藩院

理藩院之前身爲蒙古衙門，爲後金國獨創之衙門。蒙古衙門設立時間，目前尚難確定。依清太宗實錄，天聰八年（一六三四年）五月即有關於蒙古衙門之記載。（註六六）惟論者多謂蒙古衙門設立於崇德元年（一六三六年）。設立時，亦未仿照六部之例，設總管貝勒，僅設承政、參政等官，人數不詳。崇德三年六月，蒙古衙門更名爲理藩院。同年七月，清更定官制，仍未設總管貝勒。僅設承政一人，參政二人，副理事官八人，啓心郎一人。（註六七）

理藩院有權審理有關於外藩蒙古之案件。天聰初年未設蒙古衙門以前，外藩蒙古人民犯罪，由外藩蒙古貝勒自行審理。貝勒犯罪，則由諸貝勒自行定議後奏聞。（註六八）此後後金國逐漸加強對外藩蒙古的司法管轄。天聰七年，皇太極曾「命貝勒濟爾哈朗、薩哈廉往外藩蒙古處審事定制。」（註六九）按是年，濟爾哈朗爲刑部管部貝勒，薩哈廉爲禮部管部貝勒。自後金國派遣兩位管部貝勒往外藩蒙古處審事乙事看來，毫無疑問的，後金國對外藩蒙古案件掌有司法審判權。

崇德元年蒙古衙門設立以後，外藩蒙古案件則由蒙古衙門（或理藩院）承政等官會同外藩蒙古親王、郡王、貝勒等審理。例如：

崇德元年十月丁亥（十六日），命內弘文院大學士巴克什希福、蒙古衙門承政尼堪，偕都察院承政國舅阿什達爾漢、蒙古衙門承政塔布囊達雅齊往察哈爾、喀爾喀、科爾沁國，查戶口，編牛彔，會外藩，審罪犯，頒法律，禁姦盜。（註七〇）

崇德三年七月癸未（十七日）遣都察院承政國舅阿什達爾漢、蒙古衙門承政塞冷、尼堪等往古

爾班察幹地方頒赦詔，並會同外藩蒙古科爾沁國親王、郡王、貝勒清理刑獄。（註七一）

如案件涉及外藩蒙古諸王，因事關重大，常先交理藩院審訊，擬罪奏聞後，再由六部有關官員及外藩蒙古王公，會同理藩院諸官共同覆審。例如：

崇德六年六月辛亥（初七日），……遂將謅格梅、古徹木付理藩院審訊，乃係納恰欲委罪已故之俄齊爾，以脫王罪，故令衆人首告。古徹木、謅格梅實不知情，應釋放。納恰、賽泰誑言誣捏，代王脫卸，應俱論死。奈曼達爾漢郡王袞出斯巴圖魯應革去王爵，奪其戶口，並奪俄齊爾所屬人丁。奏聞，上復命和碩鄭親王濟爾哈朗、多羅武英郡王河濟格、多羅貝勒多鐸、固山貝子博洛、尼堪，及外藩科爾沁土謝圖親王巴達禮、卓禮克圖親王吳克善、巴圖魯親王滿朱習禮、東果爾、翁牛特部落查薩袞達爾漢戴靑、穆章、吳喇忒部落吳本、土默特部落查薩袞達爾漢、喀喇沁部落塞冷等，會同參政塞冷、副理事長諾木圖、艾松古再加確訊。（註七二）

按是年，濟爾哈朗爲刑部管部貝勒，多鐸爲禮部管部貝勒，博洛、尼堪等應係刑部或禮部的臺吉，塞冷、諾木圖、艾松古則係理藩院官員。參與本案覆審的官員達十六人之多，司法審判程序極爲愼重。

㈦其他衙門及官員

1. 吏部：吏部有時參與部分特殊案件之審判，如崇德七年十月二十九日，札喀納、阿濟格等元妃喪時歌舞作樂被控，即由刑、吏、禮三部會議審理，此種「數部會議」審理案件的方式，可說是入關後九卿會議、會審的起源。

2.三順王：三順王指明降將恭順王孔有德、懷順王耿仲明、智順王尚可喜。天聰七年五月，孔有德、耿仲明來降時，皇太極諭曰：「唯用刑、出兵二事，當來奏聞。」（註七三）但事實上，三順王對屬下輕微案件，得自行審理。惟重大案件，則非三順王所能審理。但即使是輕微案件，三順王審斷之後，仍須送內秘書院。（註七四）可知三順王之司法審判權極為有限。

3.統兵主帥：統兵主帥出征時對官兵握有專殺之權，崇德三年八月，皇太極頒授揚武大將軍多羅貝勒岳托敕文內載：「參遊以下，有敗陣及違軍律者，先斬後奏。」（註七五）統兵主帥既握有專殺之權，自亦掌有司法審判權。

4.宗室覺羅會議：宗室覺羅會議是臨時性司法審判機關。宗室覺羅犯罪時，皇太極有時傳集衆宗室覺羅會議審理，惟其組成人員並不一定。例如：

崇德四年六月丁未（二十一日），命內國史院大學士剛林、學士羅碩、刑部承政索海、啓心郎額爾格圖等，傳集覺羅布爾吉、薩璧翰、色勒、奧塔、姚塔、郎球等至刑部，令巴布賴跪，諭……爾等將巴布賴之罪，公議具奏。於是衆議巴布賴應論死，布爾吉、克什圖應送刑部勘問。

（註七六）

5.諸王貝勒大臣會議：諸王貝勒大臣會議是臨時性司法審判機關。這種會議都是奉旨舉行的。特別重大案件如涉及宗室覺羅案件或案情極為嚴重的案件，刑部審理完結後，汗有時會發交諸親王、郡王、貝勒、貝子、八旗固山額眞、六部二院（都察院、理藩院）承政、八旗議政大臣等覆審，會議覆審擬罪後奏聞，由汗（或皇帝）裁決。例如：

崇德三年七月戊寅（十七日），和碩額駙額爾克戴青偕巴圖魯詹，與妓狎，解朝帶與之。巴圖魯詹呈首，下法司鞫之。應革職，以別子承襲，與和碩公主離異，不許侍上左右，仍罰銀一百兩。奏聞，上命親王、郡王、貝勒、貝子、固山額眞及承政於崇政殿會議，議如前。奏聞，上命免罪，餓禁二晝夜。（註七七）

崇德三年八月己未（廿九日），先是巴彥獲罪，其家人滿都戶、阿哈丹入宮，撥給綽和絡，至是滿都戶告於法司云……及質審，……後諸王、貝勒、貝子、固山額眞、議政大臣等復議。……。（註七八）

諸王貝勒大臣會議的範圍有時擴大至諸王以下，八旗梅勒章京及六部參政以上，俾審理特別重大案件，這種會議參與審判人員高達百人，可說是大型的「諸王貝勒大臣會議」。例如：

崇德六年七月乙酉（十一日），（內大臣）圖爾格等又奏，兵部多羅貝勒多鐸，將武英郡王首先招徠錦州之蒙古，冒稱已所招降，罪一。又將鰲拜擊敗步兵之功，冒爲已功，罪二。敵攻山營時，武英郡王遣兵助戰，擊敗敵兵，多鐸冒稱爲已所遣，罪三。多鐸應革貝勒爵，解部任，罰銀五千兩。多鐸欲辯，不服罪。及遣人往問，又拒不納。奏聞，上命諸王以下，梅勒章京及參政以上集於篤恭殿會審。（註七九）

更有一種大型審判會議，由「諸貝勒、八大臣、六部各官及滿漢蒙古閒散各官，自博什庫以上會審」（註八〇）其規模更爲龐大，惟並不多見。

6.內三院大學士、學士：

內三院的前身是文館。文館的起源很早，清太祖天命時期應已設有類似的機關，但並無文館之名，地位並不重要。「天聰三年四月丙戌（初一日）朔，上（皇太極）命儒臣分爲兩直，榜式達海及剛林等翻譯漢字書籍，榜式庫爾纏及吳巴什等記注本朝得失。名曰文館。」（註八一）文館僅設榜式數人，並無首長。此一文館，滿人稱之爲 bithei boo，或譯音爲「筆特赫包」，或譯義爲「書房」。（註八二）天聰六年正月初八日，bithei boo（書房）又易名爲 bithei yamen（書衙門）。（註八三），名稱的改變顯示其逐漸成爲重要之政府機關。

「天聰十年三月辛亥（六日），改文館爲內三院，一名內國史院，一名內秘書院，一名內弘文院，分任職掌。」（註八四）比照六部，設承政、大學士、學士、舉人、生員等官。三院之中，內秘書院「掌錄各衙門奏疏及辨冤詞狀」（註八五），地位最爲重要。

內三院大學士、學士有時奉命其他與滿洲官員出使蒙古，與外藩蒙古王公共同審理案件。崇德元年內弘文院大學士巴克什希福即曾奉派至外藩蒙古審理罪犯。（註八六）

部分特別重大案件，內三院大學士、學士亦有時被奉派參與會審。如前述崇德四年六月，內國史院大學士剛林、學士羅碩之參與巴布賴案之審判（註八七），又如前述崇德六年七月，內三院大學士范文程、希福、剛林之參與多鐸案之審判（註八八），均爲著例。

清入關前司法審判機關，頗具民族特色，後因政治情勢的演變，司法機關數度變革，每次變革都與其政治上的擴張有關。總括言之，司法審判機關愈來愈專業化，其規模也愈來愈大。在天聰五年七月引進明制設立刑部後，此種情況更趨明顯。在此次變革後，清的司法審判機關雖仍未採行三法司制度，但其組織型態已頗類似明的司法審判機關。

第三節　清入關前司法審判程序

後金國建立前滿洲各部族並無有關司法審判的成文法，所有民事、刑事案件的審判程序，均以部族習慣法為主要依據。後金國建立後，努爾哈齊始以諭令，針對部分司法審判事項加以規定。至皇太極即汗位後，透過司法審判的實踐與發展，後金國的司法審判程序逐步確立。很明顯的，迄至清入關前，部族習慣法和汗的諭令支配著清的司法審判程序。雖然此一時期成文法極少，但我們仍可從滿文老檔各個案例中尋找出清入關前的司法審判程序。

由於清是一個由部族發展至國家的政權，其司法審判程序自然是由簡而繁，由粗疏而漸至完備。本文敍述清入關前司法審判程序，以天聰五年七月設立刑部以後之制度為主，而以設立刑部以前的制度為輔。

一、總　論

㈠當事人

清入關前，滿洲社會仍為氏族社會，社會階層劃分嚴格，貴族（指宗室覺羅）、平民（指旗人）與奴隸（指包衣）因其身份不同，其在法律（含司法審判）上的地位也不相同。簡言之，貴族與平民方有完全的當事人能力（係訴訟法上之權利能力，亦即於訴訟上得為權利義務主體之資格），奴隸僅有不完全的當事人能力。

中國自古以來，社會各階層的法律地位是不平等的。奴隸（奴僕，以下同。）的當事人能力受到不平等的限制。由於主人對奴隸擁有強制、責罰的權力，因此，奴隸常受到主人侮辱、傷害、強姦，甚至殺害。先秦時代，奴隸受到上述侵害時，主人並無法律責任。對於上述侵害，奴隸無當事人能力，自然更無訴訟能力（係訴訟法上之行為能力，亦即於訴訟上得為有效訴訟行為之資格）。漢代以後，奴隸的身體權和生命權較受法律之保障，主人不得非刑及擅殺奴隸。唐律和宋律均規定主人擅殺奴婢應受刑罰：「諸奴婢有罪，其主不請官司而殺者，杖一百，無罪而殺者，徒一年。」（註八九）明清律亦有類似規定，其刑罰均極輕。清入關前，與明相同，奴隸的法律地位低下，僅有不完全的當事人能力，奴隸遭受主人非刑或擅殺時，主人始負法律責任。滿文老檔天命七年六月十九日記載：「阿納之妻，無視法制，烙其婢女私處，曾治阿納妻以死罪。後免其死，刺其耳鼻。」（註九〇）由此一案例可知，奴隸受主人非刑時，奴隸有當事人能力。至於奴隸遭主人擅殺時，奴隸亦有當事人能力，自不待言。

至於清入關前當事人的訴訟能力，與當事人的當事人能力類似，即貴族和平民有完全的訴訟能力（但平民婦女的訴訟能力有限制），奴隸則僅有不完全的訴訟能力。

由於奴隸僅於遭受主人非刑或擅殺時，始具有當事人能力，受到法律之保障，故原則上，奴隸僅於此二類案件具有訴訟能力。對於其他類型的案件，奴隸無訴訟能力。

依中國舊律，奴隸不但於多數案件無訴訟能力，甚至連告發（首告、訐告、舉首、舉發）權也受到剝奪。唐律和宋律均規定：「諸部曲、奴婢告主，非謀反、逆、叛者，皆絞。」（註九一）明清律亦有類似規定，這是因爲中國舊律認爲奴隸如同主人之子孫，理應相容隱，故原則上奴隸不得告發主人。但清入關前，允許奴隸告發主人，也允許旗人告發旗主，這是因爲女眞（滿洲）社會的倫理觀念與漢族社會不同，因之形成女眞（滿洲）獨特的部族習慣法。滿文老檔天命八年七月二十一日記載，都堂下書曰：「我國之內，凡首告貪贓枉法，榨取民財，以及叛逃之罪者，儻有虛假，首告者亦不反坐。」（註九二）此項規定鼓勵告發，與中國舊律之精神大相徑庭。此項規定雖未指明得首告者的範圍，但由滿文老檔許多案例中得知，旗人和奴隸確實擁有告發權。皇太極即云：「太祖時，凡訐告諸貝勒者，准其離主，聽所欲往。」（註九三）這不但指旗人訐告貝勒的情形，也包括奴隸訐告貝勒的情形。

天聰五年七月八日設立六部之日，皇太極更以汗諭公布了「離主條例」（共六條）。（註九四）使旗人和奴隸的告發權更進一步受到保障。旗人和奴隸告發主人得實者，旗人可以另投旗主，奴隸可以斷離本主（撥與他人爲奴），甚至可以開戶爲民，脫離奴隸身份。告發權雖與訴訟能力不同，但因奴隸擁有告發權，使得清入關前主人不致任意凌虐奴隸。旗主之於旗人亦同。單就告發權而言，清入關前之制度自較明制爲佳。

至於平民婦女的訴訟能力是受到限制的。女眞（滿洲）社會婦女的法律地位是較低下的，天命時期夫犯竊盜罪時，妻須告發，妻如不予告發，則須受刑罰。滿文老檔天命八年七月二十六日即記載：「因永順行盜，（妻未首告）故殺永順之妻。」（註九五）永順反未被處死，可爲例證。綜觀清入關前之案例，平民婦女自行告訴者極少，通常平民婦女遭受侵害時，由其夫或其親屬代爲告訴，滿文老檔天命八年二月二十七日即記載，「郎善章京爲其妻（遭色勒阿哥擊瞎雙目事）首告之」（註九六）由此一案例可知，平民婦女的訴訟能力是受到限制的。

(二)代書

明中期以後，女眞文字不再通行，當時之女眞（滿洲）社會並無本族之文字。萬曆二十七年，努爾哈齊命額爾德尼、噶蓋創制文字，女眞族（滿族）始有文字。此種文字，日後被稱爲「滿文」。依事理推斷，能使用滿文的族人必定不多，族人告訴時，自係口頭告訴者居多。滿文較爲通行，應在後金國建立之後。天命五年已有關訴狀之記載：「國人有何言欲訴於汗者，無需親至汗前，可將欲訴之言，書寫成文。」（註九七）但本項記載並未論及書寫成文之人是否爲本人，據推斷，當時必已有代書之人。崇德元年始有有關代書之規定：「滿洲、蒙古、漢人凡有奏上及告狀等項，代書者務要照本人情辭書寫，後寫代書的名字，如有代書筆帖式分別假捏情辭，不寫自己姓名，問以應得之罪，無代書的名字，不准。」（註九八）這項規定迄清入關前均有效力。

㈢迴避

清入關前司法審判並未施行迴避制度，滿文老檔中頗多由宗室覺羅參與審判之有關宗室覺羅犯罪案件。惟此時參與審判之宗室覺羅不得徇庇犯罪之宗室覺羅，否則，須受刑罰。如崇德七年十月初四日，奉旨參與審判之管兵部貝勒多鐸即因於未質訊之先，徇庇通信於犯罪之武英郡王阿濟格而受刑罰。（註九九）按本案中之多鐸與阿濟格係同胞兄弟，可知清入關前有關宗室覺羅案件之審判並未施行迴避制度。至於有關平民案件是否施行迴避制度，因無具體案例佐證，目前尚難斷言。

清入關前司法審判雖未施行迴避制度，但與已有關案件應予迴避之觀念則確實存在。如天聰五年十月二十三日，大貝勒（代善）及衆臺吉議莽古爾泰罪，「議此罪時，汗曰：『此事與我有關，我不參與。』遂未參與，由大貝勒及衆臺吉定擬之。」（註一〇〇）

㈣證據

天命時期司法審判有關證據之案例極少，目前尚難論述。天聰以後，制度漸立。天聰五年七月，皇太極曾明白諭示見證之重要性：

聽訟務時持其平，讞獄貴得其實。爾司刑諸臣，審理民事，於兩造未陳，當即拘見證，同衆面鞫，庶有實據。若不速問見證，兩造知覺，潛相囑託，支飾避罪，則審斷安得公平。自今以後，不先取見證口供，致事有寃抑者，即按事之大小，坐以罪。（註一〇一）

清入關前法司審判時，常將案件之有關人證傳集於法司，而加以訊問，貴族、平民或奴隸均可為證人。證人應據實陳述，如不據實陳述，則坐以罪。如崇德六年正月，議政大臣賴慕布因於武英郡王阿濟格擅行畋獵乙案作證時不以實對，即坐以應得之罪。（註一〇二）

清入關前司法審判，亦重視物證。贓物、文書等均可作物證。贓物之得為物證，見天命七年正月，額爾德尼巴克什受賄乙案。（註一〇三）文書之得為物證，見崇德三年固山額眞阿山誑言未陳奏石橋會戰事乙案。（註一〇四）

法司審判時，如犯罪證據不足，被告可獲無罪之判決，崇德七年六月，哈哈納與伊勒愼口角侵上乙案，即因證據不足而兒議。（註一〇五）

女眞（滿洲）社會敬天畏祖，宗教對族人具有相當的拘束力。法司審判時，如兩造各執一詞，難辨是非時，法司有時「令（證人）誓於神」，以示所言確為眞實。天聰五年二月，代青父子誣告阿濟格六事乙案，其第一款誣告罪內即曾提及證人古爾布什誓於神乙事。（註一〇六）此種令證人誓於神之制度，類似歐陸法制證人為證言前之宣誓制度。

㈤管轄

清入關前，社會階層有貴族（指宗室覺羅）、平民與奴隸之分。民族成分則有滿洲、蒙古與漢人之別。法司審判時，其案件之管轄有所不同。

天聰五年七月設立刑部後，平民與奴隸案件通常由刑部管轄審理。宗室覺羅案件則常由宗室覺羅會議審理，此於論述清入關前司法機關時，已有論及。天聰元年十二月，三大貝勒及諸貝勒審理臺吉阿巴泰乙案（註一〇七），即爲例證。此種宗室覺羅會議有時亦有大臣參與審判，崇德元年六月，和碩親王、多羅郡王及大臣等審理多羅饒餘貝勒阿巴泰乙案（註一〇八），即有大臣參與審判。

天聰五年七月設立刑部後，滿洲、蒙古旗人案件通常由刑部管轄審理。外藩蒙古案件則由蒙古衙門（或理藩院）會同外藩蒙古王公管轄審理。漢人案件亦由刑部管轄審理，但漢人案件於法司內部之分工早期曾經變革數次。天聰元年以前，女眞（滿洲）與漢人案件「同在一處審事」。天聰二年，「設立漢官分審（漢人案件）」，「金官審金人事，漢官審漢人事。」天聰五年七月設立刑部後，「漢官與金官同審（滿洲、漢人案件）」。（註一〇九）

二、審前程序

法司審理案件前施行之各種程序，謂之審前程序。清入關前，法司審理案件事由頗多，原告之告訴，第三人之首告（即告發、檢擧），人犯之自首，官員之參劾及六部之移送等，均爲法司准理案件之事由。案件如係命案或鬥毆案，須檢驗。審訊前，原告被告及證人須傳喚。被告案情重大的，須拘提。犯罪嫌犯已逃亡的，須緝捕。情節較重人犯，又須監禁（即今之羈押）。清入關前，法司審理案件前之程序，頗爲完備。玆分述如後：

㈠准理（准予受理案件）

清入關前，法司並無現代審判機關與檢察機關之分。實際上，審判與檢察是合一的，均爲法司之職掌。法司准予受理案件，謂之准理。告訴、首告、自首、參劾和移送是主要之准理事由。

1.告訴

告訴又稱訐告、控告或呈控。後金國未設刑部以前，制度尙未劃一，女眞人如有訴訟，或向八旗牛彔額眞、固山額眞、理事大臣、議政大臣或八旗主旗貝勒等告訴，由諸貝勒大臣移送法司審理。或逕向法司告訴，由法司立案受理。亦有直接向汗告訴者，滿文老檔天命五年六月初四日記載努爾哈齊對直訴者之諭令：「國人有何言欲訴於汗者，無需親至汗前，可將欲訴之言，書寫成文，懸於門外所立之二木上，閱其訴詞，酌情審理。」（註二一〇）告訴之方式，初以口頭告訴者居多，後漸有以書面告訴者。

後金國設立刑部後，司法審判集於刑部。滿洲人向八旗官員、大臣或主旗貝勒告訴者漸少，大多數均直接向刑部告訴，由刑部立案受理。崇德初年，皇太極對告訴作出規定：「凡有告理者，或被斷屈者，許先在刑部告訴，若刑部不爲斷理，將審事大人的名字明寫，赴都察院告訴，都察院審明轉奏。若竟投駕前告訴者，照例打鞭子。」（註二一一）若案件未經刑部審結，而赴告都察院者，原則上都察院不應受理。崇德元年五月，皇太極諭都察院諸臣時即云：「凡人在部控告，該部王及承政未經審結，

又赴告於爾衙門者，爾等公議，當奏者奏，不當奏者公議逐之。」（註一一二）

2.首告（告發）

清入關前，因法令嚴苛，國人易觸法網。第三人首告（告發）之風盛行，滿文老檔中有關首告之案例極多，有貴族首告貴族者，有平民（旗人）首告平民（旗人）者，有貴族首告平民者，有平民首告貴族者。更有奴隸（奴僕）首告家主者，以及旗人首告旗主者。由於部族習慣法的不同，清入關前允許奴隸首告家主以及旗人首告旗主，而且首告得實者，准其離主。天聰五年七月，皇太極更公布了「離主條例」，以法律保障旗人和奴隸的告發權。

首告謀反、謀叛等大罪經審實者，首告者可獲陞賞。努爾哈齊時期即已如此，皇太極時期，亦不乏之事例，如天聰九年十二月，冷僧機因告發莽古爾泰謀反罪，得授世襲三等梅勒章京，以屯布祿、愛巴禮之家產給之，免其徭役。（註一一三）

首告某些重大犯罪，雖不得實，亦不反坐。此可見滿文老檔天命八年七月之記載，都堂下書曰：「我國之內，凡首告貪贓枉法，榨取民財，以及叛逃之罪者，儻有虛報，首告者亦不反坐。」（註一一四）

首告不但是權利，也是義務。對於重大犯罪，知悉者皆有告發義務，如不予告發，則科以刑罰，甚至處死。滿文老檔天命八年七月載永順之妻即因未首告永順行盜，而被處死。（註一一五）

3.參劾

後金國未設六部以前，司法審判上之參劾與首告兩者不易區分。設立六部以後，兩者區分漸明。

六部官員對於其他官員之犯罪均有參劾之權，通常由吏部、禮部、兵部參劾後移送刑部審理。崇德元年，都察院設立後，參劾權更成爲都察院監察百官之重要權力。參劾權具有準司法權之性質，參劾案成立後，如涉及犯罪，須移送刑部審理。

崇德元年，皇太極曾諭都察院諸臣：「至於諸王貝勒大臣，如有荒廢職業，貪酒色，好逸樂，取民財物，奪民婦女，或朝會不敬，冠服違式，及欲適己意，託病偸安，而不朝參入署者，該禮部稽察。若禮部循情容隱，爾等即應察奏。或六部斷事偏謬，及事未審結，誑奏已結者，爾等亦稽察奏聞。」（註一一六）由皇太極此一諭令可知，參劾權範圍極大，除具有司法審判上之功能外，更具有政治上削弱諸王貝勒權力之作用。

4. 自首

人犯自首於法司，自然是法司准理案件之重要事由。後金國未設刑部以前，人犯得向八旗官員自首，亦得向法司自首。設立刑部以後，人犯多直接向刑部自首，較少向八旗官員自首。如崇德三年八月，碩托阿哥殺一婦女自首於刑部。（註一一七）崇德五年四月，又如多羅饒餘貝勒阿巴泰家中二使女因違法事自首於刑部。（註一一八）

5. 移送（執送）

犯罪經八旗官員（牛彔額眞、固山額眞等）或六部、都察院官員發覺後，得移送（執送）法司審理。後金國未設刑部以前，係移送札爾固齊、審事官、八旗佐管大臣等審理。設立刑部以後，係移送刑部審理。此種案例極多，如崇德四年六月，鑲紅旗固山額眞葉臣即曾因旗下人吳賴達爾漢隱匿侵呑財物執送刑部審理。（註一一九）又如崇德二年十二月，都察院曾因正白旗下佟彥米違法移送刑部審理。（註一二〇）

㈡檢驗

有關命案檢驗之史料極少。滿文老檔天命八年七月初四日有一件關於檢驗之記載：汗曰：「……該女之夫因其告之，意將其妻毆踢致死。如此致死，彼告以自縊而死，經衆人前往審驗，並非自縊身亡，乃他殺致死，而以自縊掩飾之。」（註一二一）由此項記載可知，當時並無嚴格之檢驗法則，亦無專業之檢驗人員，發生命案時，係由「衆人前往審驗」。

後金國設立刑部後，司法審判集於刑部。命案檢驗工作應係集中由刑部有關人員擔任。惟清太宗實錄和盛京刑部原檔等有關史料於命案之檢驗均無記載，因之，命案檢驗工作如何進行，目前尙難加以論述。

㈢傳喚、拘提（拘捕）

清入關前，法司審理案件時，自須傳喚原告、被告及證人，必要時得行拘提。其時似無傳票拘票之制度。後金國未設刑部以前，傳喚、拘提係由法司執行。設立刑部以後，傳喚、拘提即改由刑部執行。但法司（或刑部）拘提人犯常透過八旗官員執行。

拘提之人犯如情節重大，拘提時或加以綁縛。如天命五年八月二十一日法司拘提額亦都等人時即

加以綁縛。（註一二二）又如天命八年三月五日法司拘提剛噶達時亦加以綁縛。（註一二三）

㈣監禁（羈押）

清入關前，監禁乙詞有二義。一為審理判決前之監禁，即今之羈押，一為判決後執行刑罰之監禁。此處所述之監禁係指前一意義。

後金國未設刑部以前，法司審理案件，有時將人犯幽於木柵高牆內，如天命五年九月齋桑古、碩託謀叛乙案即係如此處置。（註一二四）亦有時將人犯羈押於理事大衙門，如天命五年八月額亦都違法乙案即係如此處置。（註一二五）天聰五年七月設立刑部以後，刑部衙門亦於次年八月落成。盛京刑部原檔中，人犯執送法司（指刑部）審理者衆多，刑部衙門必須將此等待審人犯監禁（羈押）之。此一監禁待審人犯之處所，彼時亦稱為監獄，但其概念與現代監獄（監禁徒刑人犯）之概念迥不相同。

三、審理程序

㈠審訊之期日及處所

天命元年以前，後金國法司審訊人犯，已有一定之期日。萬曆四十三年（一六一五年），努爾哈齊即已「每五日集諸貝勒、大臣入衙門乙次，協議諸事，公斷是非，著為常例。」（註一二六）天命六年五月初五日，努爾哈齊又諭烏爾古岱曰：「我親生之八子，其下八大臣及下屬衆臣，五日一次，集汗城理事大衙門，焚香拜天，開讀我所頒公誠存心之篇，乃將各案再三聽斷。不納犯人金銀，不食犯人酒餚，秉公審理。」（註一二七）由此可知，天命年間，法司審訊人犯，原則上係「五日一聽斷」，但重大案件之審訊自不受限制，可隨時審訊人犯。惟天聰年後，因國人增加，案件亦隨之增多，法司審訊人犯之期日已不可能維持五日一次之原則，審訊人犯之期日必然較前增加。

天命年間，法司並無獨立衙署審訊人犯，法司審訊人犯之地點，彼時稱爲公所、衙門、大衙門或理事大衙門，係汗與諸王貝勒大臣議事之所。努爾哈齊曾諭令案件須「斷於公所」。天命十年三月，後金國遷都瀋陽，興建了大政殿（後稱篤恭殿）和十王亭，作爲處理政務之所。彼時審訊人犯應即在此處。天聰五年七月後金國設立刑部，次年八月，刑部衙門落成。自此，審訊人犯係於刑部衙門爲之。

(二)審理案件之基本原則

努爾哈齊對司法審判之公正性極爲重視，曾一再諭令法司必須共同審理並公開審理。天命元年七月，努爾哈齊諭議政五大臣曰：「凡事不可一人獨斷，如一人獨斷，必致生亂。國人有事，當訴於公所，毋得訴於諸臣之家。其有私訴者，曾付以鞭索，俾執而責之。前以大臣巴圖魯額亦都有私訴於家者，不執送，已治以罪。玆更加申諭，傳於國中。凡貝勒諸臣有罪，當束身靜聽，任公斷。有執拗不服者，加以重罪。其束身靜聽者，如例審斷。凡事俱五日一聽，斷於公所。其私訴於家者，即當執送。有不執送而私行聽斷者，亦如額亦都治罪。」（註一二八）天命六年九月初五日，努爾哈齊諭諸貝勒大臣曰：「嗣後，爾等諸貝勒大臣，凡事不可於他處議，宜於公所共同商議之。」（註一二九）天命七年正月二十六日，努爾哈齊又諭諸貝勒大臣曰：「八王以下，守堡以上各官，不可獨斷，皆集於衙門，共同審理。若各就本衙門獨自審理，貪財徇庇，妄加剖斷，恐獲罪於天。所謂衆人聽斷，乃此也。」（註一三〇）上述汗諭顯示，努爾哈齊極重案件之共同審理及公開審理，此二原則成爲後金國審理案件之基本原則。

依有關史料考察得知，清入關前法司審理程序，係以糾問制度爲主，採職權主義，注重案件實體的眞實發現。審訊人犯時，行言詞審理，並允許當事人言詞辯論，但禁止刑訊人犯。

盛京刑部原檔中，錄有有關當事人言詞辯論之案例，如崇德三年六月十日，刑部審理超品公塔瞻姦淫婦女乙案（註一三一），盛京刑部原檔案即將此一案件有關當事人言詞辯論情形記載得頗爲詳盡。

法司審訊人犯時，除諸王貝勒常不到庭應訊外，其餘當事人無論官員、平民及奴隸，均須到庭應訊，毫無區別，與明制有異。崇德三年八月初三日，固山額眞石廷柱曾對此表示不滿：「雖牛彔章京以下，若加督責，逮至六部，比肩而跪，豈不受辱？如此其何以堪？」（註一三二）但就當事人地位平等而言，清入關前之制度似較明制爲佳。

法司審訊人犯時，該人犯如爲家下人（奴僕），其家主得出庭旁聽，並可發言，陳述意見。天聰六年正月，刑部承政高鴻中奏稱：「凡犯事人自有正身，如正身不到，審事官必不問理。見得我國中，下人犯事，或牛彔，或家主，就來同審事官坐下，正犯未出一語，家主先講數遍，傍邊站立者紛紛濫說。」（註一三三）法司之所以允許家主出庭旁聽並可發言，陳述意見，係因家下人（奴僕）係家主之財產，與家主利害相關之故。但家主與家下人每每利益相反，家主之參與訴訟，常不利於家下人。

清入關前，法司審訊人犯是否使用刑訊，依有關史料考察，法司審訊人犯時，禁止使用刑訊，玆舉二例以爲證明：

1.滿文老檔天命六年九月初十日，「李都司會執郭遊擊部下千總用刑，杖其臀，夾其足，爲人首告。衆官會審擬罪，革李都司之職，以報汗，命留其都司之職，罰銀二十兩。」（註一三四）

2.盛京刑部原檔崇德四年七月二十四日，「鑲藍旗大凌河守備馬英元之包衣于二買木頭糜費銀六錢，馬英元不告法司，僭越行事，擅用夾板之刑，故罰以規定之罪。」（註一三五）

㈢**覆審**（覆訊）

努爾哈齊時期，法司審理案件每經三覆審程序。後金國之三覆審與現代刑事訴訟三審制之概念不同，亦與明朝司法審判中覆審之概念有異。依考察有關史料得知，後金國之三審實係後金國法司（相當於今日之最高法院）同一審級之三次審訊。同一審級三次審訊人犯，其目的透過糾問制度及言詞審理，眞實發現案件之實體。嚴格言之，後金國之三覆審僅係三覆訊而已。

後金國三覆審制度，僅於努爾哈齊時期施行。此一時期之三覆審制度可分爲兩個時期：㈠萬曆四十三年（一六一五年）以前，㈡天命元年（一六一六年）至天命十一年（一六二六年）八月。萬曆四十三年以前之三覆審程序是：㈠札爾固齊（或審事官），㈡理政聽訟大臣，㈢諸貝勒。天命元年至天命十一年八月之三覆審程序是：㈠審事官，㈡議政大臣（或都堂），㈢諸貝勒。但在實際司法審判上，三覆審程序並不一定被嚴格遵守，某些特殊案件（如牽涉諸貝勒或議政大臣之案件）之審判即不一定經由三覆審程序。

皇太極天聰初年，後金國已不再施行三覆審制度，但仍施行覆審制度。天命十一年九月至天聰五年六月，後金國之覆審程序是：㈠八旗佐管大臣（或調遣大臣），㈡總管大臣（即固山額眞）。諸貝勒僅得參與重大案件之審判，其司法審判權遭受削減，至此，三覆審制度已然不存。

天聰五年七月，後金國設立刑部，司法審判集於刑部。絕大多數案件均由刑部直接審理。刑部審理後直接向汗（或皇帝）奏聞，由汗裁決。除特殊案件外，覆審制度亦被廢棄。皇太極獨攬司法審判權，生殺予奪，在於一人。後金國司法審判制度已漸趨明制。

四、判決程序

㈠法司定擬判決之依據

清入關前並無較完備之成文法典。努爾哈齊時期，法司判決係依據部族習慣法和汗的諭令。關於部族習慣法，天命八年五月三十日，努爾哈齊曾云：「凡例，殺人者抵罪，奪物者償還，此乃結案之定法。」（註一三六）努爾哈齊於此處所云之例（kooli）應即係當時女眞族之部族習慣法。經由司法審判之實踐與發展，自天命中期以後，後金國創制出一種有關輕微犯罪案件的處罰方式，即罰「土黑勒威勒」（tuhere weile）。此種處罰方式日後亦成爲後金國之部族習慣法。

依學考證，tuhere weile係tuhere an i weile的簡化形式，tuhere an i weile可

譯爲「照例定的罰」、「照例定擬的罪」。（註一三七）簡言之，罰「土黑勒威勒」是一種按人犯世職品級罰銀（無世職者鞭責）的刑罰，頗爲簡便易行。依考察得知，天聰七年以前，備禦（一個世職）罰十五兩，游擊（二個世職）罰二十兩，參將（三個世職）罰二十五兩，副將（四個世職）罰三十兩，總兵官（五個世職）罰五十兩。天聰八年，皇太極更定制度，並變更世職名稱，並將罰銀數目規範化，每一世職罰十五兩銀。即牛彔章京（一個世職）罰十五兩，甲喇章京（二個世職）罰三十兩，梅勒章京（三個世職）罰四十五兩，昂邦章京（四個世職）罰六十兩，公（五個世職）罰七十五兩，超品公（六個世職）罰九十兩。崇德元年定宗室爵位，分爲九等。宗室罰「土黑勒威勒」時分爲三等：㈠和碩親王、多羅郡王罰二百銀，㈡多羅貝勒罰一百五十兩，㈢固山貝子、鎭國公、輔國公、鎭國將軍、輔國將軍、奉國將軍罰一百兩。

罰「土黑勒威勒」僅限於輕微案件，其中有官員之違法失職事項，如屬下人違法、元旦宴會遲到、齋戒期間食葷飲酒、隱匿壯丁等。也有輕微犯罪事項，如言語欺誑、違法聽訟、姦淫、賭博等。又罰「土黑勒威勒」時，因違法者之爵位衆所周知，罰銀數目又極明確，因此，法司判決時通常並不明言罰銀數目，僅判決「罰以規定之罪」。情節較重的案件，有時判決罰兩份規定之罪，即加倍罰銀。

天聰五年七月設立刑部後，後金國司法審判改採明制。皇太極更於其後不久諭令：「凡事都照大明會典行。」但事實上，明清兩國民情風俗俱不相同，大明律例無法全盤移植於清。天聰七年八月初九日，明降將甯完我即認爲：「大明會典雖是好書，我國今日全照他行不得。」（註一三八）事實上，皇太極諭令適用大明會典後，刑部審理案件並未按大明律例定擬判決，絕大多數案件仍係依部族習慣法和汗的諭令定擬判決。對清而言，大明律例係外國法，有其參考價值而已。

崇德元年，清「議定會典」，此一會典共有五十二條諭令，係天聰朝皇太極諭令之彙編，內容兼有刑法與行政法。因其內容簡陋，自不能作爲法司定擬判決之主要依據，皇太極時期，法司定擬判決之主要依據仍係部族習慣法和汗的諭令。

(二) 法司定擬判決

清入關前之法制與中國傳統法制相同，司法與行政是合一的，因之，司法審判程序與政務處理程序是類似的。除輕微案件（罰士黑勒威勒），法司得逕自判決無須奏聞外，較重大之案件均須呈送汗或皇帝裁決。法司對於較重大案件定擬之判決，並非現代意義之「法院判決」。法司對此類案件定擬之判決僅係法司呈送汗或皇帝裁決之建議而已。

清入關前，法司定擬判決係透過共同審理，以合議方式爲之。努爾哈齊時期，法司判決係由衆札爾固齊或衆審事官合議定擬。皇太極時期，法司定擬判決係由八旗佐管大臣（未設刑部以前）或刑部衆官員（設立刑部以後）合議定擬。法司合議定擬判決後，較重大之案件須奏聞於汗或皇帝，由汗或皇帝作最後之裁決。

法司合議定擬判決意見不同時，須奏聞於汗或皇帝，由汗或皇帝作最後之裁決。玆擧二例如後：

1. 崇德三年七月二十二日，刑部官議處巴顏往駐藩城，因染疾，不俟更換即還乙案。「半數官議，巴顏雖有疾，但不俟更換即歸，應革職，罷管牛彔。半數官員議，巴顏染疾是實，抑不俟更換即還，非是也，應治以應得之罪。」（註一三九）本案奏聞於汗，汗命免其罪。

2.崇德三年八月初四日，刑部官員議處巫女亂行，其主古木布祿罪責乙案。「至婦女之主古木布祿，半數官員議死，半數官員議鞭一百。」（註一四〇）本案奏聞於汗，汗命古木布祿免死贖身。

天聰五年設立刑部以後，法司合議定擬判決時，每每揣摩上意，故爲輕重。崇德七年七月，皇太極曾針對此種情形諭令刑部大臣：「若以輕爲重，以重爲輕，濫及無辜，人民怨懟，無有過於此者。嗣後爾等宜秉公審理，勿妄揣合朕意，疑朕先有成見也。」（註一四一）但在君主集權時代，司法機關審理案件時，似難不受君主個人好惡之影響，政治性案件尤然。

努爾哈齊時期，法司審判枉法（故出人罪及故入人罪）及審判錯誤（失出人罪及失入人罪）即須負刑事責任。如天命六年二月，法司審理達爾漢侍衞遣人阻止追擊瀋陽明兵乙案，衆審事官因審判錯誤（失出人罪），「爲首諸審事官各罰銀十兩，末等諸審事官各罰銀五兩。」（註一四二）

皇太極時期，刑部管部貝勒以下官員因審判枉法或審判錯誤而被治罪者頗多。天聰五年七月八日，對諸貝勒枉斷人罪案件，皇太極諭令：「國家立法，不遺貴戚，斟酌罰鍰，以示懲儆。凡諸貝勒（指管部貝勒）審事，枉斷人死罪者，罰銀六百兩，枉斷人杖贖等罪，……均罰銀二百兩。」（註一四三）至於刑部其他官員枉斷人罪，自亦須負刑事責任。如崇德七年，刑部官員將王廷選應死之罪錯擬鞭革，奉旨察議。上命「（參政）巴哈納、劉武元、（啓心郎）額爾格圖俱坐以應得之罪，（理事官）納爾

賽、根特、（副理事官）耿格、塔思虎里、克布圖、俄黑納俱餓禁三日二夜。」（註一四四）

㈢汗或皇帝之裁決

清入關前，汗或皇帝之裁決即係案件之最終判決，汗或皇帝是否公平執法，至關緊要。努爾哈齊和皇太極均重視公平執法，對於「法律平等」的原則，已有粗糙的認識。但因歷史條件的侷限，清入關前的司法審判尙未能適用此一原則。關於「法律平等」的原則，努爾哈齊曾云：「至掌國政之諸貝勒，尤不能枉法而行。」（註一四五）皇太極亦曾云：「國家立法，不遺貴戚。」（註一四六）但在現實的司法審判中，不但貴族、平民與奴隸（奴僕）之間的法律地位是不平等的，（前於論述當事人時，業已論及。）滿洲、蒙古與漢人之間的法律地位也是不平等的。這種各民族間法律地位不平等的情形，在努爾哈齊時期頗爲明顯，在皇太極時期，則有大幅度改善。

天命八年，由於後金國占領遼東耀州，耀州人揚言酖殺女眞人，民族衝突激烈，當年五月二十四日，努爾哈齊曾諭諸貝勒曰：「爾等不明審斷之法也。何故將旁立授首之漢人，與我諸申等同看待？倘我諸申犯罪，當問其功，論其勞，稍有口實，即可寬宥之。漢人乃生還之人，若不忠心效力，復爲盜賊，怎可不滅其族而杖釋耶？」（註一四七）努爾哈齊此一諭令，雖係因民族衝突激烈之特殊情況而發，但仍可看得出他認可各民族法律地位的不平等。無疑的，努爾哈齊欠缺各民族「法律平等」的概念。

皇太極即汗位後，由於領土擴大，蒙漢屬民增多，且皇太極胸懷大志，有意仿效遼金元入主中原，建立一多民族的大帝國。因此，皇太極大力改善各民族法律地位不平等的情形。努爾哈齊逝後，天命十一年九月初七日，皇太極諭曰：「至於滿漢之人，均屬一體，凡審擬罪犯，差徭公務，毋致異同。」（註一四八）天聰九年七月二十三日，皇太極又諭曰：「朕於滿洲、蒙古、漢人，不分新舊，視之如一。」（註一四九）上述諭令顯示，皇太極頗具各民族「法律平等」的概念。

清入關前，汗或皇帝裁決案件原則上亦有一定之期日，萬曆四十三年（一六一五年），努爾哈齊即已「每五日集諸貝勒、大臣入衙門乙次，協議諸事，公斷是非，著爲常例。」此處所稱「公斷是非」應係兼指審訊人犯及裁決案件而言。崇德元年五月十四日，皇太極又諭令：「每月初五、十五、二十五等日，自和碩親王、多羅郡王、多羅貝勒以下牛彔章京以上，於日出前齊集崇政殿，依所編班次排列畢，聖汗出，御寶座，聽臣工奏報所辦之事及所斷之案。」（註一五〇）依此一諭令，崇德年間，皇太極每十日朝會乙次。據推斷，自天聰五年七月設立六部之後，六部一般政務平日即可直接奏聞於汗，由汗裁決，僅重大政務方須於朝會時面奏，崇德年間朝會時刑部奏報之案應係較重大之案件。

天命年間，法司審理案件完竣後，無論案件大小，法司均須將定擬之判決奏聞於汗，由汗裁決。天聰以後，漸有區分，罰以規定之罪的輕微案件（即罰土黑勒威勒），通常法司判決後即可執行，無須奏聞。但較重大的案件，仍須奏聞，由汗或皇帝裁決。

法司將案件奏聞於汗或皇帝後，基於最高統治者的地位，汗或皇帝可爲下列之裁決：1.依議之裁決，2.再議之裁決，3.自行另爲裁決。玆分述如下：

1.依議之裁決

對於法司定擬之判決，努爾哈齊和皇太極很少爲依議之裁決。法司定擬之判決如奉裁決「依議」，判決即爲確定。人犯司依判決內容執行刑罰。汗或皇帝依議之裁決使法司定擬之裁決，成爲正式有效之判決。崇德五年七月二十五日，戶部鑲藍旗羅洛三年考績時隱匿舊時罪行，刑部議羅洛應罰銀一百兩，上命：「依議。」（註一五一）此即依議之裁決。

2.再議之裁決

對於法司定擬之判決，努爾哈齊和皇太極也很少爲再議之裁決。法司定擬之判決如奉裁決「再議」，法司須就案件再爲審議，並另行定擬判決，奏聞於汗或皇帝，由汗或皇帝裁決。天聰九年十二月初五日，諸貝勒大臣審理冷僧機首告莽古爾泰等謀反乙案，諸貝勒大臣審理後定擬判決奏聞於汗，皇太極以爲尚欠妥當，於是召文館諸臣議奏，議奏之後，諸貝勒大臣再行覆審，復奏聞於汗，始行定案。此即再議之裁決。

3.自行另爲裁決

對於法司定擬之判決，努爾哈齊和皇太極常自行另爲裁決，或減罪，或免罪，或加倍治罪，不一而足。努爾哈齊和皇太極均極明瞭司法權的重要性，在位之時，生殺予奪在於一人，始終牢牢掌握司法大權，絕不旁落他人。

汗或皇帝常對涉案人犯減罪（減輕其刑）或免罪（免除其刑），其原因甚多，或因人犯本身（或其父兄）有功於國家，或因人犯係貴族（宗室覺羅）或官員，或因人犯係新歸附之人，或因人犯係愚蠢無知之人。汗或皇帝對人犯減罪或免罪時，常基於政治上的考慮。如天命五年八月二十一日法司審理額亦都違法乙案（註一五二），法司原擬死罪，努爾哈齊即基於政治上的考慮，免其死罪。又如天聰四年六月初七日，法司審理阿敏違法乙案（註一五三），法司原擬死罪，皇太極亦基於政治上的考慮，免其死罪。

至於汗或皇帝對涉案人犯加倍治罪（加重其刑）之情形則頗為鮮見，天命八年七月二十六日，因永順行盜，（妻未首告，）努爾哈齊即諭令殺永順之妻（註一五四），或為加倍治罪之一例。此類事件鮮見之原因，係因清入關前法司定擬判決時多從重量刑。法司所擬之刑罰原已偏重，汗或皇帝通常已無由加倍治罪。

五、刑之執行

案件經汗或皇帝裁決後，案件即為確定，法司可依汗或皇帝之裁決內容加以執行。清入關前，汗或皇帝裁決之刑罰，種類繁多。努爾哈齊時期，殘酷之刑罰頗多。皇太極時期，法制漸立，殘酷之刑罰漸少。此一時期之刑罰頗具民族特色，如「貫耳鼻」、「鞭責」、「罰土黑勒威勒」、「折贖」、「罰贖身銀」等，均係滿族特有之刑罰方式。又此一時期之刑罰並無主刑、從刑之分，但已有刑罰與懲戒處分之別。單一犯罪案件可能被科以多種刑罰，貴族或官員犯罪則常被科以懲戒處分（革職、削爵、解任等）。又某些刑罰可易科贖刑（折贖、罰贖身銀）。

依考察所得，清入關前之刑罰，除早期偶一用之之刑罰（如掌嘴、射鳴鏑箭、流放、罰牛羊、焚殺、磔殺、施酷刑後斬首等）可略而不論外，可分為身體刑（貫耳鼻、鞭責）、財產刑（籍沒、罰銀）、自由刑（圈禁、充為奴隸）和死刑（斬首）等四大類，玆分述如下：

㈠**身體刑**

1.貫耳鼻：貫耳鼻是用箭穿過耳鼻，此種刑罰係滿族部族習慣法，極具特色。執行時有貫耳和貫耳鼻之分，以此區別刑罰之輕重。天命七年六月十七日，諸貝勒會議定：「廢止刺耳鼻之刑。」（註一五五）但事實上，此一刑罰迄清入關前仍繼續施行。清入關後，始行停止施行，努爾哈齊時期名臣達海亦曾受此刑。（註一五六）

2.鞭責：鞭責亦係滿族部族習慣法。依考察所得，以鞭二十七為最低鞭數，另有鞭三十、四十、五十、六十、七十、八十、八十二、九十者，最高鞭數則為鞭一百。（註一五七）又天命七年六月十七日，諸貝勒會議定：「百鞭折杖五十，嗣後，二鞭折一杖。」（註一五八）但事實上，此項命令並未施行於滿族，滿族犯罪時，仍繼續施以鞭責。據推斷，上述命令應係施行於漢族。清入關後，鞭責非但未停止施行，反進而納入大清律例內。鞭責制度係滿族入關後少數繼續存留之部族習慣法。

㈡**財產刑**

1.籍沒：籍沒分為「籍沒賞賜之物」、「籍沒屬人」、「籍沒家產」等形態。努爾哈齊時期，遇有犯罪，常科以「籍沒賞賜之物」，皇太極時期則不再有此種刑罰。「籍沒屬人」係將貴族或官員領有之牛彔屬人加以籍沒，因彼時屬人亦係財產，故「籍沒屬人」亦係財產刑之一種。此種刑罰常施於貴族或官員，如天命五年八月二十二日額亦都違律乙案，努爾哈齊即命「取額亦都巴圖魯之諸申三百男」。（註一五九）又如崇德七年八月初六日巴布海違律乙案，皇太極即命「奪其永管牛彔爲公中牛彔」。（註一六〇）

2.罰銀：努爾哈齊時期，法司對於輕微犯罪案件，每科以罰銀。如天命六年二月二十八日，牛彔章京貝德「罰銀十五兩」。（註一六一）又如天命六年九月初一日，大額駙與阿敦「各罰銀二十五兩」。（註一六二）此一罰銀之制度，自天命中期以後，逐漸制度化，成爲滿族之部族習慣法，即罰「土黑勒威勒」。罰「土黑勒威勒」係按人犯世職品級罰銀（無世職者鞭責）的刑罰。此一制度的詳細內容，前於論述「法司定擬判決之依據」時，業已論及，茲不贅述。

(三)自由刑

1.圈禁：圈禁係將人犯囚禁於四周圍以高牆的房舍中。圈禁時期通常很短，很少長期圈禁者。如天命五年閏二月初五日，達爾漢侍衞曾被「羈禁二日」。（註一六三）天命六年十一月初一日，濟爾哈朗貝勒等四人曾被「監禁三日三夜」。（註一六四）天命六年十一月十八日，博爾晉侍衞曾被「囚禁十晝夜」。（註一六五）但亦有特殊案件之人犯被長期或終身囚禁者，如努爾哈齊長子褚英即曾被圈禁幾達三年之久（註一六六），又如大貝勒阿敏亦曾被圈禁達十年之久。（註一六七）法司圈禁人犯，有時禁給食物，謂之「餓禁」。如天命六年二月二十九日，諾木齊即曾被「囚禁五日，不供飯食。」（註一六八）又如崇德三年七月十七日，額爾克戴青即曾被「餓禁兩晝夜」。（註一六九）

2.充爲奴隸：充爲奴隸係將人犯賞給貴族或官員作爲奴隸。此種刑罰將原非奴隸之人犯充爲奴隸，剝奪其自由，故可視爲自由刑之一種。其事例如天命六年十二月十一日，崩濶里即被判令「給大貝勒爲奴」。（註一七〇）又如天聰六年八月二十九日，雅木布魯和董山二人亦被判令「給各貝勒爲奴」。（註一七一）

(四)死刑

清入關前，見於史料記載的執行死刑的方式頗多，有焚殺、磔殺、施酷刑（亂刺耳鼻口等處）後斬首等方式。但大多係偶一用之，並非常刑，斬首才是最重要的執行死刑的方式。人犯「正法」者，如未特別說明，即係斬首。案情特別重大的人犯，斬首之後，或梟首示衆，或戮屍。前者如天命六年十一月十一日，法司曾將一蒙古人「於八旗梟首示衆，以示懲戒。」（註一七二）後者如天命七年正月二十六日，法司將茂海「按八旗裂屍八段，懸八門以示衆。」（註一七三）

(五)懲戒處分

清入關前，貴族或官員犯罪，常被科以懲戒處分，或革職，或削爵，或解任。此種懲戒處分，或係主刑之附加刑，或係單獨科處之刑罰，係常見之刑罰。崇德元年以後，制度始行完備。

1.革職：革職指官員犯罪者，革其世職（或曰前程）之謂。天命五年三月，努爾哈齊仿明制創設滿洲世職制度，分爲備禦、游擊、參將、副將、總兵官五等。（註一七四）天聰八年四月，皇太極更定制度，將世職分爲牛彔章京、甲喇章京、梅勒章京、昂邦章京、公、超品公六等。（註一七五）官員犯罪，有僅革職（世職）者，亦有一併解任者。

2.削爵：削爵指貴族犯罪者，削其爵號之謂。努爾哈齊時期，法制未備，尚未制定貴族之爵號。皇太極亦遲至崇德元年，始仿明制定宗室爵號，列爵九等：和碩親王、多羅郡王、多羅貝勒、固山貝子、鎭國公、輔國公、鎭國將軍、輔國將軍、奉國將軍。（註一七六）貴族犯罪削爵，輕則降其爵號，重則完全削其爵號，貶爲庶人。

3.解任：解任指貴族或官員犯罪者，解除實任職務之謂。部院官員解任者稱「解部任」，八旗官員解任者稱「解固山任」、「解梅勒任」、「解甲喇任」、「解牛彔任」，主旗貝勒解任者稱「不令管理旗務」，議政王貝勒大臣解任者稱「罷議任」。盛京刑部原檔中有關貴族或官員解任之事例極多，茲不贅舉。

㈥贖刑

1.折贖：折贖起源甚早，努爾哈齊時期，對於某些輕微犯罪，准其贖罪。如萬曆四十三年（一六一五年），努爾哈齊定圍獵令時，對違反圍獵令之人，「視其獲罪者，若係有財者，則准其贖罪，以所罰物與拿獲者。若係不能贖罪者，則杖其身以抵罪。」（註一七七）皇太極時期，始形成制度。折贖是指以罰銀贖鞭責、貫耳鼻等身體刑。由盛京刑部原檔，可知鞭責和貫耳鼻折贖之標準：原則上，三鞭折贖銀一兩，貫耳（雙耳）折贖銀六兩，貫耳鼻折贖銀九兩。鞭責或貫耳鼻是否允准折贖，須由汗或皇帝裁決，法司不得先行定擬。

2.罰贖身銀：罰贖身銀（或稱罰贖、贖身）起源較晚，未見於努爾哈齊時期，皇太極時期始形成制度。罰贖身銀是指以罰銀贖死罪（但有例外），即所謂「免死贖身」。死罪是否允准罰贖身銀，亦須由汗或皇帝裁決，法司不得先行定擬。但某些案件法司並未定擬死罪，却逕行定擬罰贖身銀，以罰贖身銀作爲一種獨立的刑罰，惟此係例外。罰贖身銀有一定之標準，原則上與人犯職任高低成正比。職任高者，贖身銀多，職任低者，贖身銀少。盛京刑部原檔中，事例頗多，玆不贅述。

【註釋】

註一　島田正郎，北亞洲法制史，自序，頁二。

註二　孟森，八旗制度考實，見明清史論著集刊，頁二一八。

註三　清太宗設立刑部係於天聰五年七月初八日，見清太宗實錄，卷九，頁十二。

註四　清太宗明令適用大明會典乙事，據推斷係於天聰五年底，見羅振玉編，天聰朝臣工奏議，載潘喆等編，清入關前史料選輯第二輯，頁二。

註五　清史稿，卷一四四，刑法三。見鼎文版清史稿，頁四二〇五。

註六　滿洲實錄，卷一，頁十四。

註七　歷朝八旗雜檔二七六號，轉引自張晉藩、郭成康著，清入關前國家法律制度史，頁一三九。

註　九　清太祖高皇帝實錄，卷三，頁六，牛彔（niru），大箭也；額眞（ejen），主也。

註一〇　前書，卷四，頁二十。甲喇（jalan），滿語，節也（竹節之節）；梅勒（meiren），滿語，側也（兩側之側）。固山（gūsa），滿語，漢譯爲「旗」，滿語原義不詳。

註一一　前書，卷四，頁二十一。

註一二　滿文老檔（漢譯本），頁三十六。

註一三　清太祖高皇帝實錄，卷四，頁二十一。

註一四　同前註。

註一五　滿文老檔（漢譯本），頁三十六。

註一六　清太祖高皇帝實錄，卷四，頁二十一。

註一七　滿洲實錄，卷三，頁十六。

註一八　滿文老檔（漢譯本），頁三十六。

註一九　張晉藩、郭成康著，清入關前國家法律制度史，頁二〇三。

註二〇　滿文老檔（漢譯本），頁一六一。

註二一　清史稿，頁一四四四，刑法三。見鼎文版清文稿，頁四二〇五。

註二二　滿文老檔（漢譯本），頁三四六。審事滿語爲duilesi，其意與beidesi（審事官）相近。

註二三　滿文老檔（漢譯本），頁三八二。

註二四　前書，頁四一一。

註二五　滿文老檔（漢譯本），頁一六三。

註二六　前書，頁三四六。

註二七　前書，頁三十六。

註二八　前書，頁三四六。

註二九　同前註。

註三〇　前書，頁四一一。

註三一　同前註。

註三二　清太祖武皇帝實錄，卷三，見潘喆等編，清入關前史料選輯第一輯，頁三六三。

註三三　前書，頁三七九。

註三四　清史稿，卷二二五，列傳十二。見鼎文版清史稿，頁九一九〇。

註三五　滿文老檔（漢譯本），頁三〇八。

註三六　滿洲實錄，卷六，頁八。

註三七　清太宗實錄，卷一，頁十一。

註三八　同前註。

註三九　同前註。

註四〇　同前註。

註四一　前書，卷七，頁三。

註四二　前書，卷九，頁十六至十七。

註四三　前書，卷九，頁十一至十二。

註四四　見中央研究院歷史語言研究所藏滿文老檔殘葉，轉引自李學智撰輯，老滿文原檔論集，頁一五六。

註四五　清太宗實錄，卷七，頁三。

註四六　承政一詞，滿文爲aliha amban，原義爲「承當大臣」，清入關前譯爲承政，後譯爲尙書。

註四七　參政一詞，滿文爲ashan i amban，原義爲「兩側大臣」。清入關前譯爲參政，後譯爲侍郎。

註四八　啓心郎一詞，滿文爲mujilen bahabuku，原義爲「得心之官」。漢譯爲啓心郎，尙稱允當。按啓心郎一職，來源極早，依滿文老檔，天命八年二月，努爾哈齊於八旗各設掛文之人四人，爲汗監察八旗諸貝勒，此掛文之人應卽係啓心郎之前身。按天聰五年設立六部時，後金國未設都察院，亦未設六科，僅於六部設置啓心郎，授以監察之權，藉以控制六部。俾集權於汗，啓心郎之職務有類於清入關後之六科給事中。

註四九　清初內國史院滿文檔案譯編（上），頁三四一至三四二。

註五〇　見中央研究院歷史語言研究所藏滿文老檔殘葉，轉引自李學智撰輯，老滿文原檔論集，頁一五四至一五五。

註五一　清太宗實錄，卷九，頁十一。

註五二　清初內國史院滿文檔案譯編（上），頁三四一。

註五三　前書，頁四四一。

註五四　見中央研究院歷史語言研究所藏滿文老檔殘葉，轉引自李學智撰輯，老滿文原檔論集，頁一五五。

註五五　清太宗實錄，卷九，頁十一。

註五六　清初內國史院滿文檔案譯編（上），頁三四一。

註五七　清太宗實錄，卷六十，頁二十四。
註五八　見中央研究院歷史語言研究所藏滿文老檔殘葉，轉引自李學智撰輯，老滿文原檔論集，頁一五五至一五六。
註五九　清太宗實錄，卷九，頁十一。
註六〇　清初內國史院滿文檔案譯編（上），頁三四一。
註六一　清太宗實錄，卷四十一，頁四。
註六二　前書，卷五十五，頁二十四。
註六三　依滿文老檔，崇德元年二月十三日授諸臣冠飾時，尚不見都察院之名，同年五月十四日始見都察院之名，依此，可推斷都察院約設立於崇德元年二月至五月間。
註六四　清初內國史院滿文檔案譯編（上），頁三四二。
註六五　前書，頁三三六、頁三五一。
註六六　清太宗實錄，卷十八，頁三十一。
註六七　清初內國史院滿文檔案譯編（上），頁三四二。
註六八　清太宗實錄，卷五，頁十五。
註六九　前書，卷十四，頁三十。
註七〇　前書，卷三十一，頁十六。
註七一　前書，卷三十七，頁十七。
註七二　前書，卷五十六，頁五。

註七三　前書，卷十四，頁五。
註七四　明清史料，丙編，第一本，頁十四。
註七五　清太宗實錄，卷四十三，頁二十一。
註七六　前書，卷四十七，頁十六至十九。
註七七　前書，卷四十二，頁十八。
註七八　前書，卷四十三，頁二十三至二十四。
註七九　前書，卷五十六，頁十七。
註八〇　前書，卷十二，頁二十五。
註八一　王先謙，東華錄，天聰四。
註八二　bithe，漢譯爲書，boo，漢譯爲房。
註八三　滿文老檔（漢譯本），頁一一九二。
註八四　清太宗實錄，卷二十八，頁二。
註八五　前書，卷二十八，頁三。
註八六　前書，卷三十一，頁十六。
註八七　前書，卷四十七，頁十六。
註八八　前書，卷五十六，頁十三。
註八九　唐律，卷二十二，鬬訟，主殺有罪奴婢條。宋刑統，卷二十二，鬬訟，主殺有罪奴婢條。

註九〇　滿文老檔（漢譯本），頁三八八。
註九一　唐律，卷二十四，鬬訟，部曲奴婢告主條。宋刑統，卷二十四，鬬訟，奴婢告主罪條。
註九二　滿文老檔（漢譯本），頁五五〇。
註九三　清太宗實錄，卷九，頁十三。
註九四　同前註。
註九五　滿文老檔（漢譯本），頁五五三。
註九六　前書，頁四二七。
註九七　前書，頁一四五。
註九八　清太宗實錄稿本，頁十二。轉引自張晉藩、郭成康著，清入關前國家法律制度史，頁五七九至五八〇。
註九九　清太宗實錄，卷六十三，頁三至四。
註一〇〇　滿文老檔（漢譯本），頁一一六一至一一六二。
註一〇一　清太宗實錄，卷九，頁十四。
註一〇二　前書，卷五十四，頁十五。
註一〇三　滿文老檔（漢譯本），頁二九八。
註一〇四　清太宗實錄，卷四十三，頁五至六。
註一〇五　前書，卷六十一，頁十五。
註一〇六　前書，卷八，頁十四。

註一〇七　滿文老檔（漢譯本），頁八七一。

註一〇八　前書，頁一四五一。

註一〇九　參見羅振玉編，天聰朝臣工奏議，見潘喆等編，清入關前史料選輯，頁三。

註一一〇　滿文老檔（漢譯本），頁一四五。

註一一一　清太宗實錄稿本，頁九。轉引自張晉藩、郭成康著，清入關前國家法律制度史，頁五八〇。

註一一二　清太宗實錄，卷二十九，頁六。

註一一三　清太宗實錄，卷二十六，頁六至十一。

註一一四　滿文老檔（漢譯本），頁五四九至五五〇。

註一一五　前書，頁五五三。

註一一六　清太宗實錄，卷二十九，頁六。

註一一七　前書，卷三十，頁二十四。

註一一八　前書，卷五十一，頁二十二至二十三。

註一一九　盛京刑部原檔，頁一二六。

註一二〇　清初內國史院滿文檔案譯編（上），頁三九五。

註一二一　滿文老檔（漢譯本），頁五三八。

註一二二　前書，頁一五四。

註一二三　前書，頁四三三。

註一二四　前書，頁一五七。
註一二五　前書，頁一五四。
註一二六　前書，頁三十六。
註一二七　前書，頁一九九至二〇〇。
註一二八　清太祖高皇帝實錄，卷五，頁六。
註一二九　滿文老檔（漢譯本），頁二三四。
註一三〇　前書，頁三〇八。
註一三一　盛京刑部原檔，頁四十八至四十九。
註一三二　前書，頁五十四。
註一三三　羅振玉編，天聰朝臣工奏議，見潘喆等編，清入關前史料選輯，頁三。
註一三四　滿文老檔（漢譯本），頁二三六。
註一三五　盛京刑部原檔，頁一四八。
註一三六　滿文老檔（漢譯本），頁四九六。
註一三七　張晉藩、郭成康著，清入關前國家法律制度史，頁五三六。
註一三八　羅振玉編，天聰朝臣工奏議，見潘喆等編，清入關前史料選輯，頁八十二。
註一三九　清初內國史院滿文檔案譯編（上），頁三三八。
註一四〇　前書，頁三四七。

註一四一　清太宗實錄，卷六十一，頁三十四。
註一四二　滿文老檔（漢譯本），頁一六三。
註一四三　清太宗實錄，卷九，頁十四。
註一四四　前書，卷六十二，頁十三。
註一四五　滿文老檔（漢譯本），頁四八四。
註一四六　清太宗實錄，卷十八，頁二十二。
註一四七　滿文老檔（漢譯本），頁四九二。
註一四八　清太宗實錄，卷一，頁十。
註一四九　前書，卷二十四，頁五。
註一五〇　滿文老檔（漢譯本），頁一四六三。
註一五一　盛京刑部原檔，頁五十一。
註一五二　滿文老檔（漢譯本），頁一五四。
註一五三　前書，頁一〇五七。
註一五四　前書，頁五五三。
註一五五　前書，頁三八七。
註一五六　前書，頁二九九。
註一五七　參見盛京刑部原檔。

註一五八　滿文老檔（漢譯本），頁三八七。
註一五九　前書，頁一五四。
註一六〇　清太宗實錄，卷六十二，頁五。
註一六一　滿文老檔（漢譯本），頁一六二。
註一六二　前書，頁二三二。
註一六三　前書，頁一六四。
註一六四　前書，頁二四七。
註一六五　前書，頁二五五。
註一六六　清史稿，卷二一六。見鼎文版清史稿，頁八九六五。
註一六七　前書，卷二一五。見鼎文版清史稿，頁八九四五。
註一六八　滿文老檔（漢譯本），頁一七二。
註一六九　盛京刑部原檔，頁四十四。
註一七〇　滿文老檔（漢譯本），頁二七三。
註一七一　前書，頁一三三四。
註一七二　前書，頁二五〇。
註一七三　前書，頁三〇八。
註一七四　清太祖高皇帝實錄，卷七，頁六。

註一七五　清太宗實錄，卷十八，頁十三。

註一七六　八旗通志初集，卷七十五，頁一。

註一七七　滿文老檔（漢譯本），頁三十四。

第三章　清代中央司法審判機關

清入關後，其司法審判制度迅速採行明制。明代中央司法審判機關以三法司（刑部、都察院、大理寺）為主，清制亦同。除三法司外，清代得兼理司法審判之機關極多，議政衙門、內閣、軍機處、吏部、戶部、禮部、兵部、工部、理藩院、通政使司、八旗都統衙門、步軍統領衙門、五城察院、宗人府、內務府等機關均得兼理司法審判，都屬廣義之司法審判機關。

清入關後，仍於盛京設官留守。順治十五年（一六五八年）至康熙三十年（一六九一年），陸續設盛京五部（戶部、禮部、兵部、刑部、工部），盛京五部有獨立性，可直接向皇帝奏事，故仍係中央機關。一般刑事案件固由盛京刑部審理，但重大刑事案件及秋審則常由盛京五部會同審理，故盛京五部亦均得兼理司法審判。

十八世紀以前，清政府與同時代之世界其他各國相同，並無三權分立之觀念，當時之清政府，其行政與司法是合一的，審判與檢察也是合一的，這種情形即使在最先進的歐陸各國也是類似的。一七八九年法國大革命以後，歐陸各國陸續施行民主政治，制定三權憲法，司法權逐漸獨立於行政權之外，始確立「行政與司法分立」、「審判與檢察分立」的制度。清代繼受歐陸法制以前，中央各機關多數均得兼理司法審判，與現代司法審判制度迥不相同。

光緒卅二年（一九〇六年），清改革官制，變更了傳統的三法司制度。刑部改名法部，大理寺更名大理院，法部掌理司法行政，大理院掌理審判並配置總檢察廳。至此，清代中央各機關之司法審判權亦被取消，司法審判集中於大理院，清代司法審判制度為之一變。

第一節　三法司

一、刑　部

㈠刑部設置沿革

順治元年（一六四四年），刑部設滿漢尚書無定員，滿漢左右侍郎各一人。五年，定滿漢尚書各一人。七年，增設滿洲尚書一人。八年，以諸王貝勒兼理部務。九年，停諸王貝勒兼理部務。十年，裁滿洲尚書一人。（註一）自此，刑部堂官確定為尚書二人（滿洲一人，漢一人），左侍郎二人（滿洲一人，漢一人），右侍郎二人（滿洲一人，漢一人）。

順治元年，刑部設江南、浙江、福建、四川、湖廣、廣西、陝西、雲南、貴州、河南、廣東、山西、山東、江西等十四司。（註二）康熙三十九年（一七〇〇年），增設督捕司。雍正元年（一七二三年），添設現審左右二司。雍正十一年（一七三三年），分江南司爲二，一曰江蘇司，一曰安徽司。（註三）乾隆六年（一七四一年），改現審左司爲奉天司，改現審右司爲直隸司。（註四）自此，刑部共爲十八司，迄清末法制改革爲止。

㈡刑部職掌

刑部爲「刑名總滙」，其職掌兼有司法審判及司法行政，大清會典定曰：「掌天下刑罰之政令，以贊上正萬民，凡律例輕重之適，聽斷出入之孚，決宥緩速之宜，贓罰追貸之數，各司以達於部。尚書侍郎率其屬以定議，大事上之，小事則行。以肅邦紀。」（註五）三法司中，刑部有關司法審判之職權最重，清史稿曰：「外省刑案，統由刑部核覆。不會法者，院寺無由過問，應會法者，亦由刑部主稿。在京訟獄，無論奏咨，俱由刑部審理，而部權特重。」（註六）清史稿所爲「部權特重」之評論確屬的論。

刑部司法審判上之職掌，主要有四，玆分述如下：

1.覆核各省徒罪以上案件

清代，各省徒罪以上案件均須咨報刑部查核或奏聞皇帝裁決。原則上，無關人命徒罪案件，督撫批結後按季彙齊，咨報刑部查核。有關人命徒罪案件，督撫審結後，專案咨部核覆，年終彙題（即以題本奏聞皇帝）。遣軍流罪案件，原則上，亦係於督撫審結後，專案咨部核覆，年終彙題。至於死罪案件，則依案件之輕重，或專本具題（以題本專案奏聞皇帝），或專摺具奏（以奏摺專案奏聞皇帝）。

嘉慶十三年（一八〇八年）以後，斬絞罪案件及尋常淩遲斬梟斬決案件，俱專本具題；重大淩遲斬梟斬決案件，俱專摺具奏。

無關人命徒罪案件應咨部查核，有關人命徒罪案件應咨部核覆，遣軍流罪案件應咨部核覆，均單獨由刑部覆核案件。刑部如認案情明確、擬罪妥適，並無不合之處，即可咨結，咨請督撫執行。至於死罪案件，無論其為斬絞罪案件、尋常罪應淩遲斬梟斬決案件或重大罪應淩遲斬梟斬決案件，須專本具題或專摺具奏，奏聞皇帝。奉旨「刑部核擬具奏」之案件，由刑部單獨覆核。奉旨「三法司核擬具奏」之案件，雖由三法司會同覆核，亦由刑部主稿。法司定擬判決意見具題，俟皇帝裁決。

2.審理京師徒罪以上案件

京師指北京內城及外城而言。（註七）京師案件除笞杖罪案件由步軍統領衙門、五城察院自行審結外，徒罪以上案件均由刑部審理，稱為「現審」（意指實審，現審為事實審）。除督捕司不分現審外，現審案件由刑部十七司輪流籤分。尋常徒流軍遣罪案件，刑部審結後，按季彙題。至於死罪案件，刑部各司審訊取供後，「大理寺委寺丞或評事，都察院委御史，赴本司會審，謂之會小法。獄成呈堂，都察院左都御史或左副都御史，大理寺卿或少卿，挈同屬員赴刑部會審，謂之會大法。如有翻異，發司覆審，否則會稿分別題奏。」（註八）法司定擬判決意見具題，俟皇帝裁決。

3.會同覆核各省秋審案件

秋審是對各省斬絞監候案件的覆核程序。明代以前，斬絞死罪原無監候、立決之別，明弘治十年

（一四九七年）始區分二者。所謂監候者監禁候決也，立決者決不待時也。清順治初年定律，乃將兩者明白規定。清史稿刑法志曰：「明弘治十年，奏定眞犯死罪決不待時者，凌遲十二條，斬三十七條，絞十二條；眞犯死罪秋後處決者，斬一百條，絞八十六條。順治初定律，乃於各條內分晰注明，凡律不注監候者，皆立決也；凡例不言立決者，皆監候也。自此京外死罪多決於秋，朝審（按此處漏列秋審）遂爲一代之大典。」（註九）對於斬絞監候案件，明代已有三司（都指揮使司、布政使司及按察使司）秋審之例（註一〇），清初逐步建立完備之秋審制度。清康熙十二年（一六七三年）以後，各省斬絞監候案件，每年定期秋審，分地方與中央二階段先後進行。地方由督撫司道覆核，定擬判決意見具題，中央則由刑部會同九卿、詹事、科道等覆核，定擬判決意見具題，俟皇帝裁決。

秋審乃因愼重人命而起，其本質爲愼刑制度。其詳細內容留俟論述秋審制度時再爲申論。

4. 會同覆核京師朝審案件

朝審是對京師斬絞監候案件的覆核程序。按京師徒罪以上案件均由刑部現審，現審案件中奉旨斬絞監候之案件，均須經朝審，亦係每年定期覆核。惟朝審案件先由刑部自定實緩（情實或緩決），再由皇帝特派大臣覆核，最後則由刑部會同九卿、詹事、科道等覆核，定擬判決意見具題，俟皇帝裁決。

朝審之本質與秋審相同，亦係愼刑制度。朝審各項程序與秋審大致相同，其詳細內容留俟論述朝審制度時再爲申論。

刑部有關司法行政之職掌極多，其中以法律修訂事務及監獄事務最關緊要，俟論述律例館及提牢廳之職掌時再行論述。

㈢刑部各機構及其職掌

刑部所屬機構很多，其中十七司（督捕司除外）及秋審處職司司法審判，其餘機構均從事司法行政。玆分述如下：（註一二）

1.清檔房：堂主事滿洲二人，繕本筆帖式十有二人。掌守册檔，繕清字漢字之奏摺。凡各司已結未結之案，三月而一奏。凡本衙門旗員之升補皆掌焉。

2.漢檔房：堂主事滿洲三人、漢軍一人，繕本筆帖式二十有八人。掌繕清字漢字之題本。

3.司務廳：司務滿洲一人、漢一人。掌治吏役，收外省衙門之文書，記其號而分於司。解犯到，移司以收禁，給以批回。解到人犯，移付承審之司，該司交提牢廳收禁。

4.督催所：管理司員無額缺，由堂（指堂官）委辦，掌催十八司題咨現審之件，而督以例限。凡各司現審之案，月終則彙奏。凡各省命盜之案，歲終則彙題。現審贓罰之數亦如之。現審案內應實發雲貴兩廣煙瘴充軍者及竊盜蒙古牲畜者，由督催所定其應發之地。

5.當月處：司員滿洲一人、漢一人。以十八司郎中、員外郎、主事、七品小京官輪值。掌監用堂印，收在京衙門之文書以付於各司，現審則呈堂而分司焉。凡旗人命案應部驗者則往驗之。送題本於內閣傳鈔，淸字則滿洲司員鈔焉，漢字則漢司員鈔焉。

〔十八司〕

6.直隸清吏司：郎中滿洲一人、漢一人，員外郎滿洲一人、蒙古一人、漢二人，主事滿洲一人、漢一人。掌覈直隸省及察哈爾左翼刑名之事。

7.奉天清吏司：郎中蒙古一人、漢一人，員外郎滿洲一人、漢一人，主事滿洲一人、漢一人。掌覈奉天府及盛京、吉林、黑龍江刑名之事。

8.江蘇清吏司：郎中滿洲一人、漢一人，員外郎滿洲二人、漢一人，主事滿洲一人、漢一人。掌覈江蘇省刑名之事。

9.安徽清吏司：郎中滿洲一人、漢一人，員外郎滿洲一人、漢一人，主事滿洲一人、漢一人。掌覈安徽省刑名之事。

10.江西清吏司：郎中滿洲一人、漢一人，員外郎滿洲一人、漢一人，主事滿洲一人、漢一人，掌覈江西省刑名之事。

11.福建清吏司：郎中滿洲一人、漢一人，員外郎滿洲一人、漢一人，主事滿洲一人、漢一人，掌覈福建省刑名之事。

12.浙江清吏司：郎中滿洲一人、漢一人，員外郎滿洲一人、漢二人，主事滿洲一人、漢一人。掌覈浙江省刑名之事。

13.湖廣清吏司：郎中宗室一人、漢二人，員外郎滿洲二人、漢一人，主事滿洲一人、漢一人。掌覈湖北、湖南二省刑名之事。

14.河南清吏司：郎中滿洲一人、漢一人，員外郎滿洲一人、漢一人，主事滿洲一人、漢一人，掌覈河南省刑名之事。凡熱審（註一二）則定其期。每年熱審減等，本部照例題請，則審定日期，以咨行於各省。

15.山東清吏司：郎中滿洲一人、漢一人，員外郎滿洲二人、漢一人，主事滿洲一人、漢一人。掌覈山東省刑名之事。

16.山西清吏司：郎中滿洲一人、漢一人，員外郎滿洲一人、漢一人，主事蒙古一人、漢一人。掌覈山西省及察哈爾右翼與迤北各城（註一三）刑名之事。凡各省年例咨報之件，則察而彙題。各省彙咨之件，俱於每年十月截數，咨報本部及軍機處，限十二月初咨齊。除咨軍機處者，由軍機大臣自行查覈外，其咨報本部者，由部分別覈議具題。

17.陝西清吏司：郎中滿洲一人、漢二人，員外郎滿洲二人，漢一人，主事滿洲一人、漢一人。掌覈陝西、甘肅、新疆三省刑名之事。掌給囚糧，准提牢廳移知則覈其數，移咨戶部關領。

18.四川清吏司：郎中滿洲一人、漢一人，員外郎滿洲一人、漢一人，主事滿洲一人、漢一人。掌覈四川省刑名之事。掌刑具，皆辨其輕重大小之制，稽其數而收發之。各司常用刑具，俱由司給發。其夾棍拶指等不輕用，有堂發之案應刑訊者，呈請批准，移付於四川司乃給之。在京別衙門有請給刑具者，具咨移給之。

19.廣東清吏司：郎中滿洲一人、漢一人，員外郎滿洲一人、漢一人，主事滿洲一人、漢一人。掌覈廣東省刑名之事。

20.廣西清吏司：郎中滿洲一人、漢一人，員外郎宗室一人、漢一人，主事宗室一人、漢一人。掌覈廣西省刑名之事。朝審則具題稿。掌給囚衣。凡囚衣，支其直於贓罰庫而製焉，以時散給之。歲題銷其數。

21.雲南清吏司：郎中滿洲一人、漢一人，員外郎滿洲一人、漢一人，主事滿洲一人、漢一人。掌覈雲南省刑名之事。凡堂印之封啓掌焉。

22.貴州清吏司：郎中滿洲一人、漢一人，員外郎滿洲一人、漢一人，主事滿洲一人、漢一人。掌覈貴州省刑名之事。凡本衙門漢員之升補皆掌焉。書吏役滿則試之，得職者咨吏部而給以照。

23.督捕清吏司：郎中滿洲一人、漢一人，員外郎滿洲一人，主事滿洲一人、漢一人。掌督捕旗人逃亡之事。順治十一年（一六五四年），兵部下設置督捕衙門，內分前司、後司，專司緝捕、審判八旗逃人（旗下家奴逃亡）案件。彼時即已訂有督捕則例，詳細規定有關八旗逃人之緝捕與審判等事項。康熙三十九年（一七〇〇年），督捕衙門前後二司改隸刑部。雍正十一年（一七二三年），併督捕前司後司爲督捕司。督捕衙門之設原爲緝捕八旗旗下家奴逃亡，乾隆初年後，旗人生計困難，正身旗人逃亡案件逐漸增多，至此，所謂「旗人逃亡」乙語遂兼指兩者而言。

24.秋審處：郎中、員外郎、主事無定員，由堂官酌委。有坐辦（指坐辦司員，專辦秋朝審案件），有兼行（指總看司員，兼辦秋朝審案件）。掌覈秋審、朝審之案。清初，秋審由四川司辦理，朝審由河南司辦理。雍正十二年（一七二四年）始別遣滿漢司員各二人，曰總辦秋審處。尋佐以協辦者四人。（註一四）乾隆以後，其制始形確定。

25.減等處：郎中、員外郎、主事無定員，名爲總看減等，由堂官酌委。凡有恩詔，則總各省及現審案件彙而覈之。

26.律例館：常年由堂官設提調滿漢各四人。任稽覈律例之事，凡各司案件有應駁及應更正者，呈堂交館稽覈。又掌修條例，五年則彙輯，十年則重編。

27.提牢廳：主事滿洲一人、漢一人，司獄滿洲四人、漢軍二人。掌管獄卒，稽查南北所之罪囚，支衣糧藥物而散給之。

28.贓罰庫：司庫滿洲一人，庫使滿洲二人。掌收儲現審贓款及其支放之事。

29.飯銀處：由堂官於司員中派滿漢各一人管理，一年期滿更換。掌收儲飯銀及其支放之事。

30.贖罪處：掌官員贖罪事。（約於乾隆二十三年以後設置）

31.盛京刑部：清入關後，六部俱遷移至北京，惟仍以內大臣一人、梅勒章京二人留守盛京。其下有戶、禮、兵、工四曹，但無吏、刑二曹。康熙元年（一六六二年）設盛京刑部。盛京刑部設侍郎滿洲一人，掌讞盛京旗人及邊外蒙古之獄，凡盜薓（人參）者皆治焉。凡秋審，會各衙門以定讞，別其情實、緩決，可矜者而彙題焉。侍郎之下，分設四司：

(1)肅紀前司：郎中滿洲一人，員外郎滿洲二人，主事滿洲一人。掌治十五城旗人之獄及其與民交涉者。

⑵肅紀左司：郎中滿洲一人，員外郎滿洲二人，主事滿洲一人。其職掌與肅紀前司同。

⑶肅紀右司：郎中滿洲一人，員外郎滿洲一人，主事滿洲一人、蒙古二人。掌治邊外蒙古之獄。

⑷肅紀後司：郎中滿洲一人，員外郎滿洲一人，主事滿洲一人。掌治刨蔘（人參）者與私販者。

除四司之外，盛京刑部並設司獄滿洲一人、漢一人。掌獄。司庫滿洲一人，庫使滿洲二人，掌守贓罰之鍰。

二、都察院

㈠都察院設置沿革

清入關前，原設有都察院。清入關後，參照明制，更定官制。順治元年，改（都察院）承政爲左都御史，參政爲左副都御史，無定員。右都御史、右副都御史皆不設專員，俱爲督撫坐銜。三年，定左副都御史滿漢各二人。五年，定左都御史滿漢各一人。（註一五）自此，都察院堂官確定爲左都御史二人（滿洲一人，漢一人），左副都御史四人（滿洲二人，漢二人）。

都察院所屬機構主要有十五道、六科及五城察院。（鼓廳衙門原屬都察院，康熙六十一年改隸通政使司。）有關五城察院部分將另行論述。於此，僅論述十五道及六科之設置沿革。

順治元年（一六四四年），都察院設河南、江南、浙江、山東、山西、陝西、湖廣、江西、福建、四川、廣東、廣西、雲南、貴州、京畿等十五道。十五道中，「唯河南、江南、浙江、山東、山西、陝西六道授印信。掌印者曰掌道，餘曰協道，（京畿道亦給印信，未設專官）湖廣等八道分隸之，曰坐道，不治事。（掌河南道兼理福建道，掌江南道兼理江西、四川道，掌浙江道兼理雲南道，掌山東道兼理廣西道，掌山西道兼理廣東、貴州道，掌陝西道兼理湖廣道）」（註一六）又據推斷此時河南道並兼理京畿道事務。乾隆十四年（一七四九年），各道並給印信，規制始稱。乾隆二十年（一七五五年），復命京畿道列河南道前，互易所掌（指參治院事及刷卷二事），京畿道遂爲要職。（註一七）都察院設十五道，迄清末法制改革爲止，未有改變。

都察院十五道中，以六掌印道權責較重。六掌印道除本道事務外，另兼理他道事務。六掌印道御史地位較高，協道御史則係六掌印道下協助掌道御史處理事務者。至湖廣道等八道御史，分隸六掌印道，稱爲坐道御史，亦係協助掌道御史處理事務者。坐道御史雖不辦本道之事，惟非不治事者，清史稿謂坐道御史「不治事」，乃係錯誤。對於坐道御史此種名實不符之情形，乾隆帝曾於乾隆十三年（一七四八年）加以批評：「御史向有坐道、協道之分，坐道徒屬虛銜，並不辦本道之事。協道則以次遞遷，其制沿自前明，糾紛無謂。」（註一八）乾隆十四年（一七四九年），各道並給印信，十五道各自分理各省刑名，此種名實不符之情形始行消除。

清初仿明制設立六科，「初沿明制，六科自爲一署。」（註一九）爲獨立機關。順治十八年（一六六一年）定，吏科、戶科、禮科、兵科、刑科、工科設滿漢都給事中各一人，滿漢左右給事中各一人，漢給事中二人。（註二〇）康熙三年（一六六四年）議定，六科滿漢給事中各設一員，餘皆裁汰。（註二一）康熙五年（一六六六年），增設六科滿漢掌印給事中各一人。雍正元年（一七二三年），以六科隸都察院。（註二二）自是台省合而爲一，六科不再是獨立機關。

(二)都察院職掌

都察院職司風憲，號風憲衙門。其職掌除監察外，亦兼有司法審判與司法行政。關於其監察方面之職掌，大清會典定曰：「掌司風紀，察中外百司之職，辨其治之得失與其人之正邪，率科道官而各矢其言責，以飭官常，以秉國憲。」（註二二）關於其司法審判方面之職掌，大清會典曰：「凡重辟，則會刑部、大理寺以定讞，與秋審、朝審。」（註二三）

清初，十五道職司監察各省之政務，六科職司監察六部之政務。兩類機構各有所司，其職掌本不相同。雍正元年（一七二三年），六科改隸都察院。乾隆十四年（一七四九年）又令十五道監察御史稽察在京各部院衙門。（註二四）自此，十五道與六科有關監察方面之職掌漸無區分。惟十五道與六科有關司法審判方面之職掌仍不相同，玆分述如下：

甲、十五道職掌

十五道司法審判上之職掌，主要有四：

1.會同覆核各省死罪案件

清代，各省死罪案件絕大多數均須由三法司會同覆核。惟清代前期（指雍正以前）死罪案件須由三法司會同覆核者較多，而清代中期以後（指乾隆以後）死罪案件須由三法司會同覆核者較前略少。按清代前期，死罪案件均係專本具題，絕大多數均發交三法司核擬具奏。僅少數發交刑部核擬具奏。清代中期以後，斬絞罪案件及尋常罪應凌遲斬梟斬決案件仍係專本具題，惟重大罪應凌遲斬梟斬決案件則應專摺具奏。專本具題案件亦係絕大多數發交三法司核擬具奏，專摺具奏案件則絕大多數發交刑部核擬具奏。至於各省死罪案件，何者須專本具題，何者須專摺具奏，嘉慶十三年（一八〇八年）即有定例。（註二五）自此，死罪案件之「題與奏，遂明有區分矣！」（註二六）

凡奉旨「三法司核擬具奏」之各省死罪案件，刑部須會同都察院、大理寺覆核。各省死罪案件經刑部定擬判決意見後，其題稿須送都察院畫題，由十五道依其職掌分別辦理。（十五道分工情形，詳如後述）都察院如無異議，畫題後，題稿送回刑部，由刑部辦理會題，奏聞皇帝，俟皇帝裁決。

乾隆十四年（一七四九年）以前，都察院十五道中，以六掌印道權責較重。都察院覆核各省死罪案件時，全部分至六掌印道。名義上，六掌印道才是會同覆核各省死罪案件之機構，湖廣道等八道之坐道御史僅係協助六掌印道處理事務者而已。乾隆十四年，各道並給印信，十五道始各自覆核各省死罪案件。

2.會同審理京師死罪案件

京師死罪案件審理程序與各省死罪案件審理程序不同。順治十年（一六五三年）題准：「刑部審擬人犯，有犯罪至死者，有犯罪不至死者，若概經三法司擬議，恐於典例不合。嗣後凡犯罪至死者，刑部會同院寺覆覈。」（註二七）自此，京師死罪案件須由三法司會審。理論上，會審（會同審理）與會覈（或稱為會覆，會同覆覈之意）不同，會審類似事實審，會覈則類似法律審。惟實務上，會審與會覈兩名詞經常混用，不嚴格區別。

京畿道掌直隸盛京刑名，（註二八），至何道掌京師刑名，並無明文。惟據推斷京師死罪案件之會審，應係由十五道分別辦理，其分工情形與刑部十七司現審分工情形類似。

三法司會審應面審同議，順治十五年（一六五八年）議准：「嗣後凡奉旨三法司覈擬事件，御史會同部寺面審同議。」（註二九）惟面審同議之方式則隨時代之不同而有所變遷，雍正五年（一七二七年）議准：「凡會審事件，刑部移會到日，該道滿漢御史各一人到部，會同承審司官取供。都御史一人會刑部堂官錄供定稿，刑部堂官畫題，續送院畫題。」（註三〇）惟至清末，面審同議之方式已稍有不同。清史稿刑法志曰：「死罪既取供，大理寺委寺丞或評事，都察院委御史，赴本司會審，謂之會小法。獄成呈堂，都察院左都御史或左副都御史，大理寺卿或少卿，挈同屬員赴刑部會審，謂之會大法。」上述資料兩相比較，即可明瞭「面審同議」制度之遞嬗情形。

3. 會同覆核各省秋審案件

清代秋審，中央由九卿、詹事、科道參與會審。秋審時，都察院除左都御史和左副都御史等堂官參與會審外，十五道亦參與會審，惟並非十五道官員均參與會審。乾隆十四年（一七四九年）以前，僅六掌道御史參與會審。乾隆十四年各道並給印信，同年奏准：「嗣後秋審時，除掌道御史照舊與審外，其餘御史遇審某省，即令某道御史一同上班與審。」（註三一）可知自是年起，除十五道之掌道御史參與會審外，十五道之協道御史於各職掌範圍內之案件亦得參與會審。

4.會同覆核京師朝審案件

清代朝審，與秋審類似。中央亦由九卿、詹事、科道參與會審。朝審時，都察院除左都御史和左副都御史等堂官參與會審外，十五道亦參與會審，惟亦非十五道官員均參與會審。乾隆十四年（一七四九年）以前，僅六掌道御史參與會審。乾隆十四年，各道並給印信，同年奏准：「嗣後朝審時，除掌道御史照舊與審外，……令河南道御史上班與審。」（註三二）可知自是年起，除十五道之掌道御史參與會審外，河南道協道御史亦得參與會審。乾隆二十年（一七五五年），京畿道改列河南道前，互易職掌。得參與會審者遂易為京畿道協道御史。

乙、六科職掌

六科司法審判上之職掌，主要有二：

1.會同覆核各省秋審案件

六科原為獨立機關，雍正元年（一七二三年）始改隸都察院。惟自康熙十二年（一六七三年），秋審正式形成制度時起，六科即參與會審，會同覆核各省秋審案件。雍正元年六科改隸都察院後，此項職掌亦無變更。六科中，似僅六科掌印給事中有權參與會審，覆核各省秋審案件。

2.會同覆核京師朝審案件

自順治十年（一六五三年）恢復朝審起，六科即參與會審，會同覆核京師朝審案件。雍正元年六科改隸都察院後，此項職掌亦無變更。六科中，似僅六科掌印給事中有權參與會審，覆核京師朝審案件。

㈢都察院各機構及其職掌

都察院職掌有監察、司法審判及司法行政等三大類，玆將都察院各機構有關司法審判及司法行政之職掌，分述如下：（註三三）

1.當月處：乾隆四年（一七三九年）定本院直月。日以滿洲御史一人，收各部院八旗一切文移，並內閣傳鈔事件。

2.督催所：乾隆十三年（一七四八年）奏准：「照各部例設立督催所，按年輪委滿漢御史各一人，凡各廳、各道、五城承辦事件，由所委御史實力督催，按限完結。」

3.經歷廳：經歷滿洲一人，漢一人。掌科道差、五城註銷並管轄吏役等事。乾隆六年（一七四一年）奏准，吏、戶、刑等部關涉事件，歸併經歷掌管。自此，都察院原設之吏、戶、刑等三房併入經歷廳。

4.都事廳：都事滿洲一人，漢一人。掌繕本及滿官册籍。乾隆六年奏准，禮、兵、工等部事，歸併都事掌管。自此，都察院原設之禮、兵、工等三房併入都事廳。

〔十五道〕（註三四）

5.京畿道：掌印監察御史滿洲一人、漢一人。掌直隸、盛京刑名，辦理朝審情實人犯之勾到。

6.河南道：掌印監察御史滿洲一人、漢一人，監察御史滿洲一人、漢一人。掌河南刑名，辦理秋審河南省情實人犯之勾到。（以下十三道均各自辦理秋審各該省情實人犯之勾到）

7.江南道之掌印監察御史滿洲一人、漢一人，監察御史滿洲一人、漢一人。掌江蘇、安徽刑名。

8.浙江道：掌印監察御史滿洲一人、漢一人，監察御史滿洲一人、漢一人。掌浙江刑名。

9.山西道：掌印監察御史滿洲一人、漢一人，監察御史滿洲一人、漢一人。掌山西刑名。

10.山東道：掌印監察御史滿洲一人、漢一人，監察御史滿洲一人、漢一人。掌山東刑名。

11.陝西道：掌印監察御史滿洲一人、漢一人，監察御史滿洲一人、漢一人。掌陝西、甘肅、新疆刑名。

12.湖廣道：掌印監察御史滿洲一人、漢一人，監察御史滿洲一人、漢一人。掌湖北、湖南刑名。

13.江西道：掌印監察御史滿洲一人、漢一人，監察御史滿洲一人、漢一人。掌江西刑名。

14.福建道：掌印監察御史滿洲一人、漢一人，監察御史滿洲一人、漢一人。掌福建刑名。

15.四川道：掌印監察御史滿洲一人、漢一人。掌四川刑名。

16.廣東道：掌印監察御史滿洲一人、漢一人。掌廣東刑名。

17.廣西道：掌印監察御史滿洲一人、漢一人。掌廣西刑名。

18.雲南道：掌印監察御史滿洲一人、漢一人。掌雲南刑名。

19.貴州道：掌印監察御史滿洲一人、漢一人。掌貴州刑名。

〔六科〕（註三五）

20.吏科：掌印給事中滿洲一人、漢一人，給事中滿洲一人、漢一人。得參與秋審及朝審。

21.戶科：掌印給事中滿洲一人、漢一人，給事中滿洲一人、漢一人。得參與秋審及朝審。

22.禮科：掌印給事中滿洲一人、漢一人，給事中滿洲一人、漢一人。得參與秋審及朝審。

23.兵科：掌印給事中滿洲一人、漢一人，給事中滿洲一人、漢一人。得參與秋審及朝審。

24.刑科：掌印給事中滿洲一人、漢一人，給事中滿洲一人、漢一人。得參與秋審及朝審，掌秋審及朝審情實人犯之覆奏、朝審勾到人犯之監視行刑。

25.工科：掌印給事中滿洲一人、漢一人，給事中滿洲一人、漢一人。得參與秋審及朝審。

都察院除上述機構外，另設有稽察宗人府御史衙門、稽察內務府御史衙門等，因與司法審判及司法行政較少牽連，茲不贅述。

三、大理寺

㈠大理寺設置沿革

清入關前，原未設大理寺，自然亦未採行三法司會審制度。惟清入關後，迅速接收明政府機構，並且加以沿襲，大理寺亦在沿襲之列。順治元年，大理寺設卿滿洲一人，漢一人，少卿滿洲一人，漢二人。乾隆十三年（一七四八年），裁漢少卿一人。（註三六）自此，大理寺堂官確定爲卿二人（滿洲一人，漢一人），少卿二人（滿洲一人，漢一人）。

㈡大理事職掌

大理寺職司平決，係純粹之司法審判機關，其職掌亦兼有司法審判及司法行政。關於其司法審判方面之職掌，大清會典曰：「掌平天下之刑名。凡重辟，則率其屬而會勘。……與秋審、朝審。」（註三七）

大理寺司法審判上之職掌，主要有四：

1. 會同覆核各省死罪案件

關於大理寺會同覆核各省死罪案件之程序，大清會典定曰：「凡重辟，……在外者，寺受揭帖。（各省總督、巡撫具題重辟，皆以隨本揭帖投寺，各按其應分應輪，發左、右寺。）各定讞以質成於卿、少卿，而參合於部讞。（左、右寺先據揭帖，詳推案情，與所擬罪名、所引律例是否符合？預定讞語呈堂。俟刑部定稿送寺，讞語相合無疑義者，堂屬一體畫題。）」（註三八）

2. 會同審理京師死罪案件

關於大理寺會同覆核京師死罪案件之程序，大清會典定曰：「凡重辟，在京者，左、右寺各會其刑司（指刑部該司）與其道（指都察院該道）而聽之，以質成於卿、少卿。（左、右寺曁各道御史過部，與承辦之司官會審，曰：小三法司。各以供詞呈堂，大理寺復與部院堂官會審。無疑義者，俟刑部定稿送寺，堂屬一體畫題。）」（註三九）

3.會同覆核各省秋審案件

關於大理寺會同覆核各省秋審案件之程序，大清會典定曰：「凡秋審案件，刑部隨各省具題到部先後，將原案貼黃及法司督撫讞語列冊進呈御覽，仍分送本寺。八月內，本寺會同九卿、詹事、科道亦於天安門外金水橋西，詳覈情實、緩決、可矜，分擬具題。」（註四〇）

4.會同覆核京師朝審案件

關於大理寺會同覆核京師秋審案件之程序，大清會典定曰：「刑部監候秋決重犯（指朝審人犯），每年於覆覈具奏後摘敍緊要情節，列冊進呈御覽，仍分送本寺。八月初間，本寺會同九卿、詹事、科道於天安門外金水橋西，詳覈情實、緩決、可矜，分擬具題。」（註四一）

㈢大理寺各機構及其職掌

大理寺所屬機構不多，其中左寺及右寺職司司法審判，檔房及司務廳則從事司法行政。玆分述如下：（註四二）

1.檔房：堂評事滿洲一人。掌繕左、右寺之題本與其奏摺，收在京衙門之文書。

2.司務廳：司務滿洲一人、漢一人。掌治吏役，收外省衙門之文書，凡案之註銷者，卷之照刷者，皆彙而送焉。

3.左寺：寺丞滿洲一人、漢軍一人、漢一人，評事漢一人。掌分覈內外之刑名。分掌順天府部分州縣、直隸省部分州縣並奉天、山東、江蘇、安徽、浙江、四川、廣東、貴州等省刑名。八旗五城現審之件，均與刑部籤掣承辦司分會讞。（註四三）

4.右寺：寺丞滿洲一人、漢軍一人、漢一人，評事漢一人。掌分覈內外之刑名。分掌順天府部分州縣、直隸省部分州縣並山西、河南、江西、福建、湖北、湖南、陝西、甘肅、廣西、雲南等省刑名。八旗五城現審之件，均與刑部籤掣承辦司分會讞。（註四四）

附表一：清代三法司會覈各省死罪案件職掌分配表

三法司／省分（或地區）	刑部	都察院	大理寺
1.直隸	直隸司	京畿道	左寺右寺輪掌
2.盛京（奉天）	奉天司	京畿道	左寺
3.吉林	奉天司	京畿道	左寺
4.黑龍江	奉天司	京畿道	左寺
5.江蘇	江蘇司	江南道	左寺
6.安徽	安徽司	江南道	左寺

7.山西	山西司	山西道	右寺
8.山東	山東司	山東道	左寺
9.河南	河南司	河南道	右寺
10.陝西	陝西司	陝西道	右寺
11.甘肅	陝西司	陝西道	右寺
12.浙江	浙江司	浙江道	左寺
13.江西	江西司	江西道	右寺
14.湖北	湖廣司	湖廣道	右寺
15.湖南	湖廣司	湖廣道	右寺
16.四川	四川司	四川道	左寺
17.福建	福建司	福建道	右寺
18.廣東	廣東司	廣東道	左寺
19.廣西	廣西司	廣西道	右寺
20.雲南	雲南司	雲南道	右寺
21.貴州	貴州司	貴州道	左寺

22. 新疆	陝西司	陝西道	右寺

說明：一、清初原有十八省及盛京、吉林、黑龍江、新疆等四地區，光緒八年（一八八二年）設新疆省；光緒十一年設臺灣省，光緒二十一年割臺灣與日本；光緒三十三年設奉天、吉林、黑龍江三省，至此，除臺灣外，全國共有二十二個省。

二、乾隆六年（一七四一年），刑部改現審左司為奉天司，改現審右司為直隸司，十八司之名稱始行確定。乾隆十四年（一七四九年），都察院十五道並給印信，各自分理各省刑名。故本表適用期間始自乾隆十四年（一七四九年）至宣統三年（一九一一年）止。

三、本表製作資料參見大清會典，卷六十九，頁十六。

附表二：清代三法司會審京師死罪案件職掌分配表

刑部	都察院	大理寺
直隸司現審案件	京畿道	左寺右寺輪掌
奉天司　〃	京畿道	左寺
江蘇司　〃	江南道	左寺

安徽司現審案件	江南道	左寺
山西司 〃	山西道	右寺
山東司 〃	山東道	左寺
河南司 〃	河南道	右寺
陝西司 〃	陝西道	右寺
浙江司 〃	浙江道	左寺
江西司 〃	江西道	右寺
湖廣司 〃	湖廣道	右寺
四川司 〃	四川道	左寺
福建司 〃	福建道	右寺
廣東司 〃	廣東道	左寺
廣西司 〃	廣西道	右寺
雲南司 〃	雲南道	右寺
貴州司 〃	貴州道	左寺

說明：一、京師現審案件係由刑部十七司輪流籤分，籤分之承辦司分確定後，會審之道、寺亦隨之確定。

二、本表適用期間與附表一相同，始自乾隆十四年（一七四九年），至宣統三年（一九一一年）止。

三、本表製作資料參見大清會典，卷六十九，頁十六。

第二節 其他機關

一、議政衙門

㈠議政王大臣之演變

清入關前已建立議政制度。太祖時，八固山王即係議政王，五大臣（或八大臣）即係議政大臣。太宗時，議政王之範圍較前擴大，新封諸王經任命後亦得參與議政。如崇德七年（一六四二年）七月己丑，太宗「命郡王阿達禮管禮部事，並與議政。」（註四五）又議政大臣之範圍亦較前擴大，天命十一年（一六二六年）九月丁丑，太宗「與諸貝勒定議，設八大臣，……爲八固山額眞，總理一切事務。凡議政處，與諸貝勒偕坐共議之。」（註四六）崇德二年四月丁酉，太宗「命固山貝子尼堪、羅託、博洛等與議國政。每旗各設議政大臣三員，以鞏阿岱……等充之。」（註四七）清入關前，議政王大臣得共議國政，議政範圍極廣，一切軍事、政治、財經、司法審判重大事項均在議政範圍之內。其於司法審判上之職權，詳見前章「清入關前司法審判制度」。

清入關後，議政王大臣共議國政之傳統依然維持著。惟議政制度之性質已起重大變化。崇德以後，議政王之權力已大爲削減。清入關後，議政王之任命罷除更已完全操之於皇帝。「其與議國政之性質乃由初時之有若諸侯共商國事，逐漸轉變爲臣僚之獻替可否。」（註四八）

清入關後，議政大臣之增設裁減，變化亦大。關於議政大臣之增設，順治康熙年間，內閣大學士、六部尚書（侍郎）、理藩院尚書、都察院左都御史、前鋒統領、護軍統領等曾先後被選授爲議政大臣。

1.順治九年（一六五二年）十月甲寅，「以內閣大學士希福、范文程、額色黑，戶部尚書車克、禮部尚書覺羅郎球、兵部尚書蒙古固山額眞明安達禮、刑部尚書蒙古固山額眞濟席哈、工部尚書星納爲議政大臣。」（註四九）

2.康熙二十九年（一六九〇年）二月辛未，「命理藩院尚書阿喇尼、左都御史馬齊爲議政大臣。舊例理藩院尚書、左都御史皆不預議政，至是著爲令。」（註五〇）

3.康熙四十年（一七〇一年）十月甲子，「諭大學士等：議政大臣內向不用侍郎及前鋒統領、護軍統領等員，今將職名一併開列具奏，朕將酌量簡用。尋大學士等遵旨開列職名具奏。得旨：前鋒統領吳達禪、護軍統領達佳、吏部左侍郎傅繼祖、戶部右侍郎溫達、兵部左侍郎法良、工部左侍郎敦拜俱著爲議政大臣。」（註五一）

關於議政大臣之裁減，康熙年間，八旗特設之議政大臣（每旗三員，共二十四員）及八旗滿洲、蒙古都統（每旗二員，滿蒙各一，共十六員），其議政大臣職務先後被裁減。

1.康熙元年（一六六二年）正月丁酉，「吏部以正白旗議政大臣員缺請補，得旨：滿洲、蒙古都統及尚書俱係議政大臣，其每旗所設議政大臣可以裁去，著議政王大臣會議具奏。」（註五二）

2.康熙二十四年（一六八五年）三月乙丑，「諭大學士等：議政所關殊爲機密重要，今見凡所議之事，方經議訖，即已宣露。又滿洲、蒙古都統，本以人才勇健授爲都統，非以其諳達事務而授之也。都統中不克曉達事務者甚多，諸若此者，宜罷其議政。」（註五三）

康熙二十九年以後，議政大臣之人選大多來自下列滿蒙官員：㈠內閣大學士、㈡六部尚書（侍郎）、㈢理藩院尚書、㈣都察院左都御史。又前鋒統領及護軍統領及其他官員偶而亦被選授爲議政大臣，八旗都統已不再被選授爲議政大臣。總的來說，康熙二十四年以前，議政大臣中武職官員較多，康熙二十四年以後，議政大臣中文職官員較多，組成人員與前大不相同。這是因爲康熙二十年，清廷已平定三藩之亂；康熙二十二年，清廷又已將臺灣收入版圖，國家統一已基本上完成，武職官員之重要性已大不如前，議政之重點已由軍事轉爲政務，故議政大臣文職官員增多，武職官員減少。

雍正八年（一七三〇年）設立軍機處後，議政制度又起變化。議政王如未被選授爲軍機大臣，則無議政之權，議政王之名銜僅係虛銜而已。議政之權已轉移至軍機處。議政大臣之情形與議政王類似，嘉慶時，禮親王昭槤曰：「雍正中設立軍機處，（議政大臣）議政之權遂微，然猶存其名以爲滿大人兼銜。」（註五四）

乾隆五十六年（一七九一年）更進一步取消了議政王大臣虛銜。是年十月上諭：「國初以來設議政王大臣，彼時因有議政處，是以特派王大臣承充辦理。自雍正年間設立軍機處之後，皆交軍機大臣每日召對，承旨遵辦，而滿洲大學士、尚書向例俱兼虛銜，並無應辦之事，殊屬有名無實。……所有議政空銜著不必兼充。」（註五五）

自乾隆五十七年至咸豐十年（一八六〇年），此六十九年間，未再見議政王或議政大臣的記載。咸豐十一年（一八六一年）七月，咸豐帝崩，兩宮太后垂廉聽政，旋選授恭親王奕訢爲議政王，在軍機處行走。此係議政王停止選授六十九年來之首次恢復。至於議政大臣，則自乾隆五十七年至清亡止，始終未見恢復選授。

㈡議政衙門（議政處）之演變

清入關前，議政王大臣處理議政事務，自有議政場所，此一議政場所是否設有固定之常設衙門，目前尚未明晰，仍有待進一步之考查。此一議政場所之名稱，見於史料者有三：

1.議政處：天命十一年九月丁丑，太宗「與諸貝勒定議，設八大臣，……爲八固山額眞，總理一切事務。凡議政處，與諸貝勒偕坐共議之。」（註五六）

2.會議處：崇德三年八月辛丑，「睿親王聞言，遂於會議處，告於諸親王、郡王、貝勒、貝子、固山額眞、議政大臣共議之。」（註五七）

3.議政衙門：崇德六年三月戊戌，「上聞多羅睿郡王多爾袞等俱至議政衙門。」（註五八）

據筆者推斷，天命十一年所稱之「議政處」及崇德三年所稱之「會議處」，應係指會議場所而言，而崇德六年所稱之「議政衙門」應係指固定之常設衙門。惟因清入關前史料並無有關設置「議政衙門」之正式記載，以致該衙門之人員編制等均無由得知，難以申論。

清入關後，議政衙門仍繼續設置。順治、康熙、雍正三朝，國家重大政務（含司法審判）多交議政王大臣會議具奏，政務十分繁重的議政衙門應設有相當數量之執事人員，以應政務需要。此時議政衙門稱爲「議政處」。（康熙起居注內曾多次提及）「議政處」至乾隆十一年（一七四六年）仍然存在：

乾隆十一年三月二十四日軍機處奏：「張允隨所奏卡瓦一摺，奉朱批：議政王大臣速議具奏。因係兵部主編，是以內閣傳鈔。伏思議政處與各衙門不同，嗣後凡議政處事件，俱交內閣，專交該衙門辦理，不得收鈔。謹奏。奉旨：是。」（註五九）

「議政處」之正式裁撤，亦未見史料記載。據筆者推斷，乾隆五十六年，奉上諭取消議政王大臣虛銜，「議政處」之正式裁撤亦應在此年。又咸豐十一年，議政王雖已恢復選授，但「議政處」並未恢復設置，國家重大政務均透過軍機處施行。

「議政衙門」（議政處）係滿洲傳統議政制度之一環，與明制有異。清入關後，採行明制，議政衙門（議政處）遂不見於大清會典。其設置、人員編制及裁撤等，均極隱密，史料極少，其詳情難以得知。

㈢議政王大臣等司法審判上之職權

清初諸帝於重大案件（如反逆案件、官員貪瀆案件等）常發交議政王大臣等會議定擬具奏。此一司法審判上之慣例，形成於順治初年，後來更成爲制度。順治十年（一六五三年）十月丁丑，諭刑部：「朕思重囚犯罪，法固難宥。……自今以後，三法司照常覈擬進奏，復批議政王貝勒大臣詳確擬議，以憑定奪施行。」（註六〇）自此以後，議政王大臣得奉旨審判重大案件，成爲司法審判上之重要制度。

以下案例可以說明清初議政王大臣奉旨審判重大案件之情形：

⑴康熙四年（一六六五年）三月壬寅，先是江南徽州府新安衞官生楊光先叩閽，進所著摘謬論一篇，摘湯若望新法十謬。又選擇論一篇，摘湯若望選擇榮親王安葬日期誤用洪範五行。下議政王等會同確議。至是，議政王等逐款鞫問，……得旨：湯若望等並其干連人等應得何罪，仍著議政王貝勒大臣、九卿、科道再加詳覈，分別確議具奏。（註六一）

⑵康熙八年（一六六九年）五月戊申，命議政王等拏問輔臣公鰲拜等。本案係清初大案之一，經康親王傑書等會讞，列鰲拜大罪三十，議將鰲拜革職立斬，其親子、兄弟亦斬，妻並孫爲奴，家產籍沒。本案後奉旨，（鰲拜）從寬免死，革職籍沒，仍行拘禁。（註六二）

⑶康熙二十一年（一六八二年）正月丁卯，議政王大臣會議，……逆賊耿精忠等十人應凌遲處死，……上曰：耿精忠等事關重大，著議政王大臣、九卿、詹事、科道會同詳議。（註六三）

⑷康熙四十四年（一七〇五年）閏四月乙未，刑部題：原任吏部郎中陳汝弼、原任溫處道黃鍾，

行賄作弊，俱擬絞監候。上曰：著議政大臣、九卿、詹事、科道會同再行嚴加確審定擬具奏。（註六四）

上述案例，前三案均係由皇帝直接發交議政王大臣等會議定擬具奏。第四案則係刑部審擬具題後，皇帝再發交議政大臣等嚴審定擬具奏。前者係初審，完全取代了刑部或三法司之初審；後者係覆審，刑部已先行初審。此外，亦有先經刑部初審，再經三法司覆審，最後再經議政王大臣三審之案件。如順治十一年（一六五四年）鑲白旗牛彔章京郭文煥家劉三將妻劉氏打死乙案，順治八年初七日案發，刑部旋即審擬具題。順治十一年九月二十五日奉旨：「三法司核擬具奏。」三法司遂再行覆審定擬具題。順治十二年正月十三日奉旨：「議政王貝勒大臣詳確擬議具奏。」議政王貝勒大臣遂再行三審。（註六五）惟此種之覆審程序與清入關前三覆審程序之性質並不相同。前者係眞正之三覆審，後者僅係三覆訊而已。

二、內閣

㈠內閣設置沿革

清入關前，並未設立內閣。惟類似之機關則有之。天聰三年（一六二九年）設文館於盛京。天聰十年（一六三六年）改文館爲內三院，曰內國史院，掌記注詔令，編纂史書及撰擬諸表章之屬。曰內秘書院，掌撰外國往來文書及勅諭祭文之屬。曰內宏文院，掌註釋歷代行事善惡，勸講御前，侍講皇

子，並教諸親王及德行制度之屬。各設大學士掌之。（註六六）

清入關後，裁明之翰林院。順治二年（一六四五年），以翰林院官分隸內三院，稱內翰林國史院、內翰林秘書院、內翰林宏文院。順治十五年（一六五八年）改內三院爲內閣，大學士俱改內閣銜。順治十八年（一六六一年），復改內閣爲內國史院、內秘書院、內宏文院。康熙九年（一六七〇年）仍改內閣，另設翰林院如舊制。（註六七）自此以後，遂成定制。

順治初年，設滿漢大學士，不備官，兼各部尚書銜。順治十五年定，以大學士分兼殿閣，稱中和殿大學士、保和殿大學士、文華殿大學士、武英殿大學士、文淵閣大學士、東閣大學士。康熙九年改內三院爲內閣後，其大學士官銜俱照順治十五年之例。（註六八）康熙年間，滿漢大學士多用至四員，至雍正年間，多用至六員。（註六九）乾隆十三年（一七四八年），大學士定爲滿漢各二員，大學士兼銜省去中和殿，增入體仁閣，即其兼銜由四殿二閣改爲三殿三閣。（註七〇）

大學士之下，設有協辦大學士。協辦大學士始設於雍正年間，初置一二人協辦，乾隆十三年定爲滿漢或一員或二員。（註七一）此後以滿漢各一員爲常。協辦大學士之下，設有學士。康熙十二年定爲滿洲六員、漢四員。（註七二）

㈡內閣職掌（有關司法審判部分）

清初順治、康熙、雍正三朝，內閣地位崇隆，國家政務俱出於內閣。雍正年間設立軍機處後，軍國大政俱出於軍機處，內閣之權遂爲軍機處所分。惟國家政務中例行事務極多，仍由內閣處理，其重要性依然存在。關於其職掌，大清會典定曰：「掌議天下之政，釐治憲典，總鈞衡之任，以贊上理庶務。」（註七三）所謂「議天下之政」自包括司法審判與司法行政。惟內閣與三法司不同，通常內閣並不直接進行司法審判，內閣係透過票擬，參與司法審判，審核法司所定擬之判決是否允當或合法。此外，內閣大學士亦經常以個人身份奉旨審判重大案件或參與秋審及朝審。

清代公文書主要有二種：一爲題本（或稱本章），一爲奏摺。清初順治、康熙、雍正三朝公文書以題本爲主。康熙初年以後，開始使用奏摺。惟康熙、雍正兩朝期間，奏摺係君臣間之秘密文書，不能公開使用。乾隆初年以後，奏摺逐漸化暗爲明，成爲正式公文書。因其使用及處理較爲便捷，其使用範圍日趨擴大，重要性日增，逐漸取代題本。光緒二十七年（一九〇一年）八月，清廷更正式廢除題本，完全以奏摺取代題本。惟有清一代，自順治元年至光緒二十七年，二百五十八年間，國家政務仍係以題本方式處理者最多，題本之重要性仍不容忽視。

內閣之主要職掌係爲皇帝處理題本，所有有關司法審判之題本均經由內閣處理，內閣因之得以參與司法審判。易言之，內閣大學士及協辦大學士因之得以參與司法審判。內閣對有關司法審判題本之處理程序，係清代司法審判程序之重要環節。

題本分爲通本與部本。「各省將軍、督撫、提鎮、學政、順天奉天府尹、盛京五部本章，俱齎至通政司，由通政司送閣，爲通本。」（註七四）「六部本章及各院府寺監衙門本章，附於六部之後，統爲部本。」（註七五）

清代各部院衙門之部本多係滿漢文合璧，而各省之通本則多係止有漢文，無有滿文。兩者之處理程序稍有不同。茲列表分述如後：

甲、各省題本（通本）處理程序表（註七六）

順序	機關	工作項目
1.	各省	將題本送通政使司。
2.	通政使司	1.校閱題本。 2.將題本送閣。
3.	內閣（漢本房）	照貼黃（題本之摘要）繙清文（即滿文）。
4.	內閣（滿本房）	照所繙清文繕寫清文（即繕寫爲工整之清文）。
5.	內閣（漢票籤處）	(1)詳校漢文。 (2)檢查票籤成式。 (3)擬寫漢文草籤。
6.	內閣（滿票籤處）	(1)詳校清文。 (2)檢查票籤成式。 (3)擬寫清文草籤。 (4)呈堂（大學士、協辦大學士）閱定票擬。 (5)繕寫清漢文正籤。

7.	內閣（批本處）	恭遞題本於皇帝。
8.	皇帝	批覽題本。
9.	內閣（批本處）	1. 領回題本。 2. 由批本處照欽定清字籤，用紅筆批於本面（即清文本正面）。 3. 由漢學士照欽定漢字籤，用紅筆批於本面（即漢文本正面）。
10.	內閣（滿票籤處）	領回紅本（已批紅之題本）。
11.	內閣（紅本處）	將紅本交六科。
12.	六科	1. 科鈔（事屬某部者，即由某科鈔清漢文交出某部。） 2. 歲終將紅本繳納於內閣。
13.	各部院	奉旨該衙門議覆、知道、察覈或察擬者，依批紅辦理。

各省題本奉旨該衙門議覆、察覈或察擬者，必須進行第二階段處理程序，各省題本如奉旨該部知道者，則僅止於第一階段。此兩階段之起訖點分述如下：

第一階段：通政使司—內閣—皇帝—內閣—六科—各部院。

第二階段：各部院—內閣—皇帝—內閣—六科—各部院。

前述處理程序表係各省題本第一階段處理程序。各省題本第二階段處理程序，即係各部院題本處理程序，應併入各部院題本處理程序中討論。

各省題本第一階段處理程序中，內閣之票擬極為簡單。「某票擬之式，凡通本內應議覆者，則交各部院議奏，或查議，或察議，或議處，或嚴議，或速議。無庸議覆者，則交各部院知道。錢糧出納，則交部察覈。刑名本罪至斬絞者，由三法司覈擬，軍流以下，由刑部覈擬。」（註七七）所謂刑名本，即各省送至通政使司之有關司法之題本。此等題本絕大多數奉旨：「刑部議奏」、「刑部核擬具奏（或速奏）」或「三法司核擬具奏（或速奏）」。奉旨後，仍須進行第二階段處理程序。

乙、各部院題本（部本）處理程序表（註七八）

順序	機關	工作項目
1.	各部院	將題本送內閣。
2.	內閣（漢票籤處）	(1)詳校漢文。 (2)檢查票籤成式。 (3)擬寫漢文草籤。各部院題本有兩擬者，內閣繕雙籤，若三籤，若四籤，皆備擬以候欽定，申以說帖（即意見書）。
3.	內閣（滿票籤處）	(1)詳校清文。 (2)檢查票籤成式。 (3)擬寫清文草籤。 (4)呈堂（大學士、協辦大學士）閱定票擬。

		(5)繕寫清漢文正籤。
4.	內閣（批本處）	恭遞題本於皇帝。
5.	皇帝	(1)批覽題本。 (2)下達諭旨。
6.	內閣（批本處）	(1)領回題本。 (2)由批本處照欽定清字籤，用紅筆批於本面（即清文本正面）。 (3)由漢學士照欽定漢字籤，用紅筆批於本面（即漢文本正面）。
7.	內閣（滿票籤處）	領回紅本（即已批紅之題本）。
8.	內閣（紅本處）	將紅本交六科。
9.	六科	(1)科鈔（事屬某部者，即由某科鈔清漢文交出某部）。 (2)封還執奏（本章已經奉旨，如確有不便之處，許該科封還執奏。） (3)駁正（本章已經奉旨，如內閣票籤批本錯誤，及部院督撫本內事理未協，並聽駁正。） (4)歲終將紅本繳納於內閣。
10.	各部院	遵奉諭旨執行。

各部院題本（部本）處理程序與各省題本（通本）處理程序有異，其效果亦不同。前者多數具實質性，因各部院題本經奉旨後，即成爲國家政務之最終裁決。後者則多數僅具程序性，因各省題本經奉旨後，尚有待各部院進一步處理。兩相比較可知，前者之重要性較後者爲高。

關於兩種處理程序之相異點玆分述如下：

1.各部院題本係逕送內閣，各省題本則須先送通政使司。

2.各部院題本原已有清文，故無須繙清文及繕清文，即無須經由內閣之漢本房及滿本房。各省題本則須先繙清文及繕清文，即須先經由內閣之滿本房及漢本房。

3.各部院題本之票擬較爲複雜。各部院題本尋常事件，內閣皆票依議及知道了等籤。如各部院所議未協，內閣隨時更正票擬。（註七九）各部院題本有兩擬者（即兩種處理意見），內閣應票雙籤：「各部院題請事件，有應准應駁未敢擅便，………本內雙請候欽定者，……俱照擬（即部院定擬之處理意見）票寫雙籤。」（註八〇）此外，三法司覈擬罪名，……其有罪名已定而情節實可矜憫者，照擬（即部院定擬之處理意見）票寫一籤，再票九卿定議一籤。」（註八一）又「三法司駁審本，票依議一籤，再票部駁甚是一籤。」（註八二）除上述內閣票雙籤之情形外，更有內閣票三籤者，「三法司駁審本有該督撫原擬本無舛錯，法司誤駁者，除票雙籤（即依議一籤及部駁甚是一籤）外，再票照該督撫所擬完結一籤。」（註八三）「凡票擬雙籤、三籤、四籤，（內閣）皆加具說帖，申明義例。」（註八四）至於各省題本之票擬則極爲簡單，前已述及，玆不贅述。

4.各部院題本內閣票擬之處理意見多數具實質性，皇帝於批覽後，常下達諭旨，指示政務處理原則。各省題本內閣票擬之處理意見則多數僅具程序性，皇帝於批覽後，尙無須下達諭旨，指示政務處理原則。（有關參劾官員之各省題本則屬例外）

5.各部院題本已經奉旨，如確有不便之處，六科得封還執奏。如內閣票籤錯誤，及部院督撫本內事理未協，六科得駁正。各省題本之票擬極爲簡單，多數僅係程序性，故無所謂六科「封還執奏」或「駁正」。

清代題本制度係沿襲明制而來，處理程序重複迂緩，容易洩密，十分不便，尤其是各省題本處理程序更是如此。以現代公文處理觀念視之，此一處理程序似可省略，可與各部院題本處理程序合而爲一。

清代內閣對各部院題本有票擬之權，票擬即由內閣寫出所定擬之處理意見。就司法審判而言，對刑部或三法司等機關之題本，內閣可票寫單籤、雙籤、三籤或四籤，依其實際情形定擬出不同處理意見。內閣於有關司法審判之題本，或擬准，或擬駁，或擬以其他方式處理。就司法審判而言，內閣之票擬權，亦係司法審判權。使內閣有權審核法司所定擬之判決是否妥當或合法。

㈢內閣大學士等司法審判上之職權

內閣對有關司法審判之題本，有票擬權。票擬權之行使係以內閣之名義行之，票擬之意見代表內閣全體之意見，而非某一大學士或者協辦大學士之意見。票擬權爲內閣之重要權力，係內閣參與司法審判之主要方式。除此種方式之外，內閣大學士、協辦大學士或學士亦常以其他方式參與司法審判。其情形如下：

1. 參與司法審判最終裁決時之諮詢

清代司法審判之最終裁決權掌握在皇帝手中，無論是各省案件或是京師案件，均係如此。雄才大略的皇帝對於司法審判更是極為重視，清初康雍乾三帝均係直接牢牢掌握此項權力，管理龐大的行政機關，處理政務。

中國幅員廣大，人口衆多，司法案件數量極大，皇帝必須倚靠中央司法審判機關先行審理或覆核。法司（指中央司法審判機關）定擬出判決後，須奏聞於皇帝，由內閣票擬意見，再由皇帝爲最終裁決。司法案件案情錯綜複雜，詭譎多變，大清律例未能悉予規範，法司定擬之判決或未盡妥當，或一案兩議，或甚至與律例不合，皇帝爲最終裁決時，常向內閣大學士等諮詢，徵詢其意見。票擬是內閣全體參與司法審判之重要方式，參與諮詢則是內閣大學士等參與司法審判之重要方式。

內閣大學士等參與諮詢之方式，多數係個別參與諮詢，內閣大學士等各自向皇帝奏陳判決意見。也有少數係集體參與諮詢，如內閣大學士等奉旨會同擬議，此時須定議後向皇帝奏陳集體之判決意見。皇帝諮詢之範圍很廣，法司定擬之判決是否合法及妥當均在諮詢範圍內。茲舉下列案例說明之：

(1)康熙十八年（一六七九年）十月初二日癸亥，「內閣大學士、學士隨捧折本面奏請旨，……刑部議楚省民胡玉舒糾衆奪寡婦管氏與其子爲妻，應擬絞事。上曰：『爲首與爲從之人俱已治罪，其子占寡婦爲妻，反不行治罪，可乎？』大學士索額圖、明珠奏曰：『律內所定如此。』李蔚奏曰：『既有定律，或俟秋審再議。』馮溥奏曰：『此因伊父奪與其子爲配，故議罪如此。』上曰：『仍著再行確議。』（註八五）

(2)康熙二十年（一六八一年）五月二十五日丁丑，「大學士、學士隨捧折本面奏請旨，……江寧巡撫慕天顏題，強盜張天性等打劫施又儒家，欲將失主殺死。同夥沈淑靜、孫子奇勸止，又煮水與失主夫婦飲，以救其寒冷，應否從寬，聽候法司定奪。部議定例從無因勸止遂行寬免之條，應無容議。上曰：『爾等云何？』勒德洪、明珠奏曰：『此二人情有可原，故臣等擬票秋後處決。』上曰：『強盜情罪，原以殺人爲重，劫財爲輕。若強盜劫財，而不曾傷人者，律文亦有分別。此案情事本屬創見，徑行寬免可乎？』勒德洪、明珠奏曰：『聖恩寬免，亦無不可。』李蔚、馮溥奏曰：『強盜劫財而不傷人者，意行寬免，以後恐盜賊滋多矣。』學士希福奏曰：『格外寬免，後不爲例，似亦可行。』李光地奏曰：『目今饑荒，所以窮民爲盜者多。』張玉書奏曰：『律無可逭，而情有可原，格外寬免，總出自聖裁。』上曰：『各犯俱著立斬。沈淑靜、孫子奇著監候，秋後處決。』」（註八六）

(3)康熙二十二年（一六八三年）閏六月十七日丁巳，「上御行宮，學士等捧折本面奏請旨，……刑部議丹陽縣知縣卞三錫聞母喪不即回旗，又錢糧交待故意遲延，應杖一百折贖事。上曰：『卞三錫聞喪不即回旗，不速交明錢糧，久住揚州，情甚可惡。應鞭一百，不准折贖。此事亦發

與大學士等商酌。』」(註八七)

⑷康熙二十二年(一六八三年)九月二十四日壬辰,「上御行宮,內閣學士等捧折本面奏請旨,……刑部再議陳應元因其兄應魁先行毆打,遂反擊應魁致死。其父以贍養無人請貸。應元應免死,枷號兩月,杖四十。上曰:『陳應元以弟反擊其兄,致兄隕命,情罪可惡。兄弟關係倫常,誼不容逭,但其父年老無人贍養,亦屬可憫。應作何處分方爲允協,可令滿漢大學士等會同詳酌議奏。』」(註八八)

上述四案例,第一案係皇帝就法司定擬之判決意見是否合法,諮詢內閣大學士等人之意見。第二、三、四案係皇帝就法司定擬之判決意見是否妥當,諮詢內閣大學士等人之意見。又第一、二兩案係內閣大學士等個別參與諮詢之情形,第三、四兩案則係內閣大學士等集體參與諮詢之情形。

2. 奉旨審判重大案件

清代內閣大學士等常奉旨審判重大案件,奉旨審判之案件或係各省案件,或係京師案件;或係初審,或係覆審;審判地或在各省,或在京師;其情形不一,玆舉下列案例說明之:

⑴康熙二十三年(一六八四年)四月十八日癸丑,「上又顧大學士等曰:『近日天旱,宜照前遣大臣往審刑部重犯,著大學士王熙,尙書伊桑阿,學士阿哈達、王鴻緒去。』」(註八九)

⑵康熙四十五年(一七〇六年)正月三十日己丑,「宗人府爲趙格誣告其主宗室馬喀納殺妻及子,已問流徙。今趙格之子達哈台又代其兄趙格首告馬喀納,以曾爲小校出兵、眞正滿洲之女子二

十許口暗拆售賣諸款。審訊皆虛，將達哈台擬鞭一百，發往黑龍江新滿洲爲奴。上曰：『馬喀納素行不善，此事著交與都察院，提原告再加詳審具奏。併著大學士席哈納、學士二格會訊。』」（註九〇）

⑶康熙四十五年（一七〇六年）十月二十三日丁未，「大學士席哈納、吏部侍郎張廷樞、兵部侍郎蕭永藻等，爲往審土司田舜年事，入請訓旨。上命席哈納等近至御榻前曰：『田舜年一事，關係土司，并於地方總督、提督亦有關係，若不明其本末，辨其是非，則衆心不服。爾等到彼，可與前次都御史梅鋗、學士二格同審。凡事必共商酌而行，併取該督口供。如總督理虧，則罪坐總督，如土司理虧，則罪坐土司。』」（註九一）

⑷康熙五十五年（一七一六年）四月初三日壬辰，「覆請刑部等衙門覆浙閩總督．覺羅滿保所題，大盜許阿福等賊首尚未緝獲，贓銀費盡，並無失主憑證，仍照前擬斬監候，秋後處決，准如所擬一疏。上曰：『許阿福等事已多年，應將此等從寬免死，減等完結。爾等（指大學士等）會同三法司議奏。本發回。』」（註九二）

上述四案例，第一、二兩案均係內閣大學士等奉旨審判京師案件，第三、四兩案則均係內閣大學士等奉旨審判各省案件。又四案均係覆審，無初審者。至審判地，第一、二、四案均係在京師審判，第三案則係在外省審判。

3. 參與秋審及朝審

各省及京師死罪案件奉旨監候秋後處決者，須經次年秋審，方能最後定案。秋審分地方（督撫）與中央（三法司）兩階段施行，朝審則分刑部、特派大臣、與九卿等三階段施行。均將案件分爲情眞（雍正時改爲情實）、緩決、可矜、可疑（雍正時刪去）、留養承嗣等類具題。內閣大學士等於法司將秋審、朝審案件具題後，除票擬判決意見外，並常於皇帝爲最終裁決時（含勾決），參與諮詢。茲擧下列案例說明之：

(1)康熙二十四年（一六八五年）十月二十三日庚戌，「大學士…學士…以折本請旨，……刑部題，秋審山西情眞楊洞等十三起，緩決李鶴鳴等十三起，可矜張子彭等五起，共三本。上問曰：『此事爾等云何？』明珠等奏曰：『此內李鶴鳴、張林綸贓銀俱已交完。曹理盈毆死伊族弟，其中情有可矜，似俱應減等完結。』上曰：『然。』」（註九三）

(2)康熙二十四年（一六八五年）十一月初九乙丑，「大學士…學士…以折本請旨，在京秋審重犯，上曰：『爾等所議如何？』明珠等奏曰：『臣等會同再三詳閱，此內有將情眞擬緩決者，亦有將緩決擬減等者，或有援例議結者。』上曰：『照爾等所議擬票送進，朕詳覽之。至援引成例，乃部院奉行之事，朕與爾等裁斷，必酌量情罪，審度時宜，豈可拘於定例。若果照律執議，則穆爾賽之罪不至於立決矣。今因懲創貪官，故不容寬恕。』明珠等奏曰：『聖諭誠然。凡情眞內有可原者，可疑、可矜之內亦有情可惡者，誠難執一而論。』」（註九四）

(3)康熙四十五年（一七〇六年）十月初一日乙酉，「大學士…學士…以折本請旨，……刑部爲秋審廣東情眞事件奏請，上顧大學士等問曰：『此中猶有可商者否？』張玉書等奏曰：『此俱係眞正殺人者。』上曰：『伊等果皆眞正殺人重犯，不可矜宥，如所議行。』」（註九五）

⑷康熙四十五年（一七〇六年）十一月十三日丁卯，「大學士…學士…以掌山東道事御史常壽等所奏刑科三覆奏，情眞罪犯七十人應勾決者，請旨定奪。上將刑部重囚招册逐一詳閱，反覆審定，然後勾決。……又閱至打死人命之簡思義，上問大學士馬齊等曰：『爾等云何？』馬齊等奏曰：『簡思義始因拾磚打中吳吉祥耳根，後又用拳毒打，以致立斃。』上曰：『吳吉祥既因重傷仆地，簡思義不應又加兩拳。以理論之，自不可恕，但恐決者太多，亦不必勾。』」（註九六）

上述四案例，第一、三兩案係各省秋審案件，第二、四兩案則係京師朝審案件。又須說明者，第四案係朝審案件之勾決，勾決因係秋審及朝審程序之一部，故將有關勾決之案件併述於前。

三、軍機處

㈠軍機處設置沿革

清入關前，國家政務（含司法審判）由議政王大臣共議之，彼時設有議政衙門（或稱議政處、會議處），軍國大事均於議政衙門會議之。清入關後，議政制度仍繼續施行，惟議政王大臣之權力已大爲削減，與議國政之性質亦與以往不同。順治、康熙二朝及雍正初年，議政制度仍係國家處理政務之重要環節，雍正年間設立軍機處後，議政制度之重要性逐漸降低，乾隆五十六年（一七九一年）更正式取消了議政制度，處理軍國大事之權力完全移轉至軍機處。

軍機處全稱爲「辦理軍機處」。（註九七）軍機處設置年月，說法不一，依清史稿軍機大臣年表，軍機處始設於雍正七年六月。（註九八）依大清會典事例所載乾隆四十八年諭旨，軍機處始設於雍正八年。（註九九）依清世宗實錄所載，軍機處始設於雍正十月三日。（註一〇〇）各說均有所據，且均有旁證，目前尚無定論。

辦理軍機處之名首見於雍正十年三月三日，清世宗實錄載：「大學士等遵旨議奏，辦理軍機處密行事件，所需鈐封印信，謹擬用辦理軍機印信字樣，移咨禮部鑄造，貯辦理軍機處，派員管理，並行知各省及西北兩路軍營。」（註一〇一）自此，辦理軍機處始有印信。

雍正十三年八月二十三日，世宗崩逝，乾隆繼承大統。同年十月二十九日，撤銷辦理軍機處，是日上（乾隆）諭總理事務王大臣曰：「從前西北二路軍務，交辦理軍機事務之大臣等定議。其苗疆事務，又另委大臣等定議。今西北二路既已無事，而苗疆之事亦少，大小事件亦交總理事務王大臣等辦理。其軍機事務與苗疆事務，亦著交總理事務王大臣等兼理。其原辦理軍機事務之訥親、海望、徐本著協辦總理事務，納延泰著照班第、索柱例行走，豐盛額、莽鵠立著不必辦理軍機事務，各在本任行走。」（註一〇二）

撤銷辦理軍機處後，所有軍機事務改由總理事務處（或稱爲總理處）辦理。惟乾隆服喪二十七月後釋服，總理事務王大臣等奏辭總理事務。乾隆詔允之後，隨即恢復軍機處。

乾隆二年十一月二十七日，諭內閣：「昨莊親王等奏辭總理事務，情辭懇切，朕勉從所請。但目前兩路軍務尚未完竣，且朕日理萬機，亦間有特旨交出之事，仍須就近承辦。皇考當日原派有辦理軍機大臣，今仍著大學士鄂爾泰、張廷玉、公訥親、尚書海望、侍郎納延泰、班第辦理。」（註一〇三）此次恢復設置後，遂成定制。乾隆以後，軍機處職掌日漸擴張，成爲清代政治中樞，以迄於清末。

軍機處設軍機大臣。於滿漢大學士、尚書、侍郎京堂內特簡，無定員。（註一〇四）軍機大臣之下設軍機章京，滿洲十有六人，漢十有六人。（註一〇五）

㈡軍機處職掌（有關司法審判部分）

關於軍機處之職掌，大清會典定曰：「掌書諭旨，綜軍國之要，以贊上治機務。」（註一〇六）又曰：「議大政，讞大獄，得旨則與。」（註一〇七）所謂「軍國之要」係指軍國大政，自包括司法審判與司法行政。所謂「議大政」係指與議國家重大政務，自亦包括司法審判與司法行政。又所謂「讞大獄」係指審判重大案件，此類重大案件多係由軍機大臣等親自審判。由上可知，軍機處有關司法審判之職掌頗多，故清史稿曰：「軍機處名不師古，而綠綸出納，職居密勿。初祗秉廟謨商戎略而已，厥後軍國大計，罔不總攬。自雍、乾後百八十年，威命所寄，不於內閣而於軍機處，蓋隱然執政之府矣。」（註一〇八）

清代公文書，題本由內閣處理，奏摺則由軍機處處理。奏摺之使用，始於康熙初年，原係君臣間之秘密文書，並非正式之公文書，不能公開使用。乾隆初年以後，奏摺逐漸化暗爲明，成爲正式公文書。其使用範圍日趨擴大，重要性日增。題本成爲處理例行事務之公文書，奏摺則成爲處理重要政務之公文書。

軍機處之主要職掌係爲皇帝處理奏摺，所有有關司法審判之奏摺，多由軍機處處理，軍機處因之得以參與司法審判。易言之，軍機大臣、軍機章京均因之得以參與司法審判。軍機處對有關司法審判奏摺之處理程序，係清代司法審判程序之重要環節。

摺奏者需具有一定之身份，「在京，宗室王公，文職京堂以上，武職副都統以上及翰詹授、日講起居注官者，皆得遞奏摺，科道言事亦得遞奏摺。在外各省，文職按察史以上，武職總兵以上，駐防總管城守尉以上，新疆西路北路辦事大臣領隊大臣以上，皆得遞奏摺，道員言事亦得遞奏摺。」（註一〇九）

奏摺原係秘密文書，清初康熙、雍正二帝均親自處理，並不假手臣工。乾隆以後奏摺數量日趨增多，皇帝無法一一親爲處理。自雍正年間設立軍機處後，乃由軍機處協助皇帝處理奏摺，（甚至代爲硃批。）乾隆初年以後，奏摺處理程序逐漸形成規制。久之，遂成定制。玆列表分述如後：

甲、各省奏摺處理程序（註一一〇）

順序	機關	工作項目
1.	各省	各省或驛遞或專差齎送奏摺。
2.	奏事處	值班章京接摺
3.	奏事太監	奏事太監呈覽於皇帝
4.	皇帝	(1)批覽奏摺。 (2)將奏摺發交軍機處。
5.	軍機處	會商處理意見。
6.	皇帝	下達諭旨。（軍機大臣述旨，軍機章京擬寫諭旨，欽定後發下。）
7.	軍機處	將奏摺發鈔。（交內閣中書領出傳鈔）。
8.	奏事太監	(1)驛遞之原摺由奏事太監徑交軍機處封發，交兵部捷報處遞往。 (2)專差齎送之原摺，由奏事太監封固交奏事處。
9.	奏事處	發給原遞摺之人祇領。
10.	各省	

乙、各部院奏摺處理程序（註一一）

順序	機關	工作項目
1.	各部院	各部院筆帖式遞摺。
2.	奏事處	值班章京接摺。
3.	奏事太監	奏事太監呈覽於皇帝。
4.	皇帝	(1)批覽奏摺。 (2)將奏摺發交軍機處。
5.	軍機處	會商處理意見。
6.	皇帝	下達諭旨。（軍機大臣述旨，軍機章京擬寫諭旨，欽定後發下。）
7.	軍機處	將奏摺發鈔。（交內閣中書領出傳鈔）
8.	奏事太監	奏事太監將奏摺交奏事處。
9.	奏事處	傳旨各部院給領，各部院筆帖式領回原摺。
10.	各部院	

須說明者，上述兩表係以需發交軍機處擬寫諭旨之奏摺處理程序爲基準。無需發交軍機處擬寫諭旨之奏摺，其處理程序則較爲簡易。又留中之奏摺或飭交大臣之奏摺亦不適用上述兩表之處理程序。奉硃批「該部知道」者亦須發鈔，交各部院知道奏摺內容。奉硃批「該部議奏」者須發鈔，交由各部院爲進一步之處理。奉硃批「覽」，或奉硃批「知道了」，或奉硃批「依議」，或奉硃批准駁其事，或奉硃批訓飭嘉勉，如係部院應辦者即發鈔，不涉部院者不發鈔。（註一一二）

各部院奏摺奉硃批「覽」，或奉硃批「知道了」，或奉硃批「依議」，或奉硃批准駁其事，如係部院應辦者即發鈔，不涉部院者不發鈔。（註一一三）

各省及各部院奏摺奉硃批「另有旨」、「即有旨」及未奉硃批者，軍機大臣每日傳見時，皆捧入以候旨。此時，軍機大臣須擬寫諭旨（實際擬寫者爲軍機章京），此即所謂「掌書諭旨」。其所掌書之諭旨分爲兩大類，一爲明發上諭，一爲寄信上諭。前者簡稱爲「明發」，後者簡稱爲「寄信」，又名「廷寄」。皇帝之諭旨常就司法審判事項加以裁示，係清代司法審判制度極重要之環節。

明發諭旨，其頒發之情形有三：

1.皇帝特降者爲「諭」。

2.皇帝因所奏請而降者爲「旨」。

3.皇帝因所奏請而即以宣示中外者亦爲「諭」。（註一一四）

至其格式，諭曰：「內閣奉上諭」，旨曰：「奉旨」。明發諭旨因無關機密而明示天下，軍機大

臣擬寫之諭旨經欽定後下於內閣傳鈔，以達於各部院。此即大清會典所稱：「諭旨明降者，既述，則下於內閣。」（註一一五）

寄信上諭，因事涉機密而不便公開，與明發諭旨之宣示天下者不同，寄信上諭由軍機處撰擬後，逕由軍機處寄發，此即大清會典所曰：「諭軍機大臣行者，既述，則封寄焉。」（註一一六）其格式有二：

1.軍機大臣字寄：軍機大臣行經略大將軍、欽差大臣、將軍、參贊大臣、都統、副都統、辦事領隊大臣、總督、巡撫、學政之寄信，曰「軍機大臣字寄」。

2.軍機大臣傳諭：軍機大臣行關差、藩（布政使司）臬（按察使司），曰「軍機大臣傳諭」。（註一一七）

內閣於題本有票擬權，軍機大臣於奏摺雖無票擬權，但有處理建議權，皇帝將奏摺發交軍機大臣後，軍機大臣須共同研議處理意見，奏聞皇帝。有時皇帝更召見軍機大臣獨對，徵詢處理意見。此種奏摺之處理建議權與題本之票擬權，其作用類似。內閣之票擬有一定之格式，奏摺之處理建議，其格式較為彈性，或以奏片奏聞皇帝，或以口頭方式奏聞皇帝。軍機大臣因擁有奏摺之處理建議權，所有有關司法審判之奏摺，均經由軍機大臣處理，軍機大臣因之得以參與司法審判。就廣義言之，軍機章京亦因之得以參與司法審判。

軍機大臣之處理建議權，於有關司法審判之奏摺，或擬准，或擬駁，或擬以其他方式處理，就司法審判而言，軍機大臣之處理建議權亦係司法審判權，使軍機大臣有權審核法司所定擬之判決意見是否妥當或合法。

㈢軍機大臣等司法審判上之職權

軍機大臣參與司法審判上之方式，除上述奏摺處理建議權之外，軍機大臣亦常以其他方式參與司法審判，其情形如下：

1. 奉旨審判重大案件

清代軍機大臣常奉旨審判重大案件，其情形與內閣大學士相類。奉旨交審事件，如特交軍機大臣審辦者，即由軍機處傳訊，其應刑訊者，或就內務府公所，或就步軍統領衙門公所提訊，其皂役刑具，皆於刑部。奉旨審判之案件或係各省案件，或係京師案件；或係初審，或係覆審；審判地或在各省，或在京師，其情形不一，玆舉下列案例說明之：

⑴乾隆二十年（一七五五年），軍機大臣等奏，審擬御史胡定參奏琉璃廠監督劉浩侵髒剝商一案，奉旨：「此案胡定參奏監督劉浩尅扣情節，朕因其條奏詳明，非身在局中者，不能如此備晰，即知其必有所從來，是以面加詢問。乃兩經召見，伊止稱得在道路聽聞。及朕特派大臣，公同研鞫，始將潘復與私囑緣由，逐一究出。」（註一一八）

⑵乾隆五十九年（一七九四年）上諭：「本日梁肯堂奏殺死一家母子二命邢守朧一摺，已交軍機大臣會同刑部覈擬速奏矣。此等案件，各省向係具題，近因其情節可惡，未便照尋常命案辦理，

致兇犯日久稽誅，是以令各省督撫專摺具奏。」（註一一九）

⑶嘉慶九年（一八〇四年）上諭：「外省遇有盜賊重案，州縣官輒思規避疏防處分，諱匿不報，該管上司往往迴護屬員，顢頇了事。……如北城吏目冷塏諱盜一案，實深愧恨，此事既經事主呈報，有捆縛刀嚇情節。該衙門即應一面具奏，一面飭緝，方爲正辦。而都察院堂官及步軍統領衙門均不免有迴護屬員之見，意存壓閣不辦。………若非陳嗣龍參奏，特派軍機大臣會同刑部秉公審訊，必不能水落石出。」（註一二〇）

⑷道光十二年（一八三二年）上諭：「所有會匪王老頭子即王法中等習教一案，係給事中隆勛於上年冬間訪聞，奏請拏辦，玆據軍機大臣等會同刑部，審出該犯等拜師傳徒斂錢惑衆實情，分別定擬，復究出尹老須、姬三白等犯習教重情，尚在研訊。」（註一二一）

2.參與秋審及朝審

清代軍機大臣亦參與秋審及朝審（含秋審及朝審之勾決），又朝審案件於刑部具題後，皇帝常特派大臣覆核，軍機大臣常爲朝審之特派大臣。玆舉下列案例說明之：

⑴乾隆四十二年（一七七七年），奉旨：「伊勒圖等奏請將秋審二次緩決之劉宗武等發遣爲奴一摺，所擬未當。內地秋審人犯，緩決三次者，方准減等，情實十次未勾者改緩決。新疆人犯治罪，應較內地爲重，庶各犯不敢輕蹈法紀，豈可轉較內地從輕，著交軍機大臣會同刑部另擬具奏。」（註一二二）

⑵乾隆四十六年（一七八一年）奉旨：「秋審勾到事件，軍機大臣辦理熟諳，著同大學士一體承旨。」（註二二三）

上列案例中，第一案之內容有關秋審，第二案之內容有關秋審後之勾決。

四、吏部

㈠吏部設置沿革

順治元年（一六四四年），吏部設滿洲尚書、滿漢左右侍郎無定員。五年，定滿漢尚書各一人。七年，增設滿洲尚書一人。八年，以諸王貝勒兼理部務。九年，停諸王貝勒兼理部務。十年，裁滿洲尚書一人。十五年，定滿漢左右侍郎各一人。（註二二四）自此，吏部堂官確定爲尚書二人（滿洲一人，漢一人），左侍郎二人（滿洲一人，漢一人），右侍郎二人（滿洲一人，漢一人）。

順治元年，吏部設文選、考功、稽勳、驗封等四司及其他單位。（註二二五）此一組織型態，迄清末法治改革爲止未有改變。

㈡吏部職掌（有關司法審判部分）

清代重要官員犯罪，審訊之前須先題參。題參後，始得進行司法審判程序。依大清律第六條（職官有犯）附例規定：「文職道府以上，武職副將以上，有犯公私罪名應審訊者，仍照例題參，奉到諭旨，再行提訊。」（本條係乾隆十八年定例）所謂題參，指以題本參劾。在各省，題參多由督（總督）、撫（巡撫）、提（提督）、鎭（總兵）爲之。在中央，題參多由都察院科道官爲之。文職官員題參案多數由吏部辦理。

題參後，如案情可疑須送刑部審辦者，吏部得將受題參官員先行解任（解去職任）或革職（革去職銜）。案情較輕者，吏部常予受題參官員解任之處分。案情重大者，吏部常予受題參官員革職之處分。亦有先行解任，再行革職者，其情形不一。

此外，關於文職官員犯罪案件，吏部常會同三法司審理，玆舉下列案例說明之：

(1)康熙十九年（一六八〇年）四月十三日，「吏部、三法司議羅人琮挾讐糾按察使崔維雅，應徒三年、責四十板。……上曰：『羅人琮徒責著從寬免。』」（註一二六）

(2)康熙十九年（一六八〇年）十月初十日，「三法司議，張大春同筆帖式穆舒、侍衞巴式打死施景義，張大春應秋後處絞，穆舒、巴式交該部議處。……上曰：『伊等打死人命，殊爲可惡。此事著會同吏、兵二部議奏。』」（註一二七）

㈢吏部尙書等司法審判上之職權

吏部尙書等參與司法審判之情形如下：

1.奉旨審判重大案件

(1)康熙十八年（一六七九年）五月二十三日，「吏部郎中雅思哈、刑部郎中敦多禮自浙江審學道程汝璞事還，具奏勘問情罪。」（註一二八）

⑵康熙十九年（一六八〇年）閏八月十五日，「爲湖廣總督蔡毓榮疏劾總兵官姚珩剋餉困兵、知府謝恩綸縱馬回子前往賊營，兵部議令該督審明具題事。上曰：『……仍著吏、兵二部司官各一員，前往察審。爾等改擬票簽來看。』」（註一二九）

⑶康熙五十四年（一七一五年）六月二十八日，「覆請刑部覆江寧巡撫張伯行所題，劫奪商人丘三船之魏三等，應照例即行處斬，准如所擬一疏。上曰：『此事著交與吏部尙書張鵬翮審明具奏。』」（註一三〇）

2.參與秋審及朝審

康熙十八年（一六七九年）十月三十一日，「九卿、詹事、科、道同奏秋審事宜。上問曰：『古納殺主一案如何議？』……吏部尙書郝惟納奏曰：『罪有可疑，似當從輕。』吳正治奏曰：『此惟在皇上弘仁下沛耳。』上頷之。」（註一三一）（文中所稱秋審，指京師秋審而言，實即朝審。）

五、戶　部

㈠戶部設置沿革

順治元年，設滿洲尙書無定員，滿漢左右侍郎各一人。五年，定滿漢尙書各一人。七年，增設滿洲尙書一人，八年，以諸王貝勒兼理部務。九年，停諸王貝勒兼理部務，十年，裁滿洲尙書一人。康熙六年，復增設滿洲尙書一人。（註一三二）自此，戶部堂官確定爲尙書二人（滿洲一人，漢一人），左侍郎二人（滿洲一人，漢一人），右侍郎二人（滿洲一人，漢一人）。

順治元年，戶部設江南、浙江、江西、湖廣、福建、山東、山西、河南、陝西、四川、廣東、廣西、雲南、貴州等十四司及其他單位。（註一三三）乾隆十三年，戶部設現審處，審理旗民戶口田房案件。此一組織型態，迄清末法制改革為止未有改變。

(二)戶部職掌（有關司法審判部分）

戶部職掌中，有關司法審判部分為審理旗民爭控戶口田房案件。大清會典定曰：「現審處掌聽旗民之訟事。」（註一三四）又曰：「旗民爭控戶口田房之案，旗人於本旗具呈，民人於地方官具呈。如該管官審斷不公及實有屈抑，而該管官不接呈詞者，許其赴部控訴。亦有事係必須送部者，該管官查取確供確據，敍明兩造可疑情節，送部查辦。如兩造匿情不吐，必須刑訊者，會同刑部處理。有地址不清必須查丈者，將兩造押發州縣官，會同理事同知查丈審結。在京宗室旗人如有莊地追租等事，准其在戶部具呈。直隸承德府屬旗地。遇有占地追租等事。如業主在京，照例在部旗控告。行文該處查辦。」（註一三五）茲舉下列案例說明之：

(1)康熙二十二年（一六八三年）四月二十七日，「戶部議民人劉裕封等以莊頭霸佔叩閽一案，口供舛錯，牽連多人，若皆調取審訊，有誤農時，應俟秋後質問。……上曰：『此等控告事情不宜遲滯，應即行審明完結。郎中齊世前曾差審此案，可即令齊世前往質對，詳審具奏。』」（註一三六）

⑵康熙五十四年（一七一五年）十月初四日，「覆請戶部所題，正藍旗羅思哈佐領下原任驍騎校巴布叩閽，控告伊同旗祿瑚佐領下驍騎校和善等，原係伊兄薩爾布善家奴一案。……上曰：『此案遲延日久，所議草率，中間甚屬含糊。本發還，著再詳議具奏。』」（註一三七）

旗民互控事件，如涉及徒流以上犯罪，戶部須將案件送交刑部，並派員會審。道光二十年（一八四〇年）議准：「嗣後戶部遇有旗民互控事件。除止係細故涉訟者，應由戶部照例行令該管官（指各該旗及地方官）審明斷理外，如查明檔册界址確有實據，而本犯又罪在徒流以上，例准刑訊者，若匿情不吐，即將人證卷宗，一併送交刑部，派員赴刑部會訊。」（註一三八）

㈢戶部尙書等司法審判上之職權

戶部除審理旗民爭控戶口田土案件外，戶部尙書等亦常參與司法審判，其情形如下：

1.奉旨審判重大案件

⑴康熙二十五年（一六八六年）閏四月二十五日，「戶部尙書科爾坤等熱審死罪減等發落者一百五十餘人。」（註一三九）

⑵康熙五十三年（一七一四年）六月十九日，「覆請吏部尙書富寧安、戶部尙書趙申喬所議，劉展叩閽告太監候京倚仗勢力，將伊爲奴等因。……太監候京誆騙莊頭吳思信銀兩是眞，亦應擬絞。但係赦前，應減等枷號兩個月、鞭一百。劉展原依太監候京度日，將候京銀兩、衣服等物設謀拐騙是眞，擬徒二年半。」（註一四〇）

2.參與秋審及朝審

康熙十八年（一六七九年）十月二十一日，「九卿、詹事、科、道同奏秋審事宜。上問曰：『古納殺主一案如何議？』……上又顧戶部尚書伊桑阿等問曰：『爾等之意如何？』伊桑阿等奏曰：『古納衣上血汚，刀尖損折，因此實據，臣等共擬情眞。』」（註一四一）

六、禮　部

㈠禮部設置沿革

順治元年，設滿洲尙書無定員，滿漢左右侍郎各一人。五年，定滿漢尙書各一人。八年，以諸王貝勒兼理部務。九年，停諸王貝勒兼理部務。（註一四二）自此，禮部堂官確定爲尙書二人（滿洲一人，漢一人），左侍郎二人（滿洲一人，漢一人），右侍郎二人（滿洲一人，漢一人）。

順治元年，禮部設儀制、祠祭、主客、精膳等四司及其他單位。（註一四三）此一組織型態，迄清末法治改革爲止未有改變。

㈡禮部職掌（有關司法審判部分）

禮部儀制司掌學校、科擧等事務，主客司掌接待外賓及外交事務。有關考試舞弊案件及涉外案件，通常由禮部審理。考試舞弊案件可分爲兩類，一類涉及考官舞弊，另一類僅涉及考生舞弊，兩類考試舞弊案件處理情形不同。前者係科場大案，皇帝常指派議政王大臣、大學士、軍機大臣或其他部院堂官審理，如順治十四年（一六五七年）之江南鄉試科場案及咸豐八年（一八五八年），順天府鄉試科場案，均係如此。至於僅涉及考生舞弊之案件，則多係由禮部審理或爲初審，或爲覆審，其情形不一。下列案件可爲說明：

康雍五十五年（一七一四年）十月初一日，「覆請禮部議鑲紅旗馬蘭泰佐領下監生德壽倩江南無錫縣監生張登瀛代作文字是實，應將張登瀛革去監生，徒兩年半，德壽革去監生，枷三十五日，鞭九十一疏。上曰：『德壽於科場內倩人做文作弊，這所議太輕。本發還，著再議具奏。』」（註一四四）

禮部掌外交事務，故審理涉外案件亦爲禮部之重大職掌，玆舉下列案例說明之：

(1)康熙二十五年（一六八六年）二月初二日，「禮部題朝鮮國王李焞將本國人民不行嚴飭，致韓得完等三十一人違禁渡江，偷採人參，將遣往畫地圖人員用鳥鎗打傷，應罰銀二萬兩。上曰：『李焞將本國人民不行嚴禁，情形可惡，難從寬宪，著依議。』」（註一四五）

(2)康熙五十四年（一七一五年）四月三十日，「覆請禮部所題，朝鮮國貢使晉平君李澤等，偷買水牛角帶去，大干法紀，應遣大臣嚴查審理，或交與該國王嚴查審理之處，伏候上裁一疏。上曰：『這事情，著交與該國王查明審理具奏。』」（註一四六）

(三)禮部尚書等司法審判上之職權

禮部尚書等參與司法審判之情形如下：

1. 奉旨審判重大案件

康熙三十一年（一六九二年）二月初一日，「吏部議覆，山東巡撫佛倫疏言原任運河同知陳良謨，告河道總督王新命，勒取庫銀。王新命題參陳良謨，懸欠河庫銀兩。……上諭大學士等曰：『朕聽政以來，以三藩，及河務漕運，爲三大事。……遣戶部尚書庫勒納，禮部尚書熊賜履，前往會同該撫察審。』」（註一四七）

2.參與秋審及朝審

康熙十八年（一六八九年）十月二十一日，「九卿、詹事、科、道同奏秋審事宜。上問曰：『古納殺主一案如何議？』……禮部尚書吳正治等奏曰：『此案雖似可疑，但無可寬免之法。』」（註一四八）

七、兵部

㈠兵部設置沿革

順治元年，設滿漢尚書無定員，滿漢左右侍郎各一人。五年，定滿漢尚書各一人。九年，以諸王貝勒兼理部務。九年，停諸王貝勒兼理部務。十一年，設兵部督捕滿洲左侍郎一人，漢右侍郎一人，掌捕政。康熙三十八年，裁督捕侍郎。（註一四九）自此，兵部堂官確定爲尚書二人（滿洲一人，漢一人），左侍郎二人（滿洲一人，漢一人），右侍郎二人（滿洲一人，漢一人）。

順治元年，兵部設武選、職方、車駕、武庫等四司及其他單位。順治十一年，兵部設督捕衙門，由督捕左右侍郎領之，掌旗人逃亡案件。康熙三十八年，裁督捕衙門，併入刑部，為督捕清吏司。

㈡兵部職掌（有關司法審判部分）

兵部有關司法審判之職掌頗多，其司法審判上之地位，幾乎與三法司相等。其有關司法審判上之職掌，玆分述如下：

1. 辦理武職官員題參案件

清代重要官員犯罪審訊之前須先題參。題參後，始得進行司法審判程序，前於論述吏部職掌時，業已論及。依大清律第六條（職官有犯）附例規定：「文職道府以上，武職副將以上，有犯公私罪名應審訊者，仍照例題參，奉到諭旨，再行提訊。」武職官員題參案件，多數由兵部辦理。題參後，案情較輕者，兵部常予受題參官員解任之處分。案情重大者，兵部常予受題參官員革職之處分。受題參官員解任或革職後，再由兵部審辦。玆舉下列案例說明之：

⑴康熙二十年（一六八一年）八月十二日，「將軍張勇參副將孫繼善等，借稱進剿兵丁無餉，退回成都，兵部議革職，令該撫究審擬罪事。」（註一五〇）八月十三日，「……上曰：『部議太過，著將此本發回，令其再議。』」（註一五一）

⑵康熙二十八年（一六八九年）四月二十六日，「兵部題總兵官許盛係封疆大臣，為賊所執，復偷生潛往九江。彼處地方官問時，又言爾等守此空城何用，搖惑人心，情罪殊為可惡。宜革去許盛總兵及拖沙喇哈番，交刑部議罪。上曰：『……爾部乃以無據之言具議，殊屬不合！著再

議具奏。』」（註一五二）

2.審理軍人犯罪案件

軍人犯罪案件可分爲二類，一類爲觸犯一般罪名者，另一類爲觸犯軍法者，兩類案件多數由兵部審理。軍人觸犯一般罪名之案件，其案例如下：

(1)康熙二十二年（一六八三年）十二月初十日，「兵部議舒玉崑、李臻因誣告土司阿五叛逆，擬處死。其總兵張永祥用非刑拷訊阿五，亦應處死事。上曰：『……這所議太過，將原本發回，著該部另議具奏。』」（註一五三）

(2)康熙二十四年（一六八五年）六月十四日，「兵部等衙門議，原任福建副都統胡啓元等，將耿精忠名下應撤回兵丁張君錫等五十四人，受賄留住福建，因將胡啓元、原任參領杜榮及遺賄兵張君錫等四人皆擬絞監候，秋後處決。……上曰：『胡啓元等甚是貪婪，妄行犯法，著依部議。』」（註一五四）

軍人觸犯軍法之案件，其案例如下：

(1)康熙二十二年（一六八三年）二月初十日，「爲兵部題，原任總兵官朱衣客領兵赴建昌，不能救援，失利敗歸，應依律擬斬監候事。……上曰：『朕閱朱衣客情罪似未至死，既係旗下人，著照旗下人例議罪具奏。』」（註一五五）

(2)康熙五十六年（一七一七年）二月二十六日，「覆請兵部所題，將西安將軍席住擬絞一疏。上曰：『席住將一切軍機俱行違誤，居官甚是貪婪，擬絞甚輕，應照遲誤軍機律，即行處斬，將妻子入官可也。傳示議政大臣。』」（註一五六）

又反叛案件之審理亦屬兵部之職掌，其案例如下：

康熙十九年（一六八〇年）四月初九日，「兵部議叛逆吳之茂、韓晉卿應凌遲處死，王平藩等首級應梟懸示衆。上曰：『吳之茂、韓晉卿著候旨發落，王平藩等首級著梟示。』」（註一五七）

㈢兵部尚書等司法審判上之職權

兵部尚書等參與司法審判之情形如下：

1. 奉旨審判重大案件

康熙十九年（一六八〇年）閏八月十五日，「爲湖廣總督蔡毓榮疏劾總兵官姚玠剋餉困兵、知府謝恩綸縱馬回子前往賊營，兵部議令該督審明具題事。上曰：『……仍著吏、兵二部司官各一員，前往察審。爾等改擬票籤來看。』」（註一五八）

2. 參與秋審及朝審

康熙十八年（一六七九年）十月二十一日，「九卿、詹事、科道同奏秋審事宜。上問曰：『古納殺子一案如何議？』兵部尚書宋德宜奏曰：『臣等擬定情眞，但其中亦似有可疑。』」（註一五九）

八、工部

㈠工部設置沿革

順治元年設滿漢尙書無定員，滿漢左右侍郎各一人，五年，定滿漢尙書各一人。八年，以諸王貝勒兼理部務。九年，停諸王貝勒兼理部務。（註一六〇）自此，工部堂官確定爲尙書二人（滿洲一人，漢一人），左侍郎二人（滿洲一人，漢一人），右侍郎二人（滿洲一人，漢一人）。

順治元年，戶部設營繕、虞衡、都水、屯田等四司及其他單位。此一組織型態，迄清末法治改革爲止未有改變。

㈡工部職掌（有關司法審判部分）

工部有關司法審判之職掌極少。惟清初順康雍三朝，工部曾辦理官員贖罪事宜。但乾隆二十三年（一七五八年）以後，刑部設贖罪處，專司贖罪事宜。（註一六一）此項職掌遂移至刑部。

關於官員之贖罪，「順治十八年，有官員犯徒流籍沒認工贖罪案例；康熙二十九年，有死罪現監人犯輸米邊口贖罪例；三十年，有軍流人犯捐贖例；三十四年，有通倉運米捐贖例；三十九年，有永定河工捐贖例；六十年，有河工捐贖例。然皆事竣停止，其歷朝沿用者，惟雍正十二年戶部會同刑部奏准預籌運糧事例。」（註一六二）

雍正十二年，戶部會同刑部奏准之預籌運糧事例，其規定爲：「凡犯罪例不准納贖，而情有可原者，其捐贖之數，斬絞罪三品以上官，一萬二千兩；四品官，五千兩；五六品官，四千兩；七品以下官，及進士舉人，二千五百兩；貢監生員二千兩，平人一千二百兩，軍流罪各減十分之四，徒罪以下，各減十分之六，枷號杖責，照徒罪捐贖。」（註一六三）

關於官員之贖罪，茲舉下列案例說明之：

康熙十九年（一六八〇年）閏八月初九日，「爲工部題，擬絞原任學道程汝璞、原任知府周令樹，擬戍原任知府劉餘霖，請修城樓牌坊贖罪事。……上命程汝璞等俱准認工。」（註一六四）

㈢工部尚書等司法審判上之職權

1. 奉旨會議重大案件

吏、戶、禮、兵、刑、工等五部尚書侍郎均常奉旨審判重大案件。此時，奉旨審判重大案件之官員，係以欽差大臣之身分進行司法審判。工部尚書侍郎似無奉旨審判重大案件之事例。但清代重大案件，皇帝常諭令「九卿會議具奏」，此類九卿議奏之案，工部尚書等自得與議。此種與議重大案件之權亦屬廣義之司法審判權。

2. 參與秋審與朝審

工部尚書屬九卿，自得參與秋審與朝審，有關案例，茲不贅引。

九、理藩院

㈠理藩院設置沿革

順治元年，定尚書一人，左右侍郎各一人。不分滿洲蒙古補授。（註一六五）理藩院職司外藩事務，其尚書侍郎原不分滿洲蒙古補授，後均改爲滿缺。另設額外蒙古侍郎一人，此係清代各部院設官之特例，應注意及之。因之，理藩院堂官爲尚書一人（滿洲）、左侍郎一人（滿洲）、右侍郎一人（滿洲）、額外侍郎一人（蒙古）。

順治十八年，理藩院設錄勳、賓客、柔遠、理刑等四司及其他單位。康熙三十八年，析柔遠司爲二，曰柔遠前司，曰柔遠後司。乾隆二十二年，改錄勳司典屬司，賓客司爲王會司，柔遠後司爲旗籍司，柔遠前司爲柔遠司。二十六年，併旗籍司、柔遠司爲一司，增設徠遠司。二十七年，仍分旗籍司、柔遠司爲二司。二十九年，改典屬司爲旗籍司，其旗籍司即改爲典屬司。（註一六六）自此，理藩院共設旗籍、王會、典屬、柔遠、徠遠、理刑等六司及其他單位。此一組織型態，迄清末法制改革爲止未有改變。

㈡理藩院職掌（有關司法審判部分）

理藩院有關司法審判之職掌，主要有二，玆分述如下：

1.審理蒙古案件

蒙古案件審理程序，大清會典定曰：「凡蒙古之獄，各以札薩克聽之……不決，則盟長聽之。不決，則報院（理藩院）。」（註一六七）又定曰：「札薩克、盟長俱不能決者，即將全案遣送赴院。其或札薩克、盟長均判斷不公，亦准兩造赴院呈訴。」（註一六八）又定曰：「凡蒙古罪至遣者，令報於院以會於刑部而決焉。死者，則會三法司以定讞。」（註一六九）茲舉下列案例說明之：

(1)康熙十九年（一六八〇年）六月二十三日，「理藩院議翁牛忒部落阿林大踢死綽爾濟，擬應絞事。上曰：「……著會同三法司再行核議具奏。」（註一七〇）

(2)康熙二十八年（一六八九年）九月初五日，理藩院題，蘇尼特部落滿濟思哈碩色等，搶奪喀爾喀折布遵丹巴枯圖克徒之弟子多爾濟巴爾桑之駱駝、羊、行李等物。……上曰：「滿濟思哈碩色從寬免死，照爲從例完結，阿玉錫著罰俸半年，餘依議。」（註一七一）

2.會同覆核蒙古秋審案件

蒙古秋審案件之覆核亦屬理藩院之職掌，大清會典定曰：「若（蒙古）監候，則入於秋審。」（註一七二）又曰：「（蒙古案件）秋審、滿洲九卿會院（理藩院）議奏。」（註一七三）

㈢理藩院尚書等司法審判上之職權

理藩院尚書侍郎似無奉旨審判重大案件之事例，但奉旨「九卿會議具奏」之案件，理藩院尚書雖非九卿，亦常與議。故奉旨會議重大案件爲理藩院尚書等司法審判上之職權。

十、通政使司

㈠通政使司設置沿革

順治元年定，滿漢通政使各一人，滿漢左通政各一人，漢右通政二人。乾隆十年，裁漢右通政一人。十三年，裁漢右通政一人，改滿漢左通政爲通政使司副使。（註一七四）自是年起，通政使司設通政使一人（滿洲一人，漢一人），副使二人（滿洲一人，漢一人）。

通政使司除本衙門內部單位外，下設登聞鼓廳（簡稱鼓廳），職司接收京控案件呈詞。

順治元年，設登聞鼓於都察院門首，每日御史一人，輪流監直。十三年，將鼓廳衙門移設於長安右門外，滿漢科道輪流監直，康熙六十年，停差科道，將鼓廳事務交司（指通政使司）管理。（註一七五）雍正八年，題准：「鼓廳衙門，舊有科道輪流巡直。自歸併通政使司管理以來，因未有專管之員，致有越過廳牆妄行擊鼓等事。嗣後鼓廳衙門，應令通政使司，每日令參議一人，輪流掌管，並令該衙門知事委役晝夜巡察。遇有擊鼓之人，由司訊取口供，果有冤抑確據，奏聞請旨，交部昭雪。」（註一七六）

康熙六十年（一七二一年）以前，通政使司及都察院均得接收呈詞，通政使司接收之呈詞（訴狀）稱爲「通狀」。都察院登聞鼓廳接收之呈詞（訴狀）稱爲「鼓狀」。彼時「通狀、鼓狀，紛爭無已」（註一七七）康熙六十年，遂將登聞鼓廳改隸通政使司。改隸之年，或有謂於康熙六十一年（一七二二年）者（註一七八），目前尚難確定。

(二)通政使司職掌（有關司法審判部分）

通政使司之職掌，大清會典定曰：「掌納各省之題本，以達於內閣。凡大政事下九卿議者，則與焉。」（註一七九）除此之外，通政使司所屬鼓廳得接收京控案件呈詞，此亦係通政使司有關司法審判之重要職掌。

清初，通政使司即得接收京控案件呈詞。如順治元年定：「凡鬥毆及戶婚田土細事，止就道府州縣官聽斷歸結，重大事情，方赴撫按告理，在京仍投通狀，聽通政使司查實，轉送刑部問擬。」（註一八〇）又如康熙七年定「凡內外官民果有冤抑事情，照例於通政司、登聞鼓衙門告理。」（註一八一）康熙六十年鼓廳改隸通政使司後，接收京控案件呈詞一事統由鼓廳辦理。大清會典定曰：「登聞鼓廳掌達冤民。」（註一八二）又曰：「有擊鼓之人，由通政司訊供，果有冤抑確據，奏聞請旨，交部昭雪。」（註一八三）

通政使司所屬鼓廳，接收京控案件呈詞後，通政使司須爲初步之審核，查其有無冤抑，如有冤抑，奏聞皇帝，請旨交刑部審理。鼓廳接收京控案件呈詞，係審前程序，爲司法審判程序之一環。

㈢通政使司法審判上之職權

通政使爲清代九卿之一。除上述接收京控案件並呈詞之職掌外，通政使亦得參與司法審判。其情形如下：

1.奉旨會議重大案件

大清會典定曰：「凡大政事下九卿議者，則與焉。」（註一八四）故凡奉旨「九卿會議具奏」之重大案件，通政使皆得與議。

2. 參與秋審及朝審

通政使爲九卿之一，得參與秋審及朝審，自不待言，茲不贅述。

十一、八旗都統衙門

㈠八旗之建立

關於八旗之建立，清史稿簡述曰：「初，太祖辛丑年使編三百人爲一牛彔，置一額眞。先分四旗，尋增爲八旗。乙卯年，定五牛彔置一扎蘭額眞，五扎蘭置一固山額眞，左、右梅勒額眞佐之，太宗御極，置總管旗務八大臣，主政事；佐管十六大臣，主理事聽訟。……（天聰）九年，始分設蒙古八旗。崇德七年，復分設漢軍八旗。二十四旗之制始備。」（註一八五）

清太祖創建八旗制度時，以固山（gūsa）爲單位，每一固山均以不同顏色之旗幟區分之。初設之四固山爲正黃、正白、正紅、正藍，後增之四固山，爲鑲黃、鑲白、鑲紅、鑲藍，共爲八固山。八固山因各自旗幟之不同，故又稱爲八旗，後即以八旗一語取代八固山。

清入關後，爲因應政治、軍事之需要，八旗制度又起變化。八旗兵逐漸分成兩大類，一類爲京師八旗，一類爲駐防八旗。駐防八旗又可分爲畿輔駐防、東三省駐防、各省駐防三種。

京師八旗，以皇城爲中心，按方位駐紮，兩黃旗居北，兩白旗居東，兩紅旗居西，兩藍旗居南。具言之，鑲黃旗居安定門內，正黃旗居德勝門內；正白旗居東直門內，鑲白旗居朝陽門內；正紅旗居西直門內，鑲紅旗居阜城門內；正藍旗居崇文門內，鑲藍旗居宣武門內。以鑲黃、正白、鑲白、正藍四旗爲左翼，正黃、正紅、鑲紅、鑲藍四旗爲右翼，環衞皇宮。（註一八六）

八旗之中，正黃、鑲黃、正白等三旗爲上三旗。依滿洲故俗，上三旗由天子自將。鑲白、正紅、鑲紅、正藍、鑲藍等五旗爲下五旗，由王公貝勒統屬。又八旗內均有包衣（booi），包衣一詞，爲滿語「包衣阿哈」（booi aha）之簡稱。包衣，漢義爲「家下的」；阿哈，漢義爲「奴僕」。包衣、阿哈合之，漢義爲「家下奴僕」。包衣原爲入關前歸順清室之遼東漢人，身份地位本爲低下，入關後因與旗人相處久，地位逐漸提升。上三旗包衣隸內務府，爲皇室服務，易得皇帝之信任，地位更爲重要。大體言之，清乾隆以後，包衣與旗人無多差異。下五旗包衣案件司法審判程序與旗人案件類似。

八旗官員，大清會典定曰：「八旗都統，滿洲八人，蒙古八人，漢軍八人（每旗滿洲、蒙古、漢軍各一人）。副都統，滿洲十有六人，蒙古十有六人，漢軍十有六人（每旗滿洲、蒙古、漢軍各二人）。（註一八七）

㈡八旗都統衙門之建立

清入關之初，八旗都統並無辦事之公所衙門。順治、康熙兩朝，八旗都統處理旗務，係於都統宅邸中爲之。雍正元年九月十五日，上「命以官房八所爲八旗大臣等公衙門」。（註一八八）關於八旗都統衙門之建立，八旗通志之記載較爲詳盡：「上諭和碩莊親王、內務府大人來寶：『現今八旗並無公所衙門，爾等將官房內，揀皇城附近選擇八處，立爲管旗大人公所，房舍亦不用甚寬大。特諭。』」

（註一八九）八旗都統衙門原有八所，後漸次增建成爲二十四所，滿洲、蒙古、漢軍八旗都統均有各自之衙門。故日下舊聞考曰：「各旗都統官署，雍正元年始行建立，滿洲蒙古漢軍同一廨宇。厥後漸次分建，遂爲今制。」（註一九〇）

(三)八旗都統司法審判上之職掌

八旗都統於入關前，本擁有司法審判權，本書前於論述清入關前司法審判制度時已經論及。清入關後，順治康熙兩朝，八旗都統仍擁有廣泛之司法審判權，純粹旗人間之案件（兩造均係旗人），八旗都統擁有完全之司法審判權。旗民交涉案件（一造爲旗人，另一造爲民人），刑部及戶部分掌部分司法審判權。雍正元年以後，八旗都統之司法審判權大爲減縮。關於八旗都統衙門司法審判上之職掌，其情形如下：

1.審理旗人戶婚田土案件

清代將戶婚田土案件視爲細事，民人之戶婚田土案件均由州縣官審理，旗人之互婚田土案件由所屬牛彔之佐領（及其上司）審理。清律第三三二條（越訴）附例規定：「八旗人等如有應告地畝，在該旗佐領處呈遞。如該佐領不爲查辦，許其赴部（指戶部）及步軍統領衙門呈遞。」本附例雖係針對田土案件，惟戶婚案件應亦類推適用。此種戶婚田土案件，屬於八旗都統衙門自行審理之範圍。

2.審理旗人笞杖徒流罪案件

依清律第三四一條（軍民約會詞訟）附例規定：「八旗兵丁閒散家人等，有應擬笞杖罪名者，該管章京即照例回堂完結，其主僕相爭，控爭家產，隱匿入堂物件，長幼尊卑彼此相爭，及賭博訛詐，擅用禁物，容留販賣來歷不明之人等事，俱由該旗審明，照例完結。」（本條雍正十一年定例，乾隆五年刪）本附例前段所稱之笞杖罪名，由該管章京（佐領、參領等）審理，審結後，回報堂官（指都統），即可完結。至本附例後段所稱之主僕相爭，控爭家產等案，多係徒流罪案件，亦俱由該旗（指都統）審理完結。由本附例之規定可知，順治康熙兩朝，八旗都統之司法審判權極為廣泛。

3.審理旗人命盜案件

清入關前崇德年間，旗人命盜案件即已統由刑部審理，八旗都統並不參與審理。清入關後，順治康熙兩朝，八旗都統反而得以參與審理，由八旗都統初審，刑部覆核。此種法制上之改變或係因各省督撫提鎮對於軍人案件均有審理之權，八旗都統似是比照辦理。康熙五十五年七月初六日，就鑲藍旗護軍校馬什，被護軍二雅圖戳死，將二雅圖即行正法一案，康熙曰：「此等事，由旗報部檢屍，仍送該旗審理具奏，似覺太煩。況由部檢屍，由旗審理，情罪未必恰當。人命事情關係重大，嗣後如此等事，旗下大臣會同刑部審明，一次完結。將此為例。」（註一九一）故自康熙五十五年七月後，八旗命案須由該旗大臣（指八旗都統）會同刑部審擬（註一九二），與前有所不同，茲就八旗都統獨自初審及會同刑部審理之情形，各舉一例以說明之：

(1)八旗都統獨自初審

康熙四十五年（一七〇六年）九月十二日，「正白旗都統崇古禮等奏，為護軍保住，因西白西達角口至保住門前撒潑。保住喝令家人毆打，至五鼓時，西達身死。議照新例，將保住正法。上曰：『此事與近日照新例發落一案少異，著交與該部（指刑部）議奏。』」（註一九三）

⑵八旗都統會同刑部審理

康熙五十五年（一七一六年）七月二十五日，「覆請刑部會同鑲紅旗滿洲副都統偏圖等，審得前鋒劉柱等，將同旗圖爾泰佐領下另戶步軍六十兒打死，應將劉柱照例即行正法，柱兒等枷號三個月，鞭一百一疏。上曰：『看此事，三人同打死一人，俱執器械，將致命之處中傷，本發還，著會同三法司再議具奏。』」（註一九四）

雍正元年（一七二三年）十二月初四日，「添設刑部現審司，辦理在京八旗命盜及各衙門欽發事件。」（註一九五）自是年起，八旗都統審理命盜案件之權似已被剝奪。此一原則更於雍正十三年（一七三三年）立法確立。是年，清律第三四一條（軍民約會詞訟）增訂附例：「八旗案件俱交刑部辦理。該旗有應參奏者，仍行參奏。」本附例所稱八旗案件仍係指應得罪名在徒流罪以上者，此種案件始准送刑部審理。自是年起，八旗徒流罪以上案件均應由刑部審理，八旗都統已無審理之權。

十二、步軍統領衙門

㈠步軍統領衙門設置沿革

步軍統領，其全稱爲「提督九門步軍巡捕五營統領」，或「提督九門巡捕五營步軍統領」，俗稱

「九門提督」，其簡稱爲「步軍統領」。步軍統領統率步軍營、巡捕營及九門官員兵丁，職司京師治安，緝捕盜賊，位高權重。玆述其設置沿革如后：

1.步軍營設置沿革

國初（順治初年），設步軍統領一人，總尉，左右翼各一人。康熙十三年，命步軍統領提督九門事務。三十年，命步軍統領兼管巡捕三營。是年鑄給「提督九門步軍巡捕三營統領」印信。雍正七年定，步軍統領衙門欽派部院堂官一人，協理刑名。乾隆四十三年定，嗣後步軍統領，由尚書侍郞簡放者，不必復派部臣協理刑名事務，其由都統副都統等官簡放者，仍聲明恭候簡放。（註一九六）又須說明者，步軍營係八旗兵。

2.巡捕營設置沿革

國初（順治初年），建巡捕南北二營，設參將二人。順治十四年，建巡捕中營，設參將一人。康熙三十年，命步軍統領兼管巡捕三營，乾隆四十六年，巡捕營添設左右二營爲巡捕五營。（註一九七）又須說明者，巡捕營係綠營兵。

綜上所述可知，步軍統領衙門之建置，至乾隆四十六年始行確定。步軍統領衙門設步軍統領一人，左翼總兵一人，右翼總兵一人，副將一人，參將五人。

㈡步軍統領衙門職掌（有關司法審判部分）

步軍統領之職掌，大清會典定曰：「掌九門之管鑰，統率八旗步軍，京營馬步兵，頒其禁令，以肅清輦轂。」（註一九八）簡言之，步軍統領之職掌爲京師治安。京師地域廣大，維護治安時，步軍統領自須加以分工，其分工情形如下：（註一九九）

1. 步軍統領：除統轄步軍營外，專轄巡捕營中營，統轄南、左、北、右四營，十六門門千總。

⑴中營副將：駐紮海淀下窪子，兼轄中營圓明園、暢春園、樹邸、靜宜園、樂善園五汛。

⑵中營參將：駐紮春熙院。

2. 左翼總兵：與步軍統領同堂辦事，除統轄步軍營外，專管巡捕營南、左二營。

⑴南營參將：駐紮崇文門外抽分廠，兼轄南營西珠市口、東珠市口、東河沿、西河沿、花兒市、菜市口六汛。

⑵左營參將：駐紮朝陽門外芳草地，兼轄左營左安、河陽、東便、廣渠四汛。

3. 右翼總兵：與步軍統領同堂辦事，除統轄步軍營外，專管巡捕營北、右二營。

⑴北營參將：駐紮德勝門外大關，兼轄北營德勝、安定、東直、朝陽四汛。

⑵右營參將：駐紮阜城門外關廂，兼轄右營永定、阜成、西便、廣安四汛。

步軍統領衙門除維護治安、緝捕盜匪外，並擁有廣泛之司法審判權，其情形如下：

1. 審理京師笞杖罪案件

康熙十三年定，凡審理八旗三營拏獲違禁犯法姦匪逃盜一應案件，審係輕罪，步軍統領衙門自行完結。（註二〇〇）又大清律第四一一條（有司決囚等第）附例亦規定：「步軍統領衙門審理案件，如戶婚、田土、錢債細事，並拏獲竊盜、鬥毆、賭博以及一切尋常訟案，審明罪止枷杖笞責者，照例自行完結。」（本條係嘉慶十八年改定）由此可知，步軍統領衙門得審理京師笞杖罪案件。

2.審訊京師徒罪以上案件

康熙十三年定，凡審理八旗三營拏獲違禁犯法姦匪逃盜一應案件，……徒罪以上，錄供送刑部定擬。（註二〇一）又大清律第四一一條（有司決囚等第）附例亦規定：「步軍統領衙門審理案件，……如應得罪名在徒流以上者，方准送部審辦。」此種案件，步軍統領衙門僅有初步審訊之權，並無審理權。此種案例極多，茲舉一案例說明之：

康熙五十五年（一七一六年）四月十一日，「覆請刑部等衙門所題，提督隆科多咨送劫奪大興縣民韓增壽家大盜李秉義等，照律即行處斬一疏。上曰：『著問明具奏。』」（註二〇二）

3.審理京師旗人犯姦案件

乾隆七年定，「八旗滿洲蒙古漢軍正身犯姦案件，流罪以下，步軍統領審理，以清字文案自行完結，其因姦罪致死者，步軍統領會同三法司滿堂官，審明定擬，用清字具奏。」（註二〇三）旗人犯姦案件屬寡廉鮮恥之事，故特定由步軍統領衙門審理，與其他案件不同。

4.接收京控案件呈詞

民人京控案件，除向都察院、通政使司（鼓廳）呈遞呈詞外，亦常向步軍統領衙門呈遞呈詞。步軍統領衙門或具摺奏聞，或咨回各該省督撫審辦，或逕行駁斥，情形不一。

㈢步軍統領司法審判上之職權

步軍統領雖非九卿，惟地位崇隆，職司緊要，皇帝亦常指定步軍統領審判重大案件。玆舉一案例說明之：

康熙五十六年（一七一七年）七月二十七日，「覆請刑部所題，步軍統領隆科多拿送大盜竇爾東等，照例即行正法一疏，上曰：『……本發原，著隆科多會同三法司議奏。』」（二〇四）

十三、五城察院

㈠五城察院設置沿革

順治初年，京師五城即設五城御史。惟五城御史人數及民族別均未見史料記載，其實情難以得知。順治十年定，五城每城滿洲、漢軍、漢監察御史各一員。後屢有增減。雍正元年，定爲每城滿漢監察御史各一員。（註二〇五）

五城察院又稱爲五城御史衙門，簡稱五城。五城之下分別設兵馬司。順治元年，五城兵馬司設指揮各一人，副指揮各二人，吏目各一人。康熙十一年，裁五城副指揮各一人，（註二〇六）自此，遂爲定制。五城職官如下：（註二〇七）

1.中城：巡城御史（滿洲一人，漢一人），兵馬司指揮一人，副指揮一人，吏目一人。

2.東城：巡城御史（滿洲一人，漢一人），兵馬司指揮一人，副指揮一人，吏目一人。

3.南城：巡城御史（滿洲一人，漢一人），兵馬司指揮一人，副指揮一人，吏目一人。

4.西城：巡城御史（滿洲一人，漢一人），兵馬司指揮一人，副指揮一人，吏目一人。

5.北城：巡城御史（滿洲一人，漢一人），兵馬司指揮一人，副指揮一人，吏目一人。

㈡五城察院職掌（有關司法審判部分）

五城察院之職掌，大清會典定曰：「掌分轄京師五城十坊之境，而平其獄訟，詰其姦慝，弭其盜竊。」（註二〇八）維護京師治安亦係五城察院之職掌，執行此項工作時，自須分工，五城察院官員分工情形如下：

1.中城：中西坊—副指揮分管。
中東坊—吏目分管。

2.東城：朝陽坊—副指揮分管。
崇南坊—吏目分管。

3.南城：東南坊—副指揮分管。
正東坊—吏目分管。

4.西城：關外坊—副指揮分管。
宣南坊—吏目分管。

5.北城—靈中坊—副指揮分管。

日南坊－吏目分管。

清代五城十坊之境屢有變遷，乾隆以後始行確定，內城有五城領地，外城亦有五城領地，五城察院均各兼領內城及外城之一部。五城十坊之地界，大清會典事例詳載，載於大清會典事例卷一〇三二。

五城察院有關司法審判之職掌頗多，茲分述如下：

1. 審理京師笞杖罪案件

京師一般案件均由巡城御史聽斷，杖罪以下，自行完結。大清律第四一一條（有司決囚等第）規定：「五城審理案件，如戶婚、田土、錢債細事，並拏獲竊盜、鬥毆、賭博以及一切尋常訟案，審明罪止枷杖笞責者，照例自行完結。」（本條係嘉慶十八年改定），依本條規定，五城察院得審理京師笞杖罪案件。

2. 審訊京師徒罪以上案件

五城御史審理京師案件，「徒罪以上，送部按擬。」（註二〇九）其情形與步軍統領衙門相類似。大清律第四一一條（有司決囚等第）附例規定：「五城審理案件，……如應得罪名在徒流以上者，方准送部審辦。」此種案件，五城察院僅有初步審訊之權，並無審理權。

十四、宗人府

㈠宗人府設置沿革

順治九年，置宗人府，設宗令一人，以親王郡王統理府事。左右宗正二人，以貝勒貝子兼攝。左右宗人兩人，以鎭國輔國公與將軍兼攝，俱由宗人府具題請旨。（註二一〇）自是年起以迄清末，宗人府官員無甚變化，其官員爲：宗令一人（於親王或郡王內特簡），左宗正一人，右宗正一人（於親王郡王或貝勒貝子鎭國公輔國公內特簡），左宗人一人，右宗人一人（於貝勒貝子鎭國公輔國公或鎭國將軍輔國將軍內特簡）。（註二一一）

康熙十二年（一六七三年）宗人府設左司及右司。二司爲宗人府之重要機構，掌左右翼宗室覺羅之事（含戶口田土刑名之案）。

㈡宗人府職掌（有關司法審判部分）

宗人府之職掌，大清會典定曰：「掌皇族之政令。」（註二一二）所謂皇族之政令，含司法審判在內。清初順治康熙二朝，宗人府對於宗室覺羅案件，擁有司法審判權。乾隆以後，宗人府之司法審判權逐漸縮小，須會同戶部或刑部審辦，故大清會典定曰：「凡宗室覺羅之訟，則（宗人府）會戶部、刑部而決之。」（註二一三）乾隆以後，宗人府審理宗室覺羅案件之情形有四：（註二一四）

1. 審理宗室戶婚田土案件：由宗人府會戶部審理。（宗人府主稿）
2. 審理宗室人命鬥訟案件：由宗人府會刑部審理。（宗人府主稿）
3. 審理覺羅戶婚田土案件：由戶部會宗人府審理。（戶部主稿）
4. 審理覺羅人命鬥訟案件：由刑部會宗人府審理。（刑部主稿）

關於宗室人命鬥訟案件之審理，玆舉一案例說明之：

康熙四十五年（一七〇六年）十二月十五日，「宗人府爲閒散宗室儒富砍殺其家人筐兒，擬枷號三個月，鞭一百，械繫拘禁家中。上曰：『……著從寬免治罪。』」（註二一五）

關於覺羅戶婚田土案件之審理，玆舉一案例說明之：

康熙五十六年（一七一七年）五月初七日，「宗人府所題，覺羅海敦妻寡婦，因伊叔公原任護軍參領富爾敦靑年退任，私往噶禮處去，將所賣房銀又不給伊等因叩閽。查係情眞，擬將富爾敦枷號兩月，鞭一百，發往黑龍江一疏。上曰：『富爾敦適又叩閽。將本發回，一併議奏。』」（註二一六）

宗人府審理宗室覺羅案件，光緒以後一概由刑部或戶部會同宗人府審理。（由刑部或戶部主稿）（註二一七）

十五、內務府

㈠內務府設置沿革

國初設內務府，順治十一年，改設十三衙門，曰司禮監，尚方監，尚衣監、司設監、尚寶監、御用監、御馬監、內官監、尚膳監、惜薪司、鐘鼓司、兵仗局、織染局。十八年，裁十三衙門，仍設內務府，以總管大臣管理諸務。（註二一八）分設六司，曰廣儲司、會計司、掌儀司、都虞司、愼刑司、

營造司。康熙二十三年，增設慶豐司，是爲七司。（註二一九）

內務府所屬機構主要有三院（上駟院、武備院、奉宸苑）、七司、上三旗包衣各營及敬事房（係太監管理機構）。

內務府所屬七司中，愼刑司「掌讞三旗（包衣）之獄」。（註二二〇）職司審理上三旗包衣案件，太監案件亦同。

㈡內務府職掌（有關司法審判部分）

內務府之職掌，大清會典定曰：「掌上三旗包衣之政令與宮禁之治。凡府屬吏戶禮兵刑工之事皆掌焉。」（註二二一）內務府係清代管理宮廷事務之機構，其所屬人員主要可分爲兩類，一爲上三旗包衣，一爲太監。內務府於上三旗包衣案件及太監案件擁有司法審判權。其職掌如下：

1.審理上三旗包衣笞杖罪案件

大清會典定曰：「（內務府）凡讞獄，笞杖皆決之。」（註二二二）又曰：「（內務府）佐領管領下人獲罪及互控，並各部院衙門咨送審議者，罪在杖一百以下即議結。」（註二二三）

2.審訊上三旗包衣徒罪以上案件

大清會典定曰：「（內務府）凡讞獄，……徒以上則咨刑部按焉。」（註二二四）又曰：「（內務府）佐領管領下人獲罪及互控，並各部院衙門咨送審議者，……徒以上移送刑部定案。」（註二二五）此種案件，內務府（愼刑司）僅得爲初步審訊，並無審理權，須移送刑部審理。

3.審理旗民交涉案件

內務府（愼刑司）審理旗民交涉案件，「笞杖皆決之，徒以上則咨刑部按焉。」（註二二六）此處所稱之旗人係指上三旗包衣。

4.奉旨審判重大案件

大淸會典定曰：「（內務府）奉旨交訊，罪應死者，會三法司以定擬。」（註二二七）又曰：「凡奉特旨交訊，及首告機密，事干職官，奏請推鞫之案，罪應死者，皆會同三法司審擬，由府主稿具題。得旨，交刑部依原題治罪。」（註二二八）

5.審理太監案件

清代管理太監之機構爲敬事房，敬事房設總管太監等官，太監犯輕微罪行，多由總管太監審辦。情節較重者，總管太監奏明辦理。皇帝或逕行降旨定罪，或命交其他大臣議罪，或命交內務府治罪，其情形不一。如交內務府治罪，則由愼刑司審理，審理時，「凡太監之罪，比刑律以治之，輕重各以等。」（註二二九）

十六、總理各國事務衙門

(一)總理各國事務衙門設置沿革

咸豐十年（一八六〇年）十二月初一日，恭親王奕訢會同大學士桂良，戶部左侍郎文祥奏請設立總理各國事務衙門。同年十二月初十日，咸豐帝批准設立。咸豐十一年二月初一日，總理各國事務衙門正式成立。（註二三〇）直至光緒二十七年（一九〇一年）六月初九日，清政府始將總理各國事務衙門改爲外務部。（註二三一）

總理各國事務衙門設總理各國事務親王、郡王、貝勒，（由皇帝特簡，無定額。）總理各國事務大臣，（以軍機大臣兼領，亦由皇帝特簡，無定額。）總理各國事務大臣上行走。（由內閣部院滿漢京堂內特簡，亦無定額。）

㈡總理各國事務衙門職掌（有關司法審判部分）

總理各國事務衙門之職掌，大清會典定曰：「掌各國盟約昭布，朝廷德信。凡水陸出入之賦，舟車互布之制，書幣聘饗之宜，中外疆域之限，文譯傳達之事，民教交涉之端，王大臣率屬定議，大事上之，小事則行。每日集公廨以治庶務，奉事日則直朝房，以待召見。」（註二三二）會典中所稱「民教交涉之端」與司法審判有關。

清末，西洋各國教士漸次來華傳教。因信仰不同，教民與民人易生爭端。彼時有關民教案件，均先由各省地方官（州縣官）審理。咸豐十一年奏准，各該地方官於凡交涉習教事件，豫須查明根由，持平辦理。同治元年奏准，著各督撫轉飭地方官，於凡交涉民教事件，務須迅速持平辦理，不得意爲輕重，以示一視同仁之意。（註二三三）由此可知，民教案件司法審判程序，與一般犯罪案件大致相同，惟所異者爲民教案件多數須報送總理各國事務衙門。

通商口岸中外交涉案件之處理亦屬總理各國事務衙門職掌，如咸豐四年英法各國即在上海設立會審公堂，「中外商民交涉詞訟，各赴彼告所屬之國官員處控告，各按本國律例審斷。」（註二三四）

此種中外交涉案件，非但通商口岸須如此辦理，京師五城察院亦同。光緒二年，總理各國事務衙門咨都察院：「中國各口，審斷交涉案件，兩國法律既有不同，止能視被告者爲何國之人，其本國官員，止可赴承審官員處觀審，儻觀審之員，以爲辦理未妥，可以逐細辯論，庶保各無向隅，各按本國法律審斷，兩國官員，均當遵守，所有五城察院，一體查照辦理。」（註二三五）

十七、順天府

㈠順天府設置沿革

國初於京師設置順天府，設府尹一人。雍正元年，特簡大使一人管理府事。乾隆十四年定，欽派大臣一人，兼管府尹事務。（註二三六）兼尹與尹共理順天府政務，其職掌與各省總督巡撫類似。順天府之兼尹係由各部院之尚書、侍郎中特簡，故順天府之地位特別，實爲中央直轄之地方機關，故併敘於此節。

㈡順天府職掌（有關司法審判部分）

順天府之職掌，大清會典定曰：「掌京畿地方之事，以布治於四路，率二京縣而頒其禁令。」（註二三七）又曰：「京城內外民間干禁之事，由順天府率大興宛平二縣，與步軍統領衙門、五城示禁，犯者一體察拏。」（註二三八）可知順天府須與步軍統領衙門及五城察院共同維持京師治安。

順天府地近京師，民間刑名案件常與京師人民相牽連。民人呈控案件或須奏聞皇帝，或咨部辦理，或自行審結。大清會典定曰：「凡民控告者，則聽其獄。大事以聞，小事決之。」（註二三九）又曰：「（順天府）所屬五州十九縣控案，即與提審，重案奏請定奪，輕者或咨部辦理，或自行審結。」（註二四〇）

又順天府須辦理徒流軍罪案件之定地發配，大清會典定曰：「凡五徒三流，刑部以送於府，各定其地而配焉。（徒五等，由順天府定地發驛，流三等，由順天府照三流道里表，定地飭縣遞解）五軍則兵部定地以送於府而發配（軍五等，由兵部定地送府飭縣遞解）。」（註二四一）

十八、其他

清代三法司爲重要之司法審判機關，大多數各省及京師案件均由三法司覆核或審理。但除三法司外，其他各部院亦分別掌有司法審判權，對於特定案件，各部院衙門有權審理、會同審理或參與審理，情形不一，業已分述如前。由此可知，清代中央之司法審判權並非僅僅集中於三法司，而係分散於中央各部院。依各省或京師案件之類別與性質之不同，清代中央各部院得分別行使司法審判權。

除上述正常情形外，如遇重大案件，皇帝常諭令九卿會議具奏或指派欽差大臣審理。此外，皇帝出巡時，行在法司亦有權審理案件。又咸豐年間，爲因應捻軍北伐，京師成立京城巡防處，專責審理京師案件，此係因特殊變亂而成立者，則又屬清代司法審判中之特例。茲將以上各種特殊情形分述如後：

㈠行在法司

清代皇帝常至各省巡幸，或北上至熱河木蘭圍場秋獮，或至山東安徽等地巡視黃河工程，或至山東江蘇浙江等省視察漕運情形。無論爲秋獮、巡視河工或視察漕運，各部院大臣均有隨行者。其中隨行之刑部、都察院、大理寺等官員即組成行在法司。

行在法司主要處理之案件爲叩閽案件，所謂叩閽即所謂「告御狀」也。茲擧下列案例說明之：

1.康熙二十八年（一六八九年）二月初五日，「上巡察民生風俗，便道觀虎丘山。是日，上駐蹕蘇州府。初五日癸卯。上觀蘇州府屬萬峯山、太湖。駐蹕萬峯山。是日，江南蘇州府屬吳縣民徐長民妻周氏叩閽，稱伊夫徐長民、伊子徐溎敏所坐死罪俱冤。上以其狀命刑部、都察院更讞。兩衙門議奏云：『徐長民、徐溎敏指稱，鈔關使用誑派貿易民船銀兩，應照律免死，各枷號兩個月，發邊衞充軍。』上允行。」（註二四二）

2.康熙五十四年（一七一五年）九月十七日，「上駐蹕中關。酉時，上御行宮……大學士松柱奏曰：『盛京刑部侍郎瓦爾達等，將王任太等所欠銀兩互相推諉，不行賠償情由題參，已經批發。今王任太等叩閽呈子請旨交與何處？』上曰：『瓦爾達等所參之本，朕尙欲折。王任太家道殷實，非不能賠此數千金之人。將伊等題參革職嚴審，部內人有所貪而務行此，亦未可定。瓦爾

達等所參之事著掣回。王任大等叩閽呈子一併交與此處刑部，會同都察院審明具奏。』（註二四三）

㈡九卿會議

九卿有大九卿、小九卿之說。（註二四四）所謂大九卿，指六部、都察院、通政使司及大理寺。（註二四五）所謂小九卿指都察院、大理寺、太常寺、光祿寺、鴻臚寺、太僕寺、通政使司、宗人府及鑾儀衞。（註二四六）此處所稱之九卿爲大九卿。

清代重大案件奏聞皇帝時，皇帝常諭令九卿會議具奏。九卿會議或係初審，或係覆審，其情形不一。至其形式主要有四：⑴九卿會議，⑵九卿科道會議，⑶九卿詹事科道會議，⑷大學士九卿詹事科道會議。玆舉例說明如下：

1.九卿會議

康熙二十三年（一六八四年）二月初九日乙巳，「九卿會議孫四拋棄伊主骸骨，盜取衾物，改議立斬。上問曰：『此事爾等以爲何如？』大學士明珠奏曰：『今九卿所議似當。』李霨等奏曰：『孫四拋棄伊主骸骨，情罪甚屬可惡，依議正法爲是。』上曰：『然。』先是，三法司議引平人例，監候秋後處決。上以孫四情罪重大，今九卿會議定例具奏。至是九卿會議孫四應立斬。」（註二四七）

又九卿會議有特定由滿九卿會議者：

康熙五十七年（一七一八年）正月二十七日，「（正月二十日，翰林院檢討朱天保奏請復立允礽爲皇太子）滿九卿等議奏，朱都納，應凌遲處死。朱天保，立斬。朱都納二幼子，立絞，家產籍沒入官。戴保、常賚俱應絞，監候秋後處決。金寶，充發黑龍江當苦差。苹泰，枷號三個月，鞭一百。齊世，革去都統職銜，交該旗及族中人等，在伊家永行拘禁。」（註二四八）

2. 九卿科道會議

康熙二十三年（一六八四年）四月初九日，「吏部等衙門會議，以私支庫銀，將原任布政使顏敏等擬秋後處決；其原任巡撫郝浴浮冒銀九萬兩，應於郝浴家屬追徵。……上曰：『此事交與九卿科道會議具奏。』」（註二四九）

3. 九卿詹事科道會議

康熙二十一年（一六八二年）二月初十日，「九卿詹事科道等議覆，翰林院侍講王鴻緒，疏參楚人朱方旦，詭立邪說，妄言休咎，煽惑愚民，誣罔悖逆。經湖廣巡撫王新命，審實具題。朱方旦應立斬，顧齊弘、陸光旭、翟鳳彩，甘稱弟子，造刻邪書，傳播中外，俱應斬監候，從之。」（註二五〇）

4. 大學士九卿詹事科道會議

(1) 雍正七年（一七二九年）五月二十一日，「先是，湖南靖州人曾靜因考試劣等家居憤鬱，忽圖叛逆，遣其徒張熙，詭名投書於川陝總督岳鍾琪，勸以同謀舉事。岳鍾琪拘留刑訊，究問指使之人，張熙甘死不吐。岳鍾琪置之密室，許以迎聘伊師佯與設誓，張熙始將曾靜供出。岳鍾琪具摺併其逆書奏聞，……隨將曾靜張熙，提解來京。旋命浙江總督李衞，搜查呂留良、嚴鴻逵、沈在寬家藏書籍。所獲日記等逆書，併案內人犯一併拏解赴部。命內閣九卿等，先將曾靜反覆研訊。」（註二五一）

⑵乾隆二十年（一七五五年）三月十三日，「上召大學士九卿翰林詹事科道等，諭曰：「我朝撫有方夏，於今百有餘年。列祖列宗深仁厚澤，漸洽區宇，薄海內外，共享昇平。……胡中藻、鄂昌已降旨拏解來京，俟到日，交大學士九卿翰林詹事科道，公同逐節嚴審定擬具奏。」（註二五二）

㈢欽差大臣

清代諸帝常指派欽差大臣審理各省或京師重大案件，欽差大臣之人選，議政王大臣，內閣大學士、學士，軍機大臣、章京，六部尚書、侍郎、郎中，都察院左都御史、左副都御史、監察御史等官員，均爲可能人選。某些外省案件，皇帝也可能指派其他省份總督、巡撫前往審理，茲擧下列案例說明之：

1.康熙二十七年（一六八八年）五月二十七日，「（上）諭曰：『前差（直隸巡撫）于成龍、（左都御史）馬齊、（戶部右侍郎）凱音布往審（湖廣巡撫）張汧一案，曾諭云：爾等往審此事，須就欵鞫問，不可蔓延。若蔓延，則牽累者多矣。』」（註二五三）

2.康熙五十四年（一七一五年）十一月初五日，「（大學士）松柱等又奏，爲審（太原府知府）趙鳳詔派出堂官……上曰：『此處大臣不可派出。著湖廣總督額倫忒、河南巡撫李錫馳驛速往，會同該撫審訊。』」（註二五四）

康熙末年曾一度停止差遣京師大臣前往各省審理案件。康熙五十四年十二月初一日，上諭曰：「從前外省常遣京師大臣審擬。但督、撫乃封疆重臣，不令伊審，而遣京師大臣赴審，恐苦累地方，因是停止差遣京師大臣。」（註二五五）惟此種停止差遣京師欽差大臣之情形，僅係一時之現象，雍正以後，差遣京師大臣前往各省審理案件又行恢復。

㈣京城巡防處

咸豐三年一月，太平天國定都南京，四月，太平軍北伐。五月十八日，咸豐帝諭令科爾沁郡王僧格林沁等人專辦京城各旗營巡防事宜。（註二五六）九月九日，特命和碩惠親王綿愉爲奉命大將軍，郡王僧格林沁爲參贊大臣。九月十三日，綿愉等奏請設立公所，借值年旗衙署辦公，京城巡防處遂正式成立。

京城巡防處主要任務是，防剿太平軍，維護京師治安，並有權審理京師案件。凡擒獲之太平軍均由京城巡防處審理，京師各地命盜案件，京城巡防處亦得審理。京城巡防處內設審案處，負責審理各種案件。

咸豐五年年初，太平軍北伐失敗後，五月初十日，咸豐帝諭令裁撤京城巡防處。此一臨時性之司法審判機關遂行結束。

【註釋】

註　一　大清會典事例，卷二十，頁三。

註　二　前書，卷二十，頁三。

註　三　前書，卷二十，頁四。

註　四　前書，卷二十，頁五。

註　五　大清會典，卷五十三，頁一。

註　六　清史稿，卷一四四，刑法三，見鼎文版清史稿，頁四二〇六。

註　七　北京內城指正陽、崇文、宣武、朝陽、阜成、東直、西直、安定、德勝等九門以內之地。外城指正陽、崇文、宣武、永定、左安、右安、廣渠、廣安、東便、西便等十門以內之地。

註　八　清史稿，卷一四四，刑法三，見鼎文版清史稿，頁四二〇六。

註　九　前書，頁四一九四。

註一〇　前書，頁四二〇七。

註一一　參見大清會典，卷五十六，頁十八至卷五十七，頁十八。

註一二　熱審是清代赦免制度，其性質約近於現代之減刑。清順治八年始定熱審減等之例，順治十年，定每年小滿（陰曆四月月中）後十日，京師、直隸及各省一體舉行。笞罪釋放，枷杖罪減等，其他罪犯可暫行保釋，俟立秋（陰曆七月月首）後再行發落，重罪可憐憫者，請旨定奪。

註一三　池北各城指綏遠將軍、歸化副都統、定邊左副將軍、科布多參贊大臣、庫倫辦事大臣等所屬各城。

註一四　清史稿，卷一一四，職官一，見鼎文版清史稿，頁三二八九至三二九〇。

註一五　參見大清會典事例，卷二十，頁十四至十五。

註一六　清史稿，卷一一五，職官二，見鼎文版清史稿，頁三三〇五。

註一七　同前註。

註一八　大清會典事例，卷二十，頁十七。

註一九　清史稿，卷一一五，職官二，見鼎文版清史稿，頁三三〇七。

註二〇　大清會典事例，卷二十，頁十八。

註二一　前書，頁十九。

註二二　大清會典，卷六十九，頁一。

註二三　同前註。

註二四　大清會典事例，卷二十，頁十七。

註二五　薛允升，讀例存疑，卷四九，見黃靜嘉編校之重刊本，頁一二六五。

註二六　同前註。

註二七　大清會典事例，卷一〇二一，頁十三。

註二八　大清會典，卷六十九，頁九。

註二九　大清會典事例，卷一〇二一，頁十三。

註三〇　前書，卷一〇二一，頁十四。

註三一　前書，卷一〇二一，頁十七。

註三二　同前註。

註三三　參見大清會典事例，卷一〇三〇，頁十七至十八。

註三四　參見大清會典，卷六十九，頁八至九。

註三五　參見前書，卷六十九，頁二。

註三六　參見大清會典事例，卷一〇四三，頁一至二。

註三七　大清會典，卷六十九，頁十六。

註三八　前書，卷六十九，頁十七。

註三九　前書，卷六十九，頁十六至十七。

註四〇　大清會典事例，卷一〇四三，頁八至九。

註四一　前書，卷一〇四三，頁八。

註四二　參見大清會典，卷六十九，頁十六。

註四三　大清會典事例，卷一〇四三，頁二。

註四四　前書，卷一〇四三，頁三。

註四五　清太宗實錄，卷六十一，頁三十五。

註四六　前書，卷一，頁十一。

註四七　前書，卷三十四，頁二十三。

註四八　傅宗懋，清代軍機處組織及職掌之研究，頁五十三。

註四九　清世祖實錄，卷六十九，頁十一。

註五〇　清聖祖實錄，卷一四四，頁十七。

註五一　前書，卷二六〇，頁六至七。

註五二　前書，卷六，頁四至五。

註五三　前書，卷一二〇，頁四。

註五四　昭槤，嘯亭雜錄，卷四，「議政大臣」條。

註五五　清高宗實錄，卷一三八九，頁二十六至二十七。

註五六　清太宗實錄，卷一，頁十一。

註五七　前書，卷四十三，頁七。

註五八　前書，卷五十五，頁十三。

註五九　梁章鉅，樞垣記略，卷十三。

註六〇　清世祖實錄，卷八十六，頁十八。

註六一　清聖祖實錄，卷十四，頁二十七至二十九。

註六二　參見前書，卷二十九，頁三至十八。

註六三　前書，卷一〇〇，頁十一至十二。
註六四　前書，卷二三〇，頁十二至十三。
註六五　見中央研究院歷史語言研究所所藏明清檔案，轉引自劉景輝著，滿洲法律及其制度之演變，頁七十一至七十二。
註六六　大清會典事例，卷十一，頁一。
註六七　同前註。
註六八　前書，卷十一，頁二至三。
註六九　前書，卷十一，頁四。
註七〇　前書，卷十一，頁四至五。
註七一　同前註。
註七二　前書，卷十一，頁三。
註七三　大清會典，卷二，頁一。
註七四　前書，卷二，頁六。
註七五　同前註。
註七六　參見大清會典，卷二，頁六至二十二；卷六十九，頁三；卷六十九，頁十三。
註七七　大清會典，卷二，頁七。
註七八　參見大清會典，卷二，頁六至二十二；卷六十九，頁三；卷六十九，頁十三。
註七九　參見大清會典，卷二，頁七。

註八〇　大淸會典，卷二，頁七。
註八一　同前註。
註八二　同前註。
註八三　前書，卷二，頁八。
註八四　同前註。
註八五　康熙起居注，康熙十八年十月初二日癸亥。
註八六　前書，康熙二十年五月二十五日丁丑。
註八七　前書，康熙二十二年閏六月十七日丁巳。
註八八　前書，康熙二十二年九月二十四日壬辰。
註八九　前書，康熙二十三年四月十八日癸丑。
註九〇　前書，康熙四十五年正月三十日己丑。
註九一　前書，康熙四十五年十月二十三日丁未。
註九二　前書，康熙五十五年四月初三日壬辰。
註九三　前書，康熙二十四年十月二十三日庚辰。
註九四　前書，康熙二十四年十一月初九日乙丑。
註九五　前書，康熙四十五年十月初一日乙酉。
註九六　前書，康熙四十五年十一月十三日丁卯。

註九七　見嘉慶朝大清會典，卷三。按朝隆朝大清會典仍無軍機處一門。
註九八　清史稿，卷一七六，軍機大臣年表一。見鼎文版清史稿，頁六二二九。
註九九　大清會典事例，卷一〇五一，頁十。
註一〇〇　清世宗實錄，卷一一六，頁二。
註一〇一　同前註。
註一〇二　清高宗實錄，卷五，頁四十二。
註一〇三　前書，卷五十七，頁六。
註一〇四　大清會典，卷三，頁一。
註一〇五　前書，卷三，頁十。
註一〇六　前書，卷三，頁一。
註一〇七　前書，卷三，頁二至三。
註一〇八　清史稿，卷一七六，軍機大臣年表一。見鼎文版清史稿，頁六二二九。
註一〇九　大清會典，卷八十二，頁十至十一。
註一一〇　參見大清會典，卷三，頁一至二。卷八十二，頁十至十二。
註一一一　同前註。
註一一二　參見大清會典，卷三，頁二。
註一一三　同前註。

註一一四　同前註。

註一一五　同前註。

註一一六　同前註。

註一一七　同前註。

註一一八　大清會典事例，卷一〇〇〇，頁九。

註一一九　前書，卷十四，頁九。

註一二〇　前書，卷一〇〇三，頁十五至十六。

註一二一　前書，卷一〇〇八，頁二。

註一二二　前書，卷八四八，頁八。

註一二三　前書，卷八四八，頁十三。

註一二四　前書，卷十九，頁十二至十二。

註一二五　前書，卷十九，頁十一。

註一二六　康熙起居注，康熙十九年四月十三日壬申。

註一二七　前書，康熙十九年十月初十日乙未。

註一二八　前書，康熙十八年五月二十三日丙辰。

註一二九　前書，康熙十九年閏八月十五日辛丑。

註一三〇　前書，康熙五十四年六月二十八日壬辰。

註一三一　前書，康熙十八年十月二十一日壬午。

註一三二　大清會典事例，卷十九，頁十五至十六。

註一三三　前書，卷十九，頁十六。

註一三四　大清會典，卷二十四，頁一。

註一三五　同前註。

註一三六　康熙起居注，康熙二十二年四月二十七日乙亥。

註一三七　前書，康熙五十四年十月初四日丙寅。

註一三八　大清會典事例，卷八五〇，頁十一。

註一三九　康熙起居注，康熙二十五年閏四月二十五日戊寅。

註一四〇　前書，康熙五十三年六月十九日己丑。

註一四一　前書，康熙十八年十月二十一日壬午。

註一四二　大清會典事例，卷十九，頁十八至十九。

註一四三　前書，卷十九，頁十九。

註一四四　康熙起居注，康熙五十三年十月初一日己巳。

註一四五　前書，康熙二十五年二月初二日丙戌。

註一四六　前書，康熙五十四年四月三十日乙未。

註一四七　清聖祖實錄，卷一五四，頁九至十。

註一四八　康熙起居注，康熙十八年十月二十一日壬午。
註一四九　大清會典事例，卷十九，頁二十一至二十二。
註一五〇　康熙起居注，康熙二十年八月十二日壬辰。
註一五一　前書，康熙二十年八月十三日癸巳。
註一五二　前書，康熙二十八年四月二十六日壬戌。
註一五三　前書，康熙二十二年十二月初十日丁未。
註一五四　前書，康熙二十四年六月十四日癸卯。
註一五五　前書，康熙二十二年二月初十日壬午。
註一五六　前書，康熙五十六年二月二十六日辛亥。
註一五七　前書，康熙十九年四月初九日戊辰。
註一五八　前書，康熙十九年閏八月十五日辛丑。
註一五九　前書，康熙十八年十月二十一日壬午。
註一六〇　大清會典事例，卷二十，頁六至七。
註一六一　清史稿，卷一四三，刑法二，見鼎文版清史稿，頁四一九八。
註一六二　前書，頁四一九七。
註一六三　大清會典事例，卷七二四，頁十一。
註一六四　康熙起居注，康熙十九年閏八月初九日乙未。

註一六五　大清會典事例，卷二十，頁十。

註一六六　前書，卷二十，頁十一至十二。

註一六七　大清會典，卷六十八，頁九。

註一六八　同前註。

註一六九　前書，卷六十八，頁十一。

註一七〇　康熙起居注，康熙十九年六月二十三日庚辰。

註一七一　前書，康熙十九年九月初五日戊戌。

註一七二　大清會典，卷六十八，頁十一。

註一七三　同前註。

註一七四　大清會典事例，卷二十一，頁七。

註一七五　前書，卷一〇四二，頁十三至十四。

註一七六　前書，卷一〇四二，頁十四。

註一七七　清史稿，卷一一五，職官二，見鼎文版清史稿，頁三三〇八。

註一七八　參見大清會典事例，卷一〇一三，頁十。

註一七九　大清會典，卷六十九，頁十三。

註一八〇　大清會典事例，卷八一六，頁一。

註一八一　前書，卷八一六，頁三。

註一八二　大清會典，卷六十九，頁十五。
註一八三　同前註。
註一八四　大清會典，卷六十九，頁十三。
註一八五　清史稿，卷一一七，職官四，見鼎文版清史稿，頁三三六九。
註一八六　參見大清會典，卷八十四，頁一。
註一八七　同前註。
註一八八　清世宗實錄，卷十一，頁二十一。
註一八九　八旗通志初集，卷二十三，營建志一。
註一九〇　日下舊聞考，卷七十二，官署。
註一九一　康熙起居注，康熙五十五年七月初六日癸亥。
註一九二　清通典，卷八十，刑一。
註一九三　康熙起居注，康熙四十五年九月十二日丁卯。
註一九四　前書，康熙五十五年七月二十五日壬午。
註一九五　清世宗實錄，卷十四，頁四。
註一九六　大清會典事例，卷一一五六，頁一至三。
註一九七　同前註。（並參見前書，卷五四三，頁十九）
註一九八　大清會典，卷八十七，頁十二。

註一九九　參見大清會典事例，卷五九〇，頁一至四。

註二〇〇　前書，卷一一五八，頁一。

註二〇一　同前註。

註二〇二　康熙起居注，康熙五十五年四月十一日庚子。

註二〇三　大清會典事例，卷一一五八，頁一至二。

註二〇四　康熙起居注，康熙五十六年七月二十七日己卯。

註二〇五　大清會典事例，卷一〇二五，頁十二至十三。

註二〇六　前書，卷二十，頁十四至十五。

註二〇七　大清會典，卷六十九，頁十一至十二。

註二〇八　前書，卷六十九，頁十二。

註二〇九　同前註。

註二一〇　大清會典事例，卷十九，頁一。

註二一一　大清會典，卷一，頁一。

註二一二　同前註。

註二一三　前書，卷一，頁十四。

註二一四　同前註。

註二一五　康熙起居注，康熙四十五年十二月十五日己亥。

註二一六　前書，康熙五十六年五月初七日庚申。

註二一七　欽定宗人府則例，卷三十一，頁十五。

註二一八　大清會典事例，卷一一七〇，頁一。

註二一九　前書，卷二十一，頁四。

註二二〇　大清會典，卷九十五，頁一。

註二二一　前書，卷八十九，頁一。

註二二二　前書，卷九十五，頁一。

註二二三　同前註。

註二二四　同前註。

註二二五　同前註。

註二二六　同前註。

註二二七　同前註。

註二二八　同前註。

註二二九　同前註。

註二三〇　籌辦夷務始末，咸豐朝，卷七十二。

註二三一　清季外交史料，卷一四七。

註二三二　大清會典，卷九十九，頁一。

註二三三　前書，卷九十九，頁十一。
註二三四　清史稿，卷一四四，刑法三，見鼎文版清史稿，頁四二一六。
註二三五　大清會典事例，卷一〇二一，頁十三。
註二三六　前書，卷一〇九〇，頁一至三。
註二三七　大清會典，卷七十四，頁一。
註二三八　同前註。
註二三九　同前註。
註二四〇　同前註。
註二四一　前書，卷七十四，頁七至八。
註二四二　康熙起居注，康熙二十八年二月初五日癸卯。
註二四三　前書，康熙五十四年九月十七日己酉。
註二四四　茶餘客話，卷七，頁一。
註二四五　大清會典，卷六十九，頁一。
註二四六　中國古代職官辭典，九卿條。
註二四七　康熙起居注，康熙二十三年二月初九日乙巳。
註二四八　清聖祖實錄，卷二七七，頁十六。
註二四九　康熙起居注，康熙二十三年四月初九日甲辰。

註二五〇　清聖祖實錄，卷一〇〇一，頁十至十一。
註二五一　清世宗實錄，卷八十一，頁二十四至二十五。
註二五二　清高宗實錄，卷四八四，頁十七至二十三。
註二五三　康熙起居注，康熙二十七年四月二十七日己巳。
註二五四　前書，康熙五十四年十一月初五日丁酉。
註二五五　前書，康熙五十四年十二月初一日癸亥。
註二五六　剿平粵匪方略，卷四十一。

第四章　清代中央司法審判程序之一
——各省案件覆核程序

第一節　各省案件司法審判程序概說

一、各省司法審判機關及審級管轄

清代各省司法審判機關層級頗多，自州縣廳至省，各級衙門均擁有司法審判權，州縣廳係初審機關，其餘各級衙門均係覆審機關。各級司法審判機關因案件刑責之輕重而定其審級管轄。玆將各級司法審判機關審級管轄之概況分述如后：

㈠第一級司法審判機關——州縣廳

州縣廳爲最基層之司法審判機關，其地位至爲重要。絕大多數民事及刑事案件，均由州縣廳進行初審，故語云：「萬事胚胎，皆由州縣。」（註一）民事案件由州縣自理，州縣官堂斷後即可結案。至於刑事案件，則依案件刑責之輕重而作不同之處理。笞杖罪案件亦由州縣自理，州縣官堂斷後即可結案。徒罪以上案件，則須定擬招解，解送上一級司法審判機關覆審。

㈡第二級司法審判機關—府、直隸州、直隸廳

大清會典定曰：「府屬之州縣廳，由府審轉。……直隸廳直隸州屬縣由該廳州審轉。」（註二）府審轉所屬州縣廳之案件時爲第二審，直隸州或直隸廳審轉所屬屬縣時，直隸州或直隸廳亦爲第二審。惟府、直隸州、直隸廳有本管（親轄地方）者，府、直隸州及直隸廳須審理本管案件，此時，府、直隸州及直隸廳爲第一審。

㈢第三級司法審判機關—道

大清會典定曰：「直隸廳直隸州本管者，由道審轉。……知府有親轄地方者，其本管亦由道審轉。」（註三）大清會典此項規定與清代司法審判實務似有出入。按清代直隸州及直隸廳徒罪以上案件，無論是否本管均須由道審轉，薛允升即曰：「直隸州一切案犯由道審轉解司，此定章也。」（註四）故道審轉之案件，並不限定於直隸州及直隸廳之本管案件。直隸州及直隸廳無屬縣時，道爲第二審。直隸州及直隸廳有屬縣時，道爲第三審。

㈣第四級司法審判機關—按察使司

按察使司爲一省刑名總滙，府或道審轉之案件均須由按察使司再行覆審，覆審後，申詳督撫。由府審轉時，按察使司爲第三審。由道審轉時，按察使司或爲第三審或爲第四審。

㈤第五級司法審判機關—督撫

依大清律例規定，無關人命徒罪案件，督撫即可批結。此類案件，按察使司每季造册詳報督撫，

督撫出咨報部。(註五) 有關人命徒罪案件及軍流罪案件,督撫專案咨部核覆,年終彙題。(註六) 情罪重大罪應凌遲斬梟斬決之案,督撫應專摺具奏,其餘尋常罪應凌遲斬梟斬決之案(應亦含絞決及斬絞監候案件),督撫應專本具題。(註七)由府審轉時,督撫爲第四審,由道審轉時,督撫或爲第四審或爲第五審。

上述情形爲各省司法審判機關審級管轄之原則,某些特殊地方,如順天府及奉天府,其司法審判機關之審級管轄與各省並不相同,特分述如后:

㈠順天府司法審判機關及審級管轄

大清會典定曰:「順天府所屬京縣二,近京州五,縣十七,分隸於四路同知,皆轄以府尹。……其刑名,流以上由四路廳申按察司轉督撫達部。徒杖以下,尹自決之。」(註八) 又曰:「京畿西路廳、東路廳、南路廳、北路廳同知,管理刑錢,分屬順天府二十四州縣,以隸於直隸布政司,制如知府。」(註九) 由上述規定可知,順天府所屬州縣之審級管轄,以州縣爲第一級司法審判機關,四路同知爲第二級司法審判機關,順天府或直隸按察司爲第三級司法審判機關(徒罪以下案件由府覆審結案,流罪以上案件由直隸按察司覆審),直隸總督爲第四級司法審判機關(流罪以上案件,直隸按察司覆審後,仍由直隸總督覆審)。其審級管轄較爲特殊。又順天府尹之地位,雖未見明文規定,惟其地位實與各省巡撫相同。

㈡奉天府司法審判機關及審級管轄

大清會典定曰：「奉天府所屬京縣一，廳四，州二，縣四。又領錦州府一（所屬州二，縣二），昌圖府一（所屬縣三），（鳳凰）直隸廳一（所屬州一，縣二），興京（直隸）廳一（所屬縣二）。」（註一〇）又奉天府之下設有驛巡道一人，得審轉奉天府屬刑名。（註一一）其審級管轄，就奉天府屬州縣廳而言，各州縣廳爲第一級司法審判機關，二府二廳爲第二級司法審判機關，奉天驛巡道爲第三級司法審判機關，奉天府爲第四級司法審判機關。（以上均就民人犯罪案件而言，旗人犯罪案件則歸盛京刑部審判）奉天府所屬州縣徒罪以上案件審級管轄，與各省大致相同。依大清會典規定，奉天府尹之地位與各省巡撫相同。（註一二）

二、各省案件司法審判程序

清代，各省案件依案件刑責之輕重而定其司法審判程序。民事案件，由州縣自理，即由州縣官全權審判、執行。茲以刑事案件爲中心，略述各省案件司法審判程序之梗概如后：

㈠州縣廳初審程序

清代行政與司法不分，司法審判亦無審檢分立之概念，各級衙門之正印官兼具警察局局長、檢察官、法官及典獄長等多項身份，各級衙門實係「行政與司法合一，審判與檢察合一。」故清代州縣廳初審程序，應包括審前程序（放告、呈控、批詞、查驗、檢驗、通稟、通詳、傳喚、拘提、緝捕、看押、監禁及保釋等）和審理程序（調處、和息、審訊、判決及定擬招解），茲分述如后：

1.審前程序

清代州縣衙門均規定有放告期日，以每月三六九日或三八日放告。於放告日呈控，謂之期呈，於非放告日呈控，謂之傳呈。重大案件得隨時呈控。州縣官收呈後，常須當堂審訊查問，依據大清律例及各州縣自定條款批詞，決定准理或不准理。除呈控外，被害人的呈報、喊稟、投稟帖，一般民人的告發、公呈，犯罪人的投首（自首），州縣官的訪聞，上司衙門的發審或委審等，均構成受理事由。盜案常須查驗，命案及鬥毆案常須檢驗。命盜案件，州縣官於查驗或檢驗後，須將初步案情報告各級上司衙門（督撫藩臬道府），謂之通稟。又州縣官於通稟之後將詳細案情報告各級上司衙門，謂之通詳。

案件准理後，情節輕微的，州縣官得簽發傳票，傳喚被告。有時尚須傳喚鄉約、地保及證人。傳喚時，由州縣官簽差給票，由差役持票傳喚應傳之人。州縣官發給之傳票爲印票（蓋上州縣官大印之票）。情節重大的，州縣官得簽發拘票，由差役持票拘提被告。州縣官發給之拘票亦係印票。人犯如已逃匿，州縣官應簽發緝票（亦係印票）緝捕。緝捕人犯，常須臨近州縣協緝。緝捕要犯或重犯，又常須詳明督撫，轉咨各省通緝。

人犯到案後，輕罪人犯及干連人證，州縣官常交差役看押。差役看押人犯之處所，稱爲班房。情節較重人犯則交監獄監禁。人犯如符合條件，得予保釋。

2.審理程序

州縣官審理案件時，於輕微案件多予調處和息。重大案件不得調處和息，必須加以審訊。審判時須依審訊原則（依狀以鞫情，如法以決罰，據供以定案），人犯不吐實供時，州縣官得依規定加以刑訊。審訊完畢，應予判決。笞杖罪案件，州縣自理，州縣官堂斷後，即可結案。徒罪以上案件，則須定擬招解，解送上司衙門覆審。

㈡府、直隸州及直隸廳覆審程序

州縣廳徒罪以上案件須送府、直隸州及直隸廳覆審。府、直隸州及直隸廳之覆審，其案件管轄之原則如下：（註一三）

1.尋常徒罪案件，府、直隸州及直隸廳覆核後，轉道司覆核。

2.有關人命徒罪案件及軍流罪案件，府、直隸州及直隸廳覆審後，應解人犯轉道司覆審。

3.死罪案件，府、直隸州及直隸廳覆審後，應解人犯轉道司覆審。

府覆審時，如遇原審定擬不當，府得為駁詰，稱為府駁。府駁結時，情節重大者，得發回人犯重審。情節輕微者，得不發回人犯，止用檄駁。府駁審時，如符合律例，州縣自應遵駁改正。

㈢道覆審程序

府、直隸州及直隸廳徒罪以上案件因審級管轄之不同，或轉道覆審，或轉司覆審。其須轉道覆審者，其案件管轄之原則如下：（註一四）

1.尋常徒罪案件，道覆核後，轉司覆核。

2.有關人命徒罪案件及軍流罪案件，道覆審後。應解人犯轉司覆審。

3.死罪案件道覆審後，應解人犯轉司覆審。

道覆審時，如遇原審定擬不當，道亦得爲駁詰，其情形與府同。

府、直隸州及直隸廳徒罪以上案件，有須轉道覆審者，有無須轉道覆審，而逕轉按察司覆審者，無論何者，其案件管轄之原則如下：（註一五）

(四)按察司覆審程序

1.尋常徒罪案件，按察司覆核後，轉督撫覆核。

2.有關人命徒罪案件及軍流罪案件，按察司覆審後，轉督撫覆審。

3.死罪案件，按察司覆審後，應轉督撫覆審。

司覆審時，如遇原審定擬不當，司亦得爲駁詰，稱爲司駁，其情形與道府同。

(五)督撫覆審程序

按察司徒罪以上案件，須轉督撫覆審，其案件管轄之原則如下：（註一六）

1.尋常徒罪案件，督撫覆核後，即可批結。由該按察司按季彙齊，每季造册詳報督撫，督撫出咨報部。

2.有關人命徒罪案件及軍流罪案件，督撫覆審後，咨部覆核。

3.死罪案件，督撫覆審後，尋常死罪案件，須專本具題，奏聞於皇帝。情節重大死罪案件，須專摺具奏，奏聞於皇帝。

督撫覆審時，如遇原審定擬不當，督撫亦得爲駁結，稱爲院駁。清律第四一〇條（辯明冤枉）附例規定督撫臬司覆審時之處理：「命盜案件，經該督撫臬司駁審，除案情重大，須該知府赴省審理，或係委派會審，仍聽該督撫隨時酌量辦理外；如果案情與原招並無出入，即由附省知府審轉，仍許原審知府一體列銜申詳。」（乾隆二十七年定例）

死罪人犯，應解審到院（督撫），由督撫親提人犯審訊。惟事實上「外省督撫每遇應行審理之案，動輒委員查訊。」（註一七）督撫極少親提審訊，大多委由司道或首府首縣審訊。清代中葉（約嘉慶道光年間），部分省分設「發審局」，協助督撫審理全省案件，並辦理秋審及司法行政工作。發審局又稱讞局，爲一省級臨時性司法審判機關，不屬於國家正式編制之內。

第二節　各省案件之咨部具題與具奏

清代各省徒罪以上案件均須咨部或奏聞於皇帝。原則上徒流軍罪案件，督撫覆審後，須咨部覆核。年終時，督撫須將此類案件彙題。尋常死罪案件，須專本具題。情節重大死罪案件，須專摺具奏。茲分述如下：

一、徒流軍罪案件之咨部

清律第四一一條（有司決囚等第）附例規定：「外省徒罪案件，如有關係人命者，均照軍流人犯解司審轉，督撫專案咨部核覆，仍令年終彙題。其尋常徒罪，各督撫批結後，即詳敘供招，按季報部查核。」（乾隆四十年定例）

由本條附例規定可知：

㈠無關人命徒罪案件（尋常徒罪案件），督撫批結後，應按季報部查核。

㈡有關人命徒罪案件，督撫覆審後，應以專案咨部核覆，並應年終彙題。

㈢軍流罪案件，督撫覆審後，亦應以專案咨部核覆，並應年終彙題。

軍流罪案件，原則上固係咨部核覆，但亦曾規定此類案件須具題。雍正三年議准，「外省人命案件，擬以軍流等罪，咨部完結者，俱駁令具題。嗣後不行具題者，將該督撫查議。」（註一八）惟此項規定，後於乾隆四年廢止適用。乾隆四年奏准，「嗣後除人命強盜情罪重大案內，例應發黑龍江、寧古塔等處者，應仍令各督撫特疏具題外，其餘因事擬遣，一切軍流等案，如果案犯情節顯明，別無疑竇者，俱照誣告反坐等項之例，令各督撫迅速審擬，咨部完結。統於歲底彙題，仍將各案原招，造冊送部查覈。」（註一九）軍流罪案件，時或具題，時或咨部，常有變化。故雍正四年即有官員奏稱：「各省軍流案件，或題或咨，因無一定章程，是以有特疏具題者，有年終彙題者，亦有咨部完結者，辦

理殊未畫一。」（註二〇）

二、尋常死罪案件之具題

題本原係明代制度，應具本人，清初原定：「在京六部及院寺等堂官，在外文官督撫，武官將軍都統提鎮，其餘均令上司官代奏。」（註二一）規定甚明。順治、康熙、雍正年間，一切死罪案件，俱用題本具題。乾隆年間，殺死多命及逆倫重案改用奏摺具奏，然尚未定有條例。嘉慶十三年始就應專摺具奏之死罪案件詳予規定訂定條例。死罪案件之具題與具奏，遂有區分。死罪案件凡非屬應專摺具奏者，俱應專本具題。惟此係原則而已，許多依條例規定非屬專摺具奏者，嘉慶以後，亦多以專摺具奏。同治年間，太平軍興，死罪案件以專摺具奏益形普遍。光緒二十七年，清廷下令，改題爲奏（改題本爲奏摺），奏摺終於取代題本，明清兩代通行之題本制度遂行廢除。光緒二十八年正月，清廷明令裁撤通政使司。

題本內容必須精簡，雍正二年議定：「凡內外官員題奏本章，不得過三百字。雖刑名錢穀等本，難拘字數，亦不許重複冗長，仍將本中大意，撮爲貼黃，以便覽閱，其貼黃不許過一百字。如有字數溢額，及多開條款，或貼黃與原本參差異同者，該衙門不得封進，仍以違式糾參。」（註二二）惟此項規定於民刑案件題本並無意義，各省題本爲使案件敍說明白，大多超過三百字，多者甚至達二、三千字以上。

雍正五年上諭：「向來督撫提鎮陳奏本章（指題本），例有副本，投遞通政使司；又有揭帖，知會關涉之各部院，往往緊要之事，未達朕前，而先已傳播於衆口。」（註二三）因此之故，乾隆以後，一般例行性政務使用題本，重大政務則使用奏摺。在司法審判上亦同，換言之，尋常死罪案件使用題本，情節重大死罪案件則使用奏摺。

三、情節重大死罪案件之具奏

清代康熙初年，各省地方公事始以奏摺形式奏聞於皇帝。康熙及雍正兩朝，奏摺係君主與臣工間之秘密文書，有摺奏權之官員原本不多。康熙年間，內而部院滿漢大臣，外而督撫提鎮，始有權使用奏摺密奏。雍正年間放寬臣工專摺具奏之範圍，允許布按兩司用摺奏事，後又擴大至知府、道員、副將及參將等微員，惟此等微員僅部分有摺奏權。關於臣工專摺具奏之範圍，雍正八年七月初七日，上諭內閣曰：「……各省督撫大臣，於本章之外，有具摺之例。又以督撫一人之耳目有限，各省之事，豈無督撫所不及知，或督撫所不肯言者，於是又有准提鎮藩臬具摺奏事之旨。即道員武弁等，亦間有之。」（註二四）

康熙、雍正年間，奏摺並非正式公文書，未取得法定之地位。奏摺硃批之後仍不可據爲定案。臣工奉到硃批之後，如欲付諸實行，仍應另行以題本具題。雍正八年七月初七日，世宗曾指出：「並非以奏摺代本章，凡摺中所奏之事，即屬可行之事也。是以奏摺進呈時，朕見其確然可行者，即批發該部施行。若介在疑似之間，則交與廷臣查議。亦有督撫所奏而批令具本者，亦有藩臬等所奏而批令轉詳督撫者，亦有聽其言雖是，而不能必其奉行之無弊，則批令實心勉勵，還朕一是字者。凡爲督撫者奉到硃批之後，若欲見諸施行，自應另行具本，或咨部定奪。爲藩臬者，則應詳明督撫，俟督撫具題或咨部之後，而後見諸施行。……則奏摺之不可據爲定案，又何待言乎？著將此曉諭各省奏摺諸臣知之。」（註二五）

乾隆以後，奏摺之使用日益廣泛，具奏之後應再行具題之原則逐漸不再被遵守。原係秘密使用之奏摺亦逐漸公開使用。原由皇帝親自處理之奏摺，亦逐漸改由軍機大臣處理。惟就司法審判而言，何者應專本具題，何者應專摺具奏，迄乾隆末年仍無一定之章程。薛允升曰：「乾隆年間，間有因殺死多命及逆倫重案奏請（指專摺具奏）正法者，尚未定有專條。」（註二六）嘉慶十三年議准：「卑幼因圖財強姦謀殺尊長，及謀故殺一家二命，死係父祖子孫，並服屬期親以上，罪應斬梟各犯，俱改題爲奏。並罪應凌遲處死之案，其情較斬梟爲尤重，亦應一體專摺具奏。」（註二七）

惟嘉慶十三年議准之條例並不詳盡，嘉慶十七年，始就應專摺具奏之案件訂定條款，詳予規定，按嘉慶十七年上諭曰：「直省命盜案件，各督撫有專摺具奏者，經朕詳覈，其中有批交該部速議之件，原因案犯情罪重大，不容稽誅，是以定限於五日內覆奏。乃近日各省專奏案件，閱其情節，有儘可照例具題之案，而該督撫亦改題爲奏者。限期既迫，部臣不能詳悉覆覈，設有疏率，流弊滋甚，殊非慎重民命之道。著交刑部，將命盜各案詳悉區分，定爲何者應題，何者應奏，酌議條款。奏准後，行知

各督撫永遠遵行。如定例後，督撫仍有任意遲速，題奏混淆者，即著該部查參，以歸畫一。」（註二八）

嘉慶十七年訂定之條款，後於道光二十四年及咸豐二年兩次改定。兩次改定後應專摺具奏之條款，見清律第四一一條（有司決囚等第）附例，其內容如后：（註二九）

㈠罪應凌遲案：

1. 謀反大逆但共謀者。
2. 謀殺祖父母、父母者，妻妾殺夫之祖父母、父母者。
3. 妻妾謀殺故夫祖父母、父母者。
4. 殺一家非死罪三人及支解人爲首者。
5. 謀殺期親尊長外祖父母者。（情可矜憫，例准夾籤聲明之案，仍專本具題。）
6. 採生折割人爲首者。
7. 子孫毆死祖父母、父母者。
8. 糾衆行劫在獄罪囚，持械拒殺官弁爲首及下手殺官者。
9. 尊長謀占財產，圖襲官職，殺功緦卑幼一家三人者。
10. 發遣當差爲奴之犯，殺死伊管主一家三人者。
11. 罪囚由監內結夥反獄，持械拒殺官弁爲首，及下手殺官者。

12.妻妾因與有服親屬通姦同謀殺死親夫者。(若與平人通姦謀殺,仍專本具題。)

㈡罪應斬梟案:

1.卑幼圖財強姦謀殺尊長者。

2.殺一家非死罪二人,如死係父祖子孫及服屬期親者。

3.洋盜會匪及強盜,拒殺官差者。

㈢罪應斬決案:

1.子孫毆祖父母、父母。

2.妻妾毆夫之祖父母、父母者。

㈣兩造赴京呈控,奏交該省審辦之案。

㈤曾經刑部奏駁之案。

爲避免專摺具奏之案過於浮濫,淸律第四一一條(有司決囚等第)附例特規定:「各督撫於專奏摺尾,將援照刑部議定條款,例得專摺陳奏之處聲明。儻有強行比附,率意改題爲奏,刑部即參奏駁回,仍令照例具題;或應奏不奏,亦即查參。」(嘉慶十七年定例)

第三節 各省案件覆核程序之一——各省徒流軍罪案件之覆核

一、各省徒流軍罪案件之咨部

依清律第四一一條（有司決囚等第）有關諸附例之規定，徒流軍罪案件均須於督撫審結後咨部。或按季咨部，或專案咨部，年終彙題，其情形不一，茲將咨部有關情形分述如下：

(一)徒罪案件之咨部

徒罪案件可分爲兩類，一類爲無關人命徒罪案件，一類爲有關人命徒罪案件。依清律第四一一條（有司決囚等第）附例：「尋常徒罪（指無關人命徒罪案件），各督撫批結後，即詳敍供招，按季報部查核。」由本附例可知，無關人命徒罪案件，督撫應按季咨部查核。清初人口較少，刑事案件不多，此類案件之按季咨部查核尚能確實執行，惟至清末，人口大增，刑事案件亦因之大增，所謂按季咨部，實務上已成具文。薛允升即曰：「尋常徒犯，現在按季咨部者，不過十分之一二，豈眞不知有此例耶？」（註三〇）

至有關人命徒罪案件，依清律第四一一條（有司囚決等第）附例：「外省徒罪案件如有關係人命者，……督撫專案咨部核覆，仍令年終彙題。」由本附例可知，有關人命徒罪案件，督撫應專案咨部核覆，並應年終彙題。「專案咨部」自較「按季咨部」愼重，蓋因愼重人命也。又本附例所謂年終彙題，應係指乾隆二十三年以前之情形。乾隆二十三年以後，清律第六十八條（照刷文卷）訂定條例，統一規定：「各省彙題事件，統限開印後兩月具題。」因之，清律第四一一條（有司決囚等第）附例所定「年終彙題」之規定，與清代中期以後之實務不符。

清律第四一一條（有司決囚等第）附例：「軍流人犯解司審轉，督撫專案咨部核覆，仍令年終彙題。」薛允升曰：「軍流止解臬司，專案咨部……此定章也。」（註三一）軍流罪案件之咨部，其執行情形較爲確實，蓋因軍流人犯須由刑部及兵部定地發配也。

㈡軍流罪案件之咨部

清代於徒流軍罪之外，另有所謂遣罪者。遣罪原爲職官等犯軍流罪時之處罰特例，後亦擴大適用至一般民人。發遣分當差、爲奴二種情形，一般言之，職官及生員以上人等犯罪，發遣當差。民人犯罪，發遣當差或爲奴。發遣地通常爲黑龍江、吉林（寧古塔）、新疆（伊犂、烏魯木齊）等地。此種遣罪實係軍流罪之加重，督撫審結後自應比照軍流罪案件，專案咨部核覆。惟有關職官之遣罪案件，自仍應專本具題。

二、刑部對咨部之各省徒流軍罪案件之處理

刑部對各省咨部案件有權查核或覆核。對按季咨部之徒罪案件有權查核；對專案咨部之徒流軍罪案件有權覆核。或爲依議之判決，或爲逕行改正之判決，或爲駁令重審之判決，惟均須獲得皇帝最後裁決之認可，始能生效。

清代並無嚴格意義之「審判獨立」之概念，督撫審理徒流軍遣罪案件，如遇疑義，督撫得咨請部

示，如何處理。嚴格言之，此時，督撫既尚未對所審理之案件，定擬出判決，即尚未審結。其咨請部示原不在本節討論範圍之內。但因此種案件之咨請部示與清代中央司法審判之關係密切，故將此種情形於此處加以討論。玆舉下列案例以說明之：（註三二）

爲請咨部示事，看得（直隸省）通州拏獲逃軍楊二即於花子，究出逃後同逸賊馬四行竊事主麥得福家衣服一案。據直隸總督周元禮咨稱：緣楊二即於花子，係山東陵縣回民，先於乾隆三十八年三月初一日聽從逸賊李老店糾邀，執持木棍，同馮起文、金山、楊令等前赴昌平州西事主於德成家門首扒墻進院。李老店即令馮起文、金三、楊令三人在院看守接贓，於花子撥窻入屋，竊得衣服兩包，撩出堂屋地上，復進內摸取棉被一床，並將櫃鎖擰斷，取出大錢一千五百。……經於德成報州，先後緝獲馮起文、金三、楊令到案，起獲贓物，給主認領，並據於花子自行投首，訊認不諱。將於花子依律擬斬立決，聲明法無可貸，係聞拏自首，照兇惡棍徒執持兇器傷人例，問發邊遠充軍。於三十九年五月間奉准部覆，檄令僉發浙江紹興府山陰縣充軍，交保管束。嗣於四十年四月二十五日，該犯因配所貧苦難度，起意逃逸，即於是日起身潛逃至京。迨七月內該犯復起意行竊，即邀同素識之德平縣人馬四，于三十日夜偕至通州事主麥得福家上墻下院，竊得衣服而出，將贓當得錢文與馬四俵分花用。經事主麥得福查知，報州差緝。至四十二年十月二十一日當被州捕盤獲稟送，究出犯事脫逃行竊各情由。該州知州龍舜琴審擬將該犯依竊盜擬軍到配後在逃行竊，不論次數贓數復犯者，改發雲貴兩廣極邊烟瘴充軍例，遵照新例以極邊足四千里爲限，充當苦差，面刺逃軍並刺烟瘴改發字樣，由廳解司。……該犯於行劫投首減軍之後，不思安分在配膽敢起意潛逃，糾夥行竊，實屬怙惡不法，雖詳查律例並無傷人之夥盜於聞拏投首擬軍之後，在逃爲匪被獲者，作何治罪明文。……惟是新例內，並未指有此等人犯脫逃治罪之條。事關生死出入，辦理恐致錯誤，擬合先行咨請大部示覆，以憑遵照辦理等因前來。……此案於花子原犯係依夥盜雖曾傷人旋即平復，姑准自首，照兇器傷人例，發邊遠充軍之犯本例，罪止擬軍，並非免死發遣黑龍江之犯。遇有脫逃，自應仍照軍犯脫逃例辦理，相應咨覆該督，並傳知各司抄錄通行可也。

上述案例中，乾隆四十二年年底，直隸總督周元禮就直隸省通州拏獲逃軍楊二等行竊一案，咨請部示，如何處理，以憑遵照辦理。刑部直隸司擬定法律見解，認本案逃軍楊二，應仍照軍犯脫逃例辦理。此項法律見解經呈堂核定後，咨覆直隸總督，並傳知刑部各司抄錄本案，通行各直省督撫，轉飭所屬一體遵照辦理。

刑部對專案咨部之徒流軍罪案件有權覆核，刑部所爲之判決以下列三種判決最多：

㈠依議之判決。

㈡逕行改正之判決。

㈢駁令再審（駁審）之判決。

茲將上述三種判決分述如后：

㈠依議之判決

徒流軍罪案件審結後，督撫專案咨部。刑部於咨部案件，如認事實認定合乎情理，適用律例亦無不當，即可定擬依議之判決（如該督撫所題完結），以題本奏聞於皇帝。奉旨依議後，刑部咨覆該督撫，該督撫接獲部咨後，即可執行。

㈡逕行改正之判決

各省咨部案件如適用律例不當時，刑部得依據律例逕行改正，而不駁令再審。刑部逕行改正之判決，須以題本奏聞於皇帝，奉旨依議後，咨覆該督撫，該督撫接獲部咨後，應依部咨執行。玆舉下列案例以說明之：（註三三）

爲請旨事，會看得（廣西省）北流縣拏獲逃軍趙二一案。先據廣西巡撫錢度咨稱：緣趙二原籍山東嶧縣人，因行竊沂州通判衙署衣物，審依積匪猾賊例，應發新疆，改發廣東極邊烟瘴充軍咨解來粵，酌發海康縣安置。詎該犯於乾隆三十三年二月初八日乘間脫逃，二月二十三日行至北流縣被兵役盤獲。報縣訊明，逃後並無行兇爲匪，亦無知情容留之人，將趙二依原發極邊烟瘴充軍人犯在配脫逃獲日，即改發黑龍江等處給與披甲人爲奴等因咨達前來。臣部查例載，新疆改發內地烟瘴充軍人犯如有脫逃被獲，將該犯請旨即行正法等語。查趙二於乾隆三十二年閏七月內因偸竊衙署案內（衣物），審依積匪猾賊應發新疆，照新例改發雲貴兩廣極邊烟瘴充軍之犯脫逃被獲，自應遵照定例正法。今該撫疏內將該犯照尋常發遣軍犯脫逃例，擬發黑龍江等處爲奴，與新疆改發之例不符。若駁令改擬，往返遲延，轉致有稽顯戮。相應請旨，將趙二依例擬斬立決，俟命下之日行文該撫，於拏獲地方即行正法等因。乾隆三十三年十月十三日奏，本日奉旨：趙二著即處斬，餘依議，欽此。

上述案例中，乾隆三十三年年中，廣西巡撫錢度就廣西省北流縣拏獲逃軍趙二一案，專案咨部覆核。刑部山東司認本案應依積匪猾賊應發新疆，照新例改發雲貴兩廣極邊烟瘴充軍之犯脫逃被獲，自應遵照定例正法。今該撫疏內將該犯照尋常發遣軍犯脫逃例，擬發黑龍江等處爲奴，與新疆改發之例不符。又認若駁令改擬，往返遲延，轉致有稽顯戮，相應請旨，將趙二依例擬斬立決。刑部則逕行改正，改擬斬立決。本項逕行改正之判決呈堂核定後，即以題本奏聞於皇帝。奉旨依議後，刑部咨覆廣西巡撫，該巡撫即應依逕行改正之判決執行。

㈢駁令再審之判決

各省咨部案件如認定事實不合情理或適用律例不當時，刑部亦得駁令再審。刑部駁令再審之判決，須以題本奏聞於皇帝，奉旨依議後，咨覆該督撫，該督撫接獲部咨後，應行再審。玆舉下列案例以說明之：（註三四）

爲淫棍搶妻等事，會看得上海縣民劉四與劉六之妻徐姐姦逃夥搶一案。先據江蘇巡撫陳宏謀咨稱，緣劉六與劉四並非同宗，劉四與徐姐之父瞿才交好，常至其家，遂與徐姐通姦。聞劉六擇期完姻，劉四即拐徐姐潛逃，經縣拘獲，分別枷責，徐姐給親領回。及劉六贅居岳家，劉四又將徐姐誘拐，復經枷責，將徐姐交劉六領回。乾隆六年三月二十五夜，劉四糾邀鄭先往搶，路遇鄰人嚴十、方運同行，至劉六門首，嚴十等在外等候，劉四同鄭先推墻入室，用帶縛住劉六之手，將徐姐搶出，鄭先等散歸。劉四帶徐姐輾轉藏匿喬英、張伽、鄭先、陳象家，劉六控縣緝獲，審認不諱。劉四夤夜夥搶，其跡雖似強奪，但徐姐既與劉四通姦同逃，敗名失節，非比良家之婦。且搶奪之時，雖無預約之事，實有願從之情，未便按照搶奪良家婦女律科斷，將劉四照和誘知情例擬遣，徐姐及方運等分別擬以杖徒枷責等因咨部。經臣部查律載豪勢之人強奪良家婦女姦占爲妻妾者絞監候，又例載和誘知情之人發雲貴川廣烟瘴少輕地方各等語，……該地方官將劉四姦拐之罪寬縱於前，又將劉四搶奪情形開脫於後，不惟律例牽混，且不足以懲兇淫。再隨行之嚴十等，知係搶奪，自應走避，乃仍在外等候，明係幫搶，應令該撫審明妥擬具題，到日再議等因咨駁去後，續據該撫疏稱，……自應遵照部駁依律改擬，除縱女犯姦之瞿才及被誘從行並未幫搶之嚴十俱經病故不議外，將劉四改爲擬絞監候。徐姐、方運擬徒，喬英、張伽等擬以枷杖等因具題前來。除瞿才、嚴十取供後病故不議外，應如該撫所題，劉四合依強奪良家妻女姦占爲妻妾者絞監候律，應擬絞監候，秋後處決。徐姐從前既經同逃，應依被誘之人減一等例，杖一百，徒三年。係犯姦之婦，杖罪的決，徒罪收贖，交與本夫聽其去留。……均應如該撫所議完結等因。乾隆九年五月十四日題，十六日奉旨：劉四依擬應絞，著監候，秋後處決，餘依議，欽此。

上述案例中，乾隆九年年初，江蘇巡撫陳宏謀就上海縣民劉四與劉六之妻徐姐姦逃夥搶一案，專案咨部覆核。刑部江蘇司認該地方官將劉四姦拐之罪寬縱於前，又將劉四搶奪情形開脫於後，不惟律例牽混，且不足以懲兇淫。認應令該撫審明妥擬具題，亦即駁令再審。本項駁令再審之判決，呈堂核定後，即以題本奏聞於皇帝。奉旨依議後，刑部咨覆江蘇巡撫，該巡撫即應行再審，依部駁改正，再行具題。

督撫接獲駁令再審之部咨後，如認原判決並無違法或不當時，各省督撫亦得固執原題（原判決），針對部駁說明，仍依原判決二次具題。此時刑部如認督撫二次具題之判決仍屬違法或不當，亦得定擬二次駁令再審之判決，以題本奏聞於皇帝。奉旨依議後，刑部咨覆督撫，督撫即應行二次再審。玆舉下列案例以說明之：（註三五）

為報明事，會看得六合縣陳相禮等聽從故父陳嘉旦強搶韓九姐為妻姦汚一案。先據蘇州巡撫陳宏謀咨稱，緣陳相禮籍隸丹陽，有遠房表兄賈鳴遠在六合開張烟店，與韓周氏附近認識。乾隆二十一年賈鳴遠薦引陳嘉旦佃種韓周氏田畝，因陳相禮尚未定親，陳嘉旦欲圖韓周氏之女九姐為媳，曾央賈鳴遠作伐，賈鳴遠知氏不從，未曾轉說。迨二十五年十一月陳嘉旦辭佃回籍，仍欲圖娶九姐。二十六年正月初八日，陳嘉旦相邀張宗文、陳相仁、張公秀、張成宗、陳鳴遠、陳相彭、陳繼福共飲年酒。張宗文等六人先至，陳嘉旦揑稱，原聘六合韓周氏之女九姐為媳，今因回籍，韓姓欲悔婚，約張宗文等同往搶回，與子成婚，各皆允從。……陳相禮、陳鳴遠入內，陳相禮踢開九姐房門，將九姐連衣搶擄而出……韓周氏鳴保報縣，會營查勘。陳嘉旦于十三日回家，即令陳相禮與九姐成親，九姐不從，陳相禮將九姐衩褂拉破，繼因哭罵，又復毆打，撕破小衣，強行姦汚。先後關獲各犯，審供前情不諱。除起意爲首應擬絞罪之陳嘉旦已經病故不議外，陳相禮、張宗仁、陳相仁均合依強奪良家妻女姦占爲從，減一等例，各杖一百流三千里。……等因咨達前來。查律載強搶良家妻女姦占爲妻妾者絞監候，婦女給親配與子孫弟姪家人者，罪歸所主，仍離異。又律載一家共犯，止坐尊長。侵損於人者以凡人首從論，不獨坐尊長。……陳相禮踢開九姐房門，將九姐自行捆縛擡回。陳嘉旦令陳相禮與九姐成親，九姐不從，陳相禮輒將九姐衩褂扯破，九姐哭罵，陳相禮又復毆打，撕破小衣，強行姦汚。核其情事，陳嘉旦圖娶強搶，雖係所主，而捆縛毆打、撕衣強姦則係陳相禮一人之事，是該犯實屬此案首惡。準情定法，自應以強奪之罪歸於陳嘉旦，以強姦之罪歸於陳相禮，始與名例一家共犯侵損于人以凡人首從論，不獨坐尊長之義相符。今該撫乃因圖娶強奪之陳嘉旦業已病故，隨欲將捆毆強姦之陳相禮曲爲議減，殊覺情法未平。事關生死，不便議覆，應令該撫詳核案情妥擬具題，到日再議等因咨駁去後，續據該撫陳宏謀咨稱，遵即提犯親訊，……矧陳嘉旦強奪韓九姐配與伊子陳相禮爲妻，如未成姦，止應照強奪尚未姦汚律減等擬流，因已成姦，故將首犯擬以繯首，正依律罪歸所主也。陳相禮如未毆逼，並得照男女不坐之律免議。蓋姦由于強，故照爲從擬流，止依名例所謂侵損于人以凡人首從論，不獨罪坐尊長也。前擬按律從嚴，並非曲情議減。除應擬絞罪之陳嘉旦已故不議外，陳相禮應仍照原議，依強奪良家妻女姦占爲從例，杖流等因咨部。復查律載強奪良家妻女配與子孫弟姪者罪歸所主，係指受配之人並未幫同搶奪者而言，……況陳相禮肆搶於前，逼姦於後，核其情罪較尋常姦占爲尤重，乃與隨從搶奪之張宗文等一例問擬滿流，準情按法，輕重失倫，事關強奪姦占生死懸殊，本部礙難率覆，應令該撫再行虛衷研究按律妥擬具題，到日再議等因咨駁去後，續據蘇州巡撫莊有恭疏稱，遵駁提犯覆訊，據陳相禮堅稱，實係陳嘉旦起意強搶，並未串供開脫，臣研覆案情，詳求律義，平情論斷，……今姦以毆逼而成，乃猶拘泥律文，罪歸其父，而轉將陷父於死者，請從輕定擬，殊于倫化有關，誠屬未協。陳相禮應改照強奪良家妻女姦占爲妻妾律，擬絞監候。……等因具題前來。應如該撫所題，陳相禮合依強奪良家妻女姦占爲妻妾者絞律，擬絞監候，秋後處決，……完結等因。乾隆二十八年十月十七日題，十九日奉旨：陳相禮依擬應絞，著監候，秋後處決，餘依議，欽此。

上述案例中，乾隆二十六年年初，蘇州巡撫陳宏謀就六合縣陳相禮等聽從故父陳嘉旦強搶韓九姐爲妻姦汚一案，專案咨部覆核。刑部江蘇司認應以強奪之罪歸于陳嘉旦，以強姦之罪歸于陳相禮，認應令該撫詳核案情妥擬具題，亦即駁令再審。本項駁令再審之判決，呈堂核定後，以題本奏聞於皇帝。奉旨依議後，刑部咨覆蘇州巡撫，該巡撫即行再審，因該巡撫認本案認事用法均無違誤，仍照原議（原判決）咨部覆核。刑部接獲該撫咨文後，仍認本案準情按法，輕重失倫，認應令該撫再行虛衷研究，按律妥擬具題，亦即二次駁令再審。後據新任蘇州巡撫二次再審，遵駁提犯覆訊，依部駁改正具題。

刑部遂定擬依議（如該撫所題完結）之判決，奉旨依議後，本案始行定案。

第四節　各省案件覆核程序之二——各省死罪案件之覆核

一、各省死罪案件之具題或具奏

清律第四一一條（有司決囚等第）規定：「至死罪者，在外聽督撫審錄無冤，依律議擬（斬絞情罪），法司覆勘定議，奏聞（候有）回報，（應立決者，）委官處決。」本條所稱之「奏聞」，係指以題本具題，或以奏摺具奏，奏聞於皇帝。

關於死罪案件之具題及具奏，清律第四一一條（有司決囚等第）附例詳予規定，原則上，尋常死罪案件，督撫應專本具題，情節重大死罪案件，督撫應專摺具奏。（有關死罪案件之具題及具奏，參見本章第二節各省案件之咨部、具題與具奏。）

各省專本具題之題本，須先送至通政使司，通政使司須將題本送至內閣。內閣票擬後，恭遞題本於皇帝。皇帝批覽後，由內閣（批本處）批紅，再由內閣（紅本處）將紅本交六科。六科科鈔後，交相關之各部院。各部院即應依有關程序處理，定擬判決，奏聞於皇帝，俟皇帝裁決。

各省專摺具奏之奏摺，須先送至奏事處。由奏事處送奏事太監，再由奏事太監呈覽於皇帝。乾隆以後，皇帝多將奏摺發交軍機處，由軍機大臣述旨，軍機章京擬寫諭旨，候欽定後，發交軍機處，軍機處隨將奏摺發鈔，交內閣中書領出傳鈔各部院，各部院即應依有關程序處理。

各省死罪案件，或專本具題，或專摺具奏，大清律例均有規定，各省督撫亦嚴格遵行。惟道光二十八年（一八四八年）以後，各省命盜死罪案件之具題或具奏，其範圍漸行縮小。各省督撫對死罪案件，可不必先行題奏。甚至可將人犯即時就地正法。此為清代司法審判制度中一大變革，宜加以說明。

各省督撫得將命盜死罪人犯就地正法之事例，起於道光二十八年。按是年上諭：「前據林則徐奏查拏迤西匪犯，請審明立時懲辦，毋庸解省審轉，當交刑部議奏，茲據該部查核雲南迤西一帶，界在邊隅，嗣後該地方除尋常命盜各案，仍按例辦理外，如有黨與衆多匪犯，准其批解該管道府，於審明移交臬司具詳督撫覆准後，就地正法，以儆兇頑，並請酌定年限等語，該處軍務甫竣，餘匪正當嚴辦，著即予限五年，俟限滿後，仍照例由督撫親提審明題奏，以示限制。」（註三六）

本項就地正法章程原僅適用於雲南迤西一帶，施行期間限定為五年，期限屆滿後，仍須由督撫審明後題奏。惟道光三十年（一八五〇年），廣西太平軍興，南方各省軍務緊急，遂於咸豐初年定有就地正法章程，其施行地域大為擴大。南方各省太平軍經過之地，均獲准實施就地正法章程。同治三年（一八六四年）太平天國覆亡，惟不久後捻亂繼起，因之，就地正法章程並未廢止。「同治八年，御史袁方城奏請盜案照舊核辦，而直隸總督曾國藩仍奏請照章就地正法，並請令山東河南一體照辦。」

（註三七）

此段期間，各省命盜死罪案件，或照例具題，或照常就地正法，辦理頗不一致。以光緒五年（一八七九年）爲例，當時之情形如下：「查各省拏獲土匪，並強劫盜犯，就地正法章程，彼時因軍務喫緊，變通辦理。乃各省遇有此等案件，有照例具題者，有聲稱照章就地正法，甚有尋常盜案，該州縣拏獲訊明後逕行處決，隨後始通詳上司，備錄供招送部者，辦理未能一律。」（註三八）此段期間，各省命盜死罪案件依規定題奏者逐漸減少，形成「題奏之件，十無一二」之情形。

光緒八年（一八八二年），「御史陳啓泰奏各省盜案就地正法章程，流弊甚大，請飭停止。」（註三九）惟因各省督撫反對，朝廷亦僅能略予限制而已，清末，各省督撫權重，於此可見一斑。

各省死罪案件之題本或奏摺，其格式有一定之體例，玆抄錄題本、奏摺各一則如后：

㈠督撫題本一則：（福建巡撫潘思榘題本）（註四〇）

巡撫福建等處地方・提督軍務・都察院右副都御史・紀錄二次・駐劄福州府臣潘思榘謹題，爲乞償姪命事。

據福建按察司按察使陶士僙招呈：問得一名林元，年三十六歲，臺灣府淡水人。狀招：林元與先存今被伊推跌身死之卓勇素無仇隙。緣卓勇佃種林元田地二甲二分，每年約納租穀五十石。乾隆十三年九月初三日，林元以卓勇稻已收割，租未交還，前向取討，適卓勇患病在床，答稱因病不能交還。林元斥詈其非。卓勇爬起趕毆林元，林元隨手用掌攔擋，傷及卓勇右乳。卓勇因病脚軟，站立不穩，轉身跌倒，致被凳角磕傷左肋。卓勇傷重，逾時殞命。屢審各供招證。（刪）該臣看得臺灣府住居淡水民林元致死卓勇一案。（刪）林元合依鬥毆殺人者，不問手足、他物、金刃，竝絞律，應擬絞監候。卓興達訊屬鄉愚，因畏累收埋，並非受賄不報，且旋即告明屍親，實無得贓隱匿情事。卓興達應照地界內有死人里長地鄰不申報官司檢驗律，杖八十。查卓興達事犯在乾隆十四年四月初九日恩詔以前，應予援免。卓勇已死，所欠租穀，照例免追。理合具題，伏乞皇上勅下法司，覈覆施行。（刪）

乾隆十四年七月十四日（刪）

(二)督撫奏摺一則：（閩浙總督玉德奏摺）（註四一）

閩浙總督臣玉德跪奏，爲拿獲從逆賊黨及在洋行劫接贓服役各犯審明分別辦理恭摺具奏事：竊照蔡逆竄臺，勾結陸路匪徒滋事，臣恐大兵過臺剿捕，該逆又復竄回內洋，其陸路匪徒亦均係漳泉無籍民人，更難保無駕坐小船逃回內地，希圖漏網。是以臣奏明分派舟師，在扼要洋面截拿，並飭沿海各營縣添派兵役在岸防堵。據南澳鎮總兵杜魁光稟報，督率兵船在大墜洋面拿獲自臺竄回賊船三隻，打沉一隻，生擒賊犯三十三名。其餘賊犯梟水登岸脫逃，……以上共獲犯一百一十六名，委員分赴各屬提解至廈門，發交泉州總局司道督同泉州府審明定擬，並案解勘前來。臣隨督同福建布政使景安、興泉永道朱理、泉州府知府王詔蘭等提犯逐一研訊。緣陳花一案，係嘉慶三年間投上蔡逆盜船，派爲賊目管駕盜船一隻，在洋行劫不記次數。……以上各犯嚴詰至再，矢口不移，案無遁飾，查律載凡謀叛不分首從皆斬，又例載江洋行劫大盜立斬梟示，又洋盜案內接贓僅止一次者，發黑龍江給打牲索倫達呼爾爲奴，又被脅服役雞姦者，杖一百徒三年，又辦理洋盜案內買交盜單之王元超等犯，部議其情可惡，改發黑龍江給披甲人爲奴各等語。此案陳花、郭長、蔡阿放、陳勇、施阿黃、金士諒、朱審七犯，或受有僞職，戕害官兵，或開放火炮，率衆攻城，實屬罪大惡極，應請凌遲處死。陳阿新、黃燦、林四、陳斂、盛伏、陳必代、陳九、丁先、陳廷、林秉、程賜、陳吉、陳魁、鄭許、林禧、朱契晏、王貢、鄭常七、吳岳、郭郡、陳強、黃成、梁阿予、邱港、徐寬、許香、林六、李晃、董湖、曾葉、王春、蔡鑽、江得意、陳赤、許狗、林洪秀、王賜、楊宗山、康講三十九犯各持器械隨同助勢打仗，均屬同惡相濟，合依謀叛律，擬斬立決。朱晶、林致志、洪啓、林鳥燦四犯，在洋肆劫，合依江洋行劫例，擬斬立決。臣於審明後即恭請王命，飭委興泉永道朱理、署水師提標參將黃大武，將陳花等五十犯綁赴市曹，分別凌遲處斬，仍傳首梟示，以昭炯戒。各該犯家屬財產飭查另辦。……所有審明辦理緣由，臣謹恭摺具奏，伏乞皇上睿鑒，勅部施行。謹奏。

嘉慶十一年三月二十六日，內閣奉上諭：玉德奏拿獲從逆賊黨及在洋行劫各犯分別定擬一摺，所有業經凌遲之陳花、郭長、蔡阿放、陳勇、施阿黃、金士諒、朱審七犯，或受僞職，戕害官兵，或開大炮率衆攻城，實屬罪大惡極，均應照例緣坐。此外各犯，除業經正法外，餘著該部核擬具奏。……。

各省專本具題之死罪案件，多奉旨：「三法司核擬具奏」，而三法司核擬具奏時，亦係以題本專本具題。各省專摺具奏之死罪案件，多奉旨：「刑部議奏」或「刑部核擬具奏（或三法司核擬具奏）」。刑部議奏或核擬具奏時，亦係以奏摺專摺具奏。

二、法司覆核（定擬判決、會核及會題）

應由刑部核擬具奏之案完全由刑部核覆，應由三法司核擬具奏之案，亦由刑部主稿，故三法司中刑部之權最重，清史稿刑法志即曰：「外省刑案，統由刑部覆核，不會法者，院寺無由過問，應會法者，亦由刑部主稿。……而部權特重。」（註四二）無論專本具題或專摺具奏之死罪案件，絕大多數均由刑部主稿。惟專本具題之死罪案件須由三法司會同覆核，其程序較爲繁複。

關於會核與會題，順治十年題准：「凡奉旨三法司覈擬事件，刑部審明，成招定罪，註定讞語，送都察院參覈。都察院參覈既確，送大理寺平反。會稿具題，三衙門議同者，合具讞語，不同者各出讞語具奏。」（註四三）以上所述僅係會核與會題程序之大概情形。

各省死罪案件具題時，其題本應送通政使司，並應送揭帖至都察院及大理寺。都察院之接受揭帖始見於康熙十七年，康熙十七年議准：「各省由三法司核擬事件，各具揭帖二通，一揭送（都察）院，一揭送該道。」（註四四）大理寺之接受揭帖，未悉始於何年，惟大清會典定曰：「各省總督巡撫具題重辟，皆以隨本揭帖投寺，各按其應分應輪，發左右寺。」（註四五）

關於三法司之會核，其大概情形如下：

㈠刑部之定擬判決：絕大多數死罪案件，無論專本具題或專摺具奏，奉旨「三法司核擬具奏」或「刑部核擬具奏」之後，均由刑部主稿。刑部定擬判決時，自應依大清律例。惟律例有限，案情無窮，刑部各司常於律例之外，引用該部所自定之說帖、通行及成案。所謂說帖，「始自乾隆四十九年，因各司核覆外省題奏咨文並審辦詞訟各案，逐一擬稿，呈堂閱畫。遇有例無專條情節疑似者，當經批交律例館覆核。於核定時，繕具說帖，呈堂酌奪，再行交司照辦。」（註四六）所謂通行，係刑部就各省咨題案件有疑議者議定辦法，通行各省。所謂成案，係「例無專條，援引比附，加減定擬之案。」（註四七）（關於援引比附，清律第四十四條及其附例定有詳細規定。）刑部各司定擬之判決，應呈堂核定後，將讞語（指刑部之判決）分送都察院及大理寺。

㈡都察院之會核：各省死罪案件題本，均送揭帖至都察院。康熙二十七年議准：「外省揭帖到日，（該道）御史豫看全招。」（註四八）可知都察院各道御史，早於奉旨三法司核擬具奏之前已進行審判工作。「俟三法司核擬旨下，會議定稿。」（註四九）會核時，「如有情節不符，許別議。」（註五〇）雍正二年議准「刑部應會三法司畫題案件，……如稿內有酌議改易之處，限五日內，即將應酌議改易之處，用印文聲明緣由，送回刑部察核定擬。刑部仍用印文，將應否改易之處聲明，再送法司衙門。」（註五一）

㈢大理寺之會核：各省死罪案件題本，亦送揭帖至大理寺。大理寺左右寺官員，亦早於奉旨三法司核擬具奏之前，即已進行審判工作。大清會典事例即曰：「凡奉旨三法司核擬者，直省揭帖到寺，左右寺官即據揭詳核，查所擬罪名是否與律例相符，出具讞語呈堂，俟刑部定稿送寺畫題時，視其讞語意見相同無疑義者，堂屬一同畫題。或情罪未明，律例未協，將稿送還刑部，再爲參酌，若彼此意見仍有異同，該左右寺官即擬稿別爲一議呈堂，送刑部、都察院酌量議覆。」（註五二）會核時，大理寺如意見不同，自得別爲一議。此時，大理寺亦應遵守酌議改易之期限，其期限如同都察院，亦爲五日。又關於大理寺之會核，大清會典定曰：「左右寺先據揭帖，詳推案情，與所擬罪名，所引律例，是否符合，豫定讞語呈堂，俟刑部定稿送寺，讞語相合無疑義者，堂屬一體畫題。」（註五三）其規定與大清會典事例所述者類似。

關於三法司之會題，其大概情形如下：

刑部定擬判決，分送都察院及大理寺會核時，院寺如無不同意見，即可畫題。院寺如認應酌議改易，院寺應聲明緣由，送回刑部查核定擬。「刑部定期移知院寺赴部，細繹案情，詳推例意，各秉虛公，畫一定讞。」（註五四）定讞後，刑部再行定擬判決，分送院寺畫題。

關於三法司畫題之期限，雍正二年議准：「刑部應會三法司畫題案件，將稿面鈐蓋司印，註明緣由，移送法司衙門畫題，限十日內，亦用印文送回。」（註五五）惟此項期限，後縮短至八日，道光元年定：「刑部應會三法司事件，用印文移送法司衙門畫題，限八日內亦用印文送回。」（註五六）

三、法司定擬判決

各省死罪案件題本（或奏摺）奉旨三法司核擬具奏後，絕大多數案件之判決均由刑部主稿。刑部定擬判決後分送院寺會核，院寺如無不同意見，即可畫題。此時，刑部定擬之判決即爲三法司定擬之判決。（或稱爲法司定擬之判決）三法司或以題本，或以奏摺，奏聞於皇帝。院寺如認應酌議改易，刑部須參酌院寺意見，再行定擬判決，俟院寺畫題後，始行定讞。此時刑部二度定擬之判決始爲三法司定擬之判決。

㈠法司定擬判決之種類

法司定擬之判決主要有三：1.依議之判決，2.逕行改正之判決，3.駁審（駁令再審）之判決。茲分述如后：

1.依議之判決

各省具題或具奏之死罪案件，三法司（或刑部）如認案情認定妥當，且適用律例無誤，三法司（或刑部）即可爲依議之判決（如該督撫所題之判決）。惟仍須奏聞皇帝，俟皇帝裁決，始可定案。依議之判決，其格式有一定之體例，茲舉下列案例說明之：（註五七）

刑部等衙門，經筵講官・太子太傅・議政大臣・領侍衞內大臣・武英殿大學士・內務府總管兼管兵部・暫管刑部事務・教習庶吉士臣來保等謹題，爲乞償夫命事。

刑科抄出閩浙總督・署理福建巡撫印務喀爾吉善題前事，內開：據署福建按察司事分巡糧驛道僉事李方勉招呈，問得一名蔡逘，年二十九歲，原籍漳州府平和縣人，寄居臺灣府諸羅縣地方。狀招：蔡逘與先存今被伊戳傷身死之蔡夫，同莊而居，素無嫌隙。緣蔡逘本姓方，自幼隨母賴氏改嫁與蔡夫小功兄蔡文爲繼子。蔡夫有水田一甲三分給蔡逘佃耕，議約收成對半分租。乾隆十四年十月十七日，蔡夫同幼子蔡乞到田與蔡逘分收稻穀。傍晚時候，蔡逘稻已割畢，携帶鐵稻叉欲先回家喫飯，蔡夫令其對分明白，方許回歸。蔡逘不允，兩相爭角。蔡夫氣忿，隨拾掃稻竹掃箒趕打蔡逘頭上一下，蔡逘以係田主，不敢回抵，仍携叉而走。蔡夫復趕打蔡逘頭上，蔡逘情急，轉身以叉抵格，不期戳傷蔡夫心坎偏左倒地。蔡逘奔回，蔡乞歸報，伊母甘氏趕至，將蔡夫扶回，逾時殞命，屢審各供招證。（刪）

該臣等會同都察院、大理寺，會看得原籍平和縣寄居諸羅縣民蔡逘戳傷蔡夫身死一案。（刪）查蔡逘與蔡夫本屬異姓，應同凡論。將蔡逘依律擬絞監候等因，具題前來。據此，應如該署撫所題，蔡逘合依鬪毆殺人者，不問手足、他物、金刃，並絞監候律，應擬絞監候，秋後處決。該署撫既稱：屍子蔡乞年幼不能勸阻，應予免議。所收稻穀飭令對半分給甘氏收回，另行招佃耕種等語。均應如該署撫所議完結。臣等未敢擅便，謹題請旨。

乾隆十五年十一月初八日（刪）

（批紅）蔡逘依擬應絞，著監候，秋後處決。餘依議。

2.逕行改正之判決

各省具題或具奏之死罪案件，三法司（或刑部）如認案情認定雖然妥當，但適用律例錯誤，三法司（或刑部）亦可爲逕行改正之判決。清律第四二二條（斷罪不當）附例：「凡斬絞案件，如擬罪過重而部議從輕，……儻刑部所見旣確，改擬題覆，不必輾轉駁審，致滋拖累。」（本附例，乾隆八年定。）本附例係就一般情形而言。此外，刑部如駁審三次，督撫仍固執原題，法司亦得逕行改正。清律第四〇九條（官司出入人罪）附例：「凡督撫具題事件內，……若駁至三次，督撫不酌量情罪改正，仍執原議具題，部院覆核。其應改正者，即行改正。」（本附例，雍正三年定，道光十四年删。）上述兩種逕行改正之情形，雖然不同，其效果則一。逕行改正之判決仍須奏聞皇帝，俟皇帝裁決，始可定案。逕行改正之判決，其格式有一定之體例，茲擧下列案例說明之：（註五八）

（刑部等衙門，經筵講官・議政大臣・刑部尚書・加二級・紀錄三十一次臣尹繼善等謹題。）

（前殘）（删）該臣等會同吏部都察院大理寺，會看得柳州府羅城縣猺人賈扶南等燒殺何扶反等二十五命一案。據廣西巡府楊超曾疏稱：緣何扶反係賈扶吾之義弟，先年賈扶吾念其窮苦，將架或村田房分給何扶反住居耕種。詎何扶反不務恒業，蕩盡無倚。（删）茲據審擬招解，經臣覆加研鞫。據賈扶南直將聽從已故賈扶吾商約索取猪酒起釁，傷死何扶反、楊富昇、楊富明、楊蘇橋，及賈扶緊放火燒屋，共傷二十五命，並擄得牛隻猪鷄等物，宰食俵分，各實情供認不諱。再三嚴詰，並無預謀劫擄燒殺情事。查賈扶吾毆死何扶反楊富明楊蘇橋三命，除毆傷楊氏輕罪不議外，應擬斬決。賈扶素持鎗連戳傷何扶反、歐貴明、楊富明，應行擬遣，但均已病故，應毋庸議。賈扶南業經毆倒楊富昇，又連毆頭顱兩下，以致楊富昇登時殞命，應擬斬監候。未獲之賈扶緊、賈扶鳳、賈扶稿、賈扶施、賈扶引、賈扶該、賈扶齊、賈扶痕，緝獲另結。將村老石扶調等擬杖，援赦免罪等因，具題前來。

查賈扶吾等燒殺何扶反等六家二十五命，雖據該府審明，並無預謀劫擄殺燒情事，但毆殺四命，又連傷多人，復行燒殺二十餘命，雖屬臨時起意，故殺慘斃六家，兇殘已極，不應如該撫所擬。除戳傷三人應改擬斬決之賈扶素於取供後病故不議外；賈扶吾應改照殺一家非死罪三人爲首監故者，將財產斷付被殺之家，妻子流二千里，仍剉屍梟示例，應仍剉屍梟首示衆，將財產斷付被殺之家，妻子流二千里安置。爲從之賈扶南，應改照殺一家非死罪三人爲從加功者斬律，應擬斬立決。脫逃未獲放火殺人之賈扶緊，及傷人之賈扶鳳賈扶稿幷夥犯賈扶施、賈扶引、賈扶該、賈扶齊、賈扶痕，應令該撫懸賞勒緝，務獲審擬具題。……再，此案係刑部主稿，合併聲明。臣等未敢擅便，謹題請旨。

乾隆三年四月十二日

經筵講官・議政大臣・刑部尚書・加二級・紀錄三十一次臣尹繼善。（刪）

3.駁審（駁令再審）之判決

各省具題或具奏死罪案件，三法司（或刑部）如認案情認定不當，或適用律例有誤，三法司（或刑部）亦可為駁審之判決。清律第四〇九條（官司出入人罪）附例：「凡督撫具題事件內，有情罪不協，律例不符之處，部駁再審。」（按本附例，雍正三年定，道光十四年刪）又部駁之原因，或因督撫擬罪過輕，或因督撫擬罪過重。清律第四二三條（斷罪不當）附例：「凡斬絞案件，如督撫擬罪過輕而部議從重者，應駁令再審。如擬罪過重而部議從輕，其中尚有疑竇者，亦當駁令妥擬。」駁審之判決仍須奏聞皇帝，俟皇帝裁決，始可定案。駁審之判決，其格式有一定之體例，玆舉下列案例以說明之：（註五九）

刑部等衙門，經筵日講起居注官・太子太保・東閣大學士・禮部尚書・管刑部事務臣劉統勳等謹題，為報明乞究事。

刑科抄出前任貴州巡撫喀寧阿題前事，內開：據署按察司事貴東兵備道魏涵暉，據署畢節縣知縣王一會詳稱，乾隆三十四年五月十二日，據平定里苗民林文彬報稱：緣蟻佃種楊時亨田土，被時亨起田另佃許進耕種，蟻心不甘。本月初九日，蟻母高氏同妻妹赴田栽秧，被時亨工人阿長、張賢，並倮戈把臨田爭阻，將蟻母毆傷身死，只得報乞驗究等情。（刪）

該臣等會同都察院、大理寺，會看得畢節縣苗民倮戈把拾石擲傷老高氏身死一案。（刪）細核阿長先毆老高氏右額顱，色止紫紅，傷痕不重。倮戈把石擲老高氏腦後，皮破見骨，實屬下手傷重。應以倮戈把擬抵，將倮戈把依律擬絞監候，阿長等擬杖等因，具題前來。

查律載：奴婢毆良人至死者，斬監候等語。今老高氏同子林文彬雖佃種楊時亨家田土，究屬良人。倮戈把如係楊時亨契買家奴，其毆傷老高氏身死，自應按律擬斬監候。但查該撫看內首稱：倮戈把係畢節縣苗人，又稱：倮戈把係楊時亨家奴，前後互異。遽將該犯照凡鬬律擬絞，尚未允協。應令該撫再行詳查，倮戈把果否實係楊時亨契買家人，抑或係苗民之處，查訊明確，另行妥擬，具題到日再議。臣等未敢擅便，謹題請旨。

乾隆三十五年四月二十一日（冊）

（批紅）依議。

(二)法司定擬判決之特殊情形

法司定擬判決除上述三類判決外，另有兩項特殊情形。玆分述如后：

1. 夾籤聲明請旨（或稱夾籤聲請）

各省題奏之死罪案件，如其情節實可矜憫，法司得夾籤聲明。大清會典定曰：「毆傷及毆死期親以下尊長，或因金刃誤傷，或因迫於威嚇，或死在餘限內外，俱係情輕者。督撫按律例定擬，止於案內敍明，不得兩請。法司核覆亦照本條科罪，若核其情節實可矜憫者，夾籤聲明，恭候欽定。」（註六〇）又定曰：「刑部本內，有罪應重辟，或案關服制，罪名加重，而核其情有可原，或死者在保辜限外，例得減等者，刑部另繕夾籤，隨本聲明請旨。」（註六一）上述兩項規定可相互參看。

2. 三法司兩議

各省死罪案件題本，刑部定擬判決後，分送院寺會核，院寺如無不同意見，即可畫題。院寺如認應酌議改易，院寺應聲明緣由，送回刑部查核定擬。刑部須參酌院寺意見，再行定擬判決，俟院寺畫題後，始行定讞。就一般正常情形而言，三法司會核後，應均爲一議，極少所謂三法司兩議之情形。

三法司核擬各省死罪案件，原則上「凡應法司會議者，刑部引律不確，院寺即行查明律例改正。院寺駁改未允，三法司堂官會同妥議。」(註六二)故絕大多數三法司核擬之死罪案件，均可依此程序協商解決。惟亦有少數案件，三法司意見不同，且難以協商解決者。此時，三法司得爲兩議。

大清會典定曰：「三法司核擬重案，如迹涉兩是，有一二人不能盡歸畫一者，許各抒所見，候旨酌奪。但不得一衙門立一意見，判然與刑部立異。其有兩議者，刑部進本時，亦不得夾片申明前議之是，指駁後議之非，惟當兩議並陳，靜候上裁。」(註六三)乾隆十八年上諭亦曰：「讞獄重案，敕交三法司核擬，原期詳愼，以昭平允。其事屬衆議會同，固成信讞。如或迹涉兩是，有一二人不能盡歸畫一者，自不妨各抒所見，候旨酌奪。向來原未定有不准兩議之例，……嗣後三法司核擬重案，如有一二人意見不能相同者，原可兩議具題。但不得合部合院各成一稿。朕欽恤庶獄，不厭博諮，諸臣亦當悉祛成見，勵乃靖共。」(註六四)

覆核各省死罪案件時，三法司兩議之情形並不多見，玆舉下列案例以說明之：

(1)康熙十九年(一六八〇年)五月十九日，「三法司擬強盜劉三等十七人罪，一議俱應立斬，一議李四等三人未經承認，應監候秋審，餘照前議。上曰：『爾等以爲何如？』大學士索額圖等奏曰：『臣等亦曾公同商酌，罪疑惟輕，後議似是。』上曰：『朕意亦以後議爲允當，著即照

後議行。』」（註六五）

⑵康熙二十年（一六八一年）四月初三日，「爲三法司將強盜孟金標、錢家禎等十九人兩議具題，前議立斬，後議賊首張文煥等在逃，俟獲日對質審結事。上曰：『罪疑惟輕，與其失入，毋寧從宥。爾等云何？』大學士勒德洪等奏曰：『誠如聖諭。』上曰：『此案著依後議。』」（註六六）

四、內閣票擬或軍機大臣會商擬辦

㈠內閣票擬

各省死罪案件題本，三法司覆核後具題，奏聞於皇帝。此時，內閣應票擬意見。內閣之票擬，絕大多數爲單籤，但遇有特殊情形，內閣亦得票擬雙籤、三籤或四籤，依實際需要定擬不同處理意見。茲分述如下：

1. 票擬單籤

大清會典定曰：「尋常事件，皆票依議及知道了等籤，又有該部院所議未協，隨時更正票擬。」（註六七）各省具題之死罪案件，三法司多定擬依議之判決，內閣則多票擬「依議」一籤。所謂「依議」即依三法司擬議之意。在實務上，題本上批紅之文字除「依議」二字外，下列文字亦與「依議」二字同義：

⑴×××依擬應絞，著監候，秋後處決。餘依議。
⑵×××依擬應斬，著監候，秋後處決。餘依議。
⑶×××著即處絞，餘依議。
⑷×××著即處斬，餘依議。
⑸×××著即凌遲處死，仍梟示，餘依議。

2.票擬雙籤

大清會典定曰：「（部院）有兩擬（指三法司兩議等情形）者，（內閣）繕雙籤。」（註六八）又曰：「凡各部院題請事件，有應准應駁未敢擅便，……俱照擬票寫雙籤。」（註六九）又曰：「三法司核擬罪名，除雙請（指兩擬請旨）及夾籤（聲明請旨）外，其有罪名已定，而情節實可矜憫者，照擬票寫一籤，再票九卿定議一籤。三法司駁審本，票依議一籤，再票部駁甚是一籤。」（註七〇）又曰：「凡雙籤次序，如一准一駁，以准者爲第二籤。罪名一輕一重，以輕者爲第二籤。」（註七一）

關於兩擬票籤一事，雍正至嘉慶年間事例頗多，下列上諭可證明之：

⑴雍正元年奉旨：「嗣後命案內有可矜可恕者，爾等兩擬票籤進呈，再各部院本內有不合之處，爾等俱聲明緣由，或兩擬票籤，或夾單奏聞，以便披覽。」（註七二）

⑵雍正三年奉旨：「姦夫致死親夫，姦婦雖不知情，而親夫之死實由其通姦之故，擬以絞罪，此律固不可改。但陳氏一聞姦夫害死本夫，即行叫喊，將姦夫劉之用指拏，尚有不忍致死其夫之

心。……嗣後如有此等情事，爾等仍照律定擬，加籤呈覽。」（註七三）

⑶嘉慶十一年上諭：「嗣後遇有此等婦人因瘋毆斃本夫之案，確鑿無疑者，刑部仍按本律定擬具題，內閣核明，於本內夾敘說帖，票擬九卿議奏及依議斬決雙籤進呈，候朕定奪。」（註七四）

3. 票擬三籤或四籤

大清會典定曰：「（內閣票擬），若三籤，若四籤，皆備擬以候欽定。」（註七五）又曰：「三籤四籤之式，如應准應駁雙請，而准駁之例各有差，……俱分別票擬三籤四籤。」（註七六）又曰：「三法司駁審本，有該督撫等原擬本無舛錯，法司誤駁者，除票雙籤外，再票照該督撫所擬完結一籤。」（註七七）

關於駁審本票擬三籤，其事例起自雍正十二年，雍正十二年奉旨：「嗣後刑部駁議本內，擬寫依議票籤外，再寫部駁甚是依議一籤，又寫照該督所擬一籤，共三擬票籤進呈。」（註七八）內閣票擬三籤或四籤時，須申以說帖。大清會典定曰：「凡票擬雙籤三籤或四籤皆加具說帖，申明義例。」（註七九）

㈡軍機大臣會商擬辦

各省死罪案件奏摺，係各省督撫直接奏聞於皇帝，其數量較之死罪案件題本，自係微小。康熙、雍正時期，此類奏摺均由皇帝親自處理，並不假手大臣，各省督撫奉到硃批之後，仍須專本具題。乾隆以後，此類奏摺之數量大幅增加，皇帝漸難親自處理。各省死罪案件奏摺奉旨刑部議奏（或刑部核擬具奏，少數案件亦有奉旨三法司核擬具奏者）後，刑部（或三法司）覆核後具奏，軍機大臣即透過下列兩種方式會商擬辦：

1.見面及述旨

大清會典定曰：「軍機大臣掌書諭旨，綜軍國之要，以贊上治機務。常日，直禁庭以待召見。」（註八〇）又曰：「軍機堂在隆宗門內，每日寅時，軍機大臣入直於此。……召見無時，或一次，或數次，軍機大臣至上前，豫敷席於地，賜坐。凡發下各處奏摺，奉硃批另有旨，即有旨，及未奉硃批者，皆捧入以候旨，承旨畢，乃出。」（註八一）

關於見面及述旨。梁章鉅曰：「每日寅時，軍機大臣及章京等以次直入，辰刻軍機大臣始入見，或不待辰刻而先召見，每日或一次或數次。軍機章京皆隨入，祗候於南書房。軍機大臣至上前，豫敷席於地賜坐，承旨畢乃出，授軍機章京書之。」（註八二）

皇帝與軍機大臣見面，自須博諮衆議，軍機大臣亦得申述意見。又因軍機大臣係共同進見皇帝，一切政務（含司法審判）自係會商擬辦。軍機大臣與皇帝見面之後，又有所謂述旨。所謂述旨即述寫諭旨之意。述旨工作原由軍機大臣親爲，並不假手於軍機章京。後政務漸繁，軍機大臣僅口述諭旨，而由軍機章京擬寫諭旨。述旨一詞遂由原先之廣義（述寫諭旨）轉爲狹義（口述諭旨）。

2.公商奏聞

乾隆以後，奏摺數量大幅度增加，逐漸成爲正式之公文書。原則上，例行公事用題本，緊要公事用奏摺。咸豐以後，奏摺更有取代題本之趨勢。處理奏摺時，雖仍以上述之見面及述旨爲主，但亦逐漸採行類似處理題本之方式。處理奏摺時，雖不用票擬方式，但漸採行軍機大臣公商意見奏聞皇帝之方式。皇帝每日發下奏摺，由軍機大臣公同閱看，公商意見，然後以奏片奏聞於皇帝。

五、皇帝裁決

㈠皇帝裁決題本之情形

各省死罪案件題本，經三法司覆核及內閣票擬後，須奏聞皇帝。一般言之，皇帝均依三法司定擬之判決及內閣之票擬加以裁決，因此，絕大多數之裁決，均係依議之裁決，即依三法司定擬之判決。皇帝裁決各省死罪案件時，如有疑義，常將題本折角，俟御門聽政時處理。折角之題本謂之折本。

關於折本之交下及處理，批本處現行事宜曰：「御門日，內奏事傳旨派某人讀本，如派出之閣學係在內廷行走者，該員至本房（指批本處）清本，如不兼內廷者，批本官將折本交出，由閣學祇領，每折本下，即交內閣聽本人將所折本寫二單，次日隨本交進，另匣收存本房（指批本處）。俟有旨於某日御門理事，即將所折本若干件並二單交內閣，另繕次序清單，於御門前二日交進。御門前一日，隨交事時進呈，晚膳後隨當日本交下，存本房（指批本處）。御門後，閣學讀畢，交內閣，遵旨改簽。」（註八三）

所謂御門聽政，係指皇帝親臨宮門聽政。此項制度淵源極早，西周時代之「外朝」與「治朝」皆在門外，即有御門聽政之意。明初諸帝已有御門聽政之記載，明太祖「每日御皇極門決事」，明成祖常「御右順門便殿聽百官奏事」。清初，順治帝採納給事中魏象樞等人建議，定逢五視朝之制。又據清稗類鈔記載：「順治中，徐立齊相國元文，請令各省藩、臬得面陳章奏，親加諮訪，以觀其才，世祖從之。至日御乾清門，科道官侍班，通政司引藩、臬官以次面奏。」（註八四）可知順治年間已行御門聽政之制。惟御門聽政之制，自康熙朝始行完備。康熙年間御門聽政的次數每月在二十次上下，全年處理折本的數量約四百件，佔當年題本總數的百分之四左右。雍正時每月御門聽政減爲三、四次；乾隆時再減至每月二次；到了道光朝，御門聽政次數幾乎爲兩月一次，全年折本數量也只有五十餘件。（註八五）故清宮述聞載：「清代御乾清門聽政，康熙朝最勤。雍、乾、嘉、道、咸五朝踵行勿替，咸豐以後遂無聞焉。」（註八六）

關於御門聽政之制，大清會典事例：「先期，內閣得旨，傳知各部院官，至日，黎明咸集俟。侍衞傳旨宣入，洒魚貫以進。皇帝陞座，記注官由西階升，翰林科道至西階下，咸就位立。部院奏事官由東階升，尚書一人奉疏折旋而西，餘入就位面西跪。奉疏者至正中北面，進詣黃案前跪，恭設於案，興，少退，趨至左楹，轉入班，跪奏某事畢，興，少退，循東階左降。其次各班，依序進奏如前儀。吏部引見各部院屬官畢退，內閣侍讀學士二人升東階，詣案前跪，奉奏疏退，降階，翰林科道暨侍衞皆退。大學士、學士升自東階，以次跪御榻之左，西面北上。記注官進立御榻之右，滿內閣學士一人奉折本至黃案前，北面跪奏。每奏一事，皇帝降旨，大學士、學士承旨訖，興，由東階降，記注官由西階降。皇帝還宮，皆退。」（註八七）

大清會典事例載：「滿內閣學士一人奉折本至黃案前，北面跪奏。每奏一事，皇帝降旨，大學士、學士承旨。」即係皇帝御門聽政時處理折本之情形。康雍乾時期，各省死罪案件題本因案情含混或適用律例有誤，經皇帝折角成爲折本者亦復不少。皇帝御門聽政時處理折本，常與內閣大學士、軍機大臣及各部院尚書侍郎等商酌政務，因係共同議事，自有集思廣益之效。較有疑義之各省死罪案件題本（即折本），經御門聽政程序處理後，自可避免偏頗。皇帝裁決時，當較爲妥適。

㈡皇帝裁決奏摺之情形

奏摺制度係清代所獨創，大約起於康熙初年。奏摺原係君臣間之秘密文書，臣工具奏或皇帝硃批，原先均係親自爲之，並不假手他人。康熙、雍正二帝對於臣工之奏摺無不親自處理。康熙帝即使遇身體不適，右手無法批示時，即改由左手批示。雍正帝亦曰：「各省文武官員之奏摺，一日之間，嘗至二三十件，或多至五六十件，皆朕親自覽閱批發，從無留滯，無一人贊襄於左右。不但宮中無檔案可查，亦並無專司其事之人，如部中之有司員、筆帖式、書吏多人掌管冊籍，繙閱規條，稽查原委也。」（註八八）

乾隆以後，奏摺逐漸成爲正式公文書。乾隆初期，各省情節重大死罪案件，督撫常先行具奏，奉到硃批之後，仍須再行具題。乾隆中期以後，情節重大死罪案件之奏摺已完全取代題本，奏摺已直接發交各部院處理，督撫無須先行具奏再行具題。

乾隆以後，各省情節重大死罪案件奏摺，數量大增，皇帝常批交刑部議奏（或三法司核擬具奏），奏摺於公務上之作用已與題本無異。其相異者，惟奏摺之處理須經軍機大臣耳。

奏摺之批示，原應由皇帝親自為之。後亦有由軍機大臣代批者。此事首開其端於嘉慶年間。嘉慶二十四年八月初四日，方本上諭檔抄錄啓文一紙，其原文云：「敬啓者，奉旨令津等傳知，聖躬右臂微痛，初一、初二兩日，手指微腫，運用不能自如，外省奏摺，俱奉旨令蔭溥代批。」是年，軍機大臣為托津、盧蔭溥、戴均元、和瑛、文孚諸人，盧蔭溥以軍機大臣代清仁宗批閱奏摺。（註八九）自此之後，軍機大臣代批奏摺之情形逐漸增多。

皇帝處理各省情節重大死罪案件奏摺時，自須與軍機大臣等商酌意見，故皇帝經常與軍機大臣見面，會商後就情節重大死罪案件奏摺加以裁決。同治以後，兩宮太后數度垂簾聽政，奏摺之處理遂成為軍機大臣之主要職責。除重大政務外，兩宮太后及皇帝已少過問，皇帝司法審判權大權旁落之情形已可概見。

㈢**皇帝裁決之種類**

各省死罪案件題本或奏摺，經三法司或刑部覆核，內閣票擬或軍機大臣會商擬辦後，皇帝須加以裁決。皇帝對題本之裁決主要有下列幾種（對奏摺之裁決亦可準用）：1.依法司定擬判決之裁決（即依議之裁決），2.依督撫所擬完結之裁決，3.法司再行覆核之裁決，4.九卿會議之裁決，5.另行處置之裁決。玆分述如后：

1.依法司定擬判決之裁決（即依議之裁決）

法司定擬之判決，主要有⑴如督撫所擬完結之判決，⑵駁令再審之判決，⑶逕行改正之判決等三類。前於討論法司定擬判決時業已述及並擧例說明，玆不贅述。

2.依督撫所擬完結之裁決

各省死罪案件題本，法司或定擬駁審之判決，或定擬逕行改正之判決，或對該督撫所請減等發落一事，認無庸議者。經內閣票籤後，皇帝如認爲法司定擬之判決並不妥當，可裁決依督撫所擬完結。玆擧下列案例說明之：

⑴康熙五十三年（一七一四年）四月十九日，「刑部等衙門覆江寧巡撫張佰行題，李紀將伊妻打死，應照律擬絞。但李紀因金氏與人私通，忿怒打死，情屬可矜。查康熙八年旗下人賈紀，因妻與人私通，用刀刺死，免死在案。今李紀亦請照此例減等發落等因。查康熙八年，以大雨庫圮，檔案浥爛，無賈紀事。該撫所引，無庸議一疏。上曰：『李紀著照該撫所請，從寬免死，照例減等發落。』」（註九〇）

⑵康熙五十五年（一七一六年）三月初七日，「刑部覆總督．管理直隸巡撫事務趙弘燮所題，王廷彩、楊五等曾爲大盜，今自行出首，援赦擬徒所請，查得所審不明，議駁回審明，到日再行完結一疏。上曰：『此事照該巡撫所題完結。』」（註九一）

3.法司再行覆核之裁決

各省死罪案件題本，法司定擬判決經內閣票籤後，皇帝如認法司定擬之判決並不妥當，可諭令法司再行覆核。玆舉下列案例說明之：

⑴康熙二十五年（一六八六年）三月十三日，「刑部等衙門題，打劫孫如豐家強盜李小樓等，擬立斬。上曰：『王二等六人，因李小樓堅供同夥，該部即議立斬。但該部夾訊時，王二等始終未曾招認，竟擬立斬，情有可疑。人命關係甚為重大，此審當否？著再核議具奏。』」（註九二）

⑵康熙五十五年（一七一六年）二月十七日，「刑部（等衙門）覆江南江西總督赫壽所題，竊盜龐國求捡死陳文昌，應照律擬斬監候，秋後處決，准照所擬一疏。上曰：『律內謀殺得財者，皆即處斬。龐國求欲行偷竊，將陳文昌捡死，又點燈入船倉內，將衣服等盜去，該部引竊盜拒捕傷人律，所議是否？將李發還，著再議具奏。』」（註九三）

⑶康熙五十五年（一七一六年）三月初七日，「刑部（等衙門）覆署理寧古塔將軍事務。護軍統領穆森等所題，捕牲人巴顏兎家人苗虎，將劉彩麟家僕婦席爾媽打死，拋入火內，奪去鹽米等物，將苗虎擬斬監候，秋後處決一疏。上曰：『苗虎將人毆死，拋入火內，又奪去米糧等物，其情可惡！將本發回，著照謀財害命律議奏。』」（註九四）

4.九卿會議之裁決

各省死罪案件題本，法司定擬判決經內閣票籤後，皇帝如認案情重大，須由九卿會議者，可諭令九卿會議具奏。清初諸帝常以此種方式處理重大案件，至其形式主要有四：⑴九卿會議，⑵九卿科道會議，⑶九卿詹事科道會議，⑷大學士九卿詹事科道會議。雍正帝曾自述其發交九卿會議之原因：「各省人命抵罪之案，其應輕應重，朕確有所見者，即降旨定奪。若其情罪在疑似之間，而擬罪在可輕可重之際，朕心不能即定者，方交九卿定擬，以期平允。」（註九五）關於九卿會議死罪案件，茲舉下列事例說明之：

⑴康熙四十五年（一七〇六年）四月二十四日，「刑部等衙門議覆，偏沅巡撫趙申喬題，劉招鳳、劉子善係胞弟兄。劉招鳳自幼過繼伊親叔劉官生爲後，劉子善應分祖留之地向係劉官生墾種，因與劉官生口角，劉招鳳見之，奪棍擊劉子善致死，其親母張氏七十有餘，止生此二子，今將劉招鳳抵償，實無人奉養，且至絕嗣。應否存留養親，伏候上裁。擬無庸議。上曰：『此案著九卿、詹事、科、道會議具奏。』」（註九六）

⑵康熙四十五年（一七〇六年）六月二十二日，「刑部（等衙門）一本，據江蘇巡撫于準疏稱，宋九錫等乘夜將山陽縣城內居住生員孫鼎房墻用鑽挖入。孫鼎家人周三知覺，挺身而出。九錫等以刀加周三之頸，明火劫去銀兩衣服。宋九錫等同謀行竊，因而用強，依搶劫城郭禁地律例，

擬立斬，梟首示衆。部議准行。上曰：『本內稱用鑽挖墻，鑽豈挖墻之物乎？原審不明。事關人命，著九卿、詹事、科、道會議具奏。』」（註九七）

⑶康熙五十三年（一七一四年）十月十三日，「刑部等衙門議覆浙江巡撫王度昭題，打死小功兄王伯齊之王七六，依律擬立斬，應照所擬一疏。上曰：『著九卿、詹事、科、道會議具奏。』」（註九八）

⑷康熙五十四年（一七一五年）十一月十七日，「刑部（等衙門）覆湖廣巡撫劉殿衡所題，張聖照打死親伯父張兆陞，應照律即行處斬。但張聖照打張炳之時，誤傷伊伯父致死，應否引黃公從之例，擬斬監候，秋後處決之處，請旨施行等因。無庸議，張聖照仍照律即行處斬一疏。上曰：『張聖照誤打死伊伯父，伊兄弟三人惟此一子，此處著九卿、詹事、科、道會同再議具奏。』」（註九九）

5.另行處置之裁決

各省死罪案件題本，法司定擬判決經內閣票籤後，皇帝如認法司定擬之判決並不妥當，自得另行處置。或爲加重其刑之裁決，或爲減輕其刑之裁決，或爲其他之裁決，均無不可。在中國古代，君主至上，帝權至高無上，刑賞之柄操於一人。法外施恩（或加重），無所不可。皇帝可依其意志不受拘束地裁決。

各省死罪案件加重其刑之裁決，茲擧下列案例說明之：

嘉慶四年（一七九九年）奉旨：「三法司衙門具題湖南省杜梅兆偷竊伊母黃氏花錢致母自盡一案，依違犯教令例擬以絞候，固屬按例辦理。今細覈案情，杜梅兆素性遊蕩，不服其母管教，將所有分田畝賣盡，欠債無償。經伊母將膳田轉賣，代爲還欠，杜梅兆復忍於竊取，以致伊母抱忿投繯，即無觸忤情節，亦不得齒於人類。杜兆梅著即行處絞。」（註一〇〇）

各省死罪案件減輕其刑之裁決，玆舉下列案例說明之：

⑴康熙二十年（一六八一年）五月二十一日，「三法司題，河間府民周濟民違禁，令鄭才將伊子周明閹割，議將周濟明、鄭才擬斬，秋後處決事。上曰：『此案雖至秋審，未必便決，彼時既不處決，今徒監數月，何苦即行寬免。爾等云何？』明珠奏曰：『誠如上諭。』上曰：『周濟明、鄭才免死，減等發落。』」（註一〇一）

⑵康熙二十四年（一六八五年）四月二十八日，「刑部等衙門題，擬逆犯王于玉凌遲處死。上曰：『法司將王于玉擬凌遲固當，可從輕改擬否？』明珠等奏曰：『皇上法外施恩，無所不可。』上曰：『王于玉著改爲立斬。』」（註一〇二）

⑶嘉慶四年（一七九九年）上諭：「三法司衙門具題浙江省民人汪應鳳，毆傷胞兄汪應隴身死，並聲明救母情切一案，經內閣票擬斬決及斬候雙籤請旨，固皆係按律辦理。今朕詳閱案情，……是汪應隴之蔑倫肆逆，殊爲兇橫可惡，汪應鳳往拉不放，見其母面脹氣塞，事在危急，用拳向毆，實屬出於迫切。以情急救母之人，甃忤逆不孝之犯，固不得以尋常毆死胞兄論。即改擬

斬候，亦尙覺情節可憫。汪應鳳著免死改爲滿流，定地發配。」（註一〇三）

㈣三法司兩議時皇帝之裁決

三法司覆核各省死罪案件題本時，原應會同妥議，畫一具題。原則上，「凡應法司會議者，刑部引律不確，院寺即行查明律令改正，院寺駁改未允，三法司堂官會同妥議。」（註一〇四）因之，絕大多數三法司可核擬之死罪案件，均可依此程序協商解決，畫一具題。少數案件，三法司難以畫一具題時，三法司得爲兩議。大清會典定曰：「三法司核擬重案，如迹涉兩是，有一二人不能盡歸畫一者，許各抒所見，候旨酌奪。」（註一〇五）乾隆十八年上諭亦曰：「讞獄重案，……如或迹涉兩是，有一二人不能盡歸畫一者，自不妨各據所見，候旨酌奪。……嗣後三法司核擬重案，如有一二人意見不能相同者，原可兩議具題。」（註一〇六）

三法司覆核各省死罪案件題本時，三法司兩議之情形係屬特例。如遇此等情形，皇帝常須與內閣大學士等商酌。康雍乾時期，有時更將三法司兩議之題本折角，使成爲折本。俟御門聽政時處理。

皇帝於三法司兩議時，或逕行裁決依其中一議，或令畫一具奏。玆舉下列案例以說明之：

1.依其中一議之裁決

(1)康熙十九年（一六八〇年）五月十九日，「三法司擬強盜劉三等十七人罪，一議俱應立斬，一議李四等三人未經承認，應監候秋審，餘照前議。上曰：『爾等以爲何如？』大學士索額圖等奏曰：『臣等亦曾公同商酌，罪疑惟輕，後議似是。』上曰：『朕意亦以後議爲允當，著即照

後議行。』」（註一〇七）

⑵康熙二十年（一六八一年）四月初三日，「為三法司將強盜孟金標、錢家禎等十九人兩議具題，前議立斬，後議賊首張文煥等在逃，俟獲日對質審結事。上曰：『罪疑惟輕，與其失入，毋寧從宥。爾等云何？』大學士勒德洪等奏曰：『誠如聖諭。』上曰：『此案著依後議。』」（註一〇八）

2.畫一具奏之裁決

⑴康熙二十年（一六八一年）五月二十日，「三法司題，吳三、王四將蕭順兒綑打，又用刀傷其頭，搶奪銀錢事。前議立斬，後議引竊盜拒捕傷人例擬斬，秋後處決。上曰：『爾等之意如何？』大學士明珠奏曰：『臣與勒德洪、李霨、杜立德皆欲依前議，馮溥欲依後議。』上問馮溥曰：『爾等意云何？』馮溥奏曰：『前後議同是死罪，只分立斬與秋決耳。』上曰：『仍著畫一具奏。』」（註一〇九）

⑵康熙四十五年（一七〇六年）九月二十日，「刑部（等衙門）為義兒夜入愛子家中，愛子拏住打死。一議照鬬毆律例，擬絞監候，秋後處決。一議黑夜無故入人家，其家主拿住擅殺律例，擬將愛子枷號四十日，鞭一百。上曰：『是何大事？所取口供及定例俱甚明白，依前一議亦候秋後處決，即使依後議，亦不可謂之輕。且其餘所擬，又照前議。如此小事，亦兩議，殊為不合！本發還，著畫一定議具奏。』」（註一一〇）

第五節 秋 審

一、沿 革

各省死罪案件題本經三法司覆核奉旨依議後，即已結案。惟斬絞立決案件與斬絞監候案件不同，斬絞立決案件情節較爲重大，結案之後，各省應依部文立即執行。而斬絞監候案件，其情節較輕。爲愼重決囚起見，明清兩代逐漸發展出兩種愼刑制度，即秋審與朝審。秋審係就各省斬絞監候案件，每年加以覆核之制度；朝審係就京師斬絞監候案件，每年加以覆核之制度。於此僅先論述秋審制度。

清代秋審制度係源自明代之遣官錄囚，明太祖洪武年間即有遣官錄囚之擧。明會典曰：「凡在外五年審錄。洪武二十四年差刑部官及監察御史分行天下，清理獄訟。正統六年令監察御史及刑部、大理寺官分往各處，會同先差審囚官，詳審疑獄。十二年差刑部、大理寺官往南北直隸及十三布政司，會同巡按御史、三司官審錄，死罪可矜、可疑及事無證佐可結正者，具奏處置，徒流以下減等發落。」（註一二）依上述記載可知，明代對各省的遣官錄囚係五年一次，至正統十三年時，死罪已有「可矜」「可疑」及「事無證佐可結正」等三類。

明初，死罪原無監候、立決之別，明弘治十年（一四九七年）始區分二者。清順治四年（一六四七年）定律，乃予明白規定。清史稿刑法志曰：「明弘治十年，奏定眞犯死罪決不待時者，凌遲十二條，斬三十七條，絞十二條，眞犯死罪秋後處決者，斬一百條，絞八十六條。順治初定律，乃於各條內分晰注明，凡律不注監候者，皆立決也。凡例不言立決者，皆監候也。」（註一一二）死罪案件自有斬絞監候名目後，秋審制度遂漸次發展。

清代之言秋審，始於順治元年（一六四四年）。是年，「刑部侍郎黨崇雅奏言：『舊制，凡刑獄重犯，自大逆大盜，決不待時外，餘俱監候處決。在京有熱審朝審之例，每至霜降後方請旨處決。在外直省亦有三司秋審之例，未嘗一麗死刑，輒棄於市。望照例區別，以昭欽恤。』此有清言秋、朝審之始。」（註一一三）順治初年，南方各省仍未征服，清原有之司法審判制度又與明不同，黨崇雅之奏言雖為清廷首肯，惟一時之間尚難施行。

清代之恢復秋審制度，始於順治十年。順治十年八月二十一日，「刑部題朝審事宜日期，於霜降後十日舉行。將情實、矜疑、有詞各犯，分為三項，各具一本請旨。奉有御筆勾除者，方行處決。在外則督撫會同三司，查應決囚犯，酌量行刑。其餘仍監候奏聞。直隸地方，則刑部差司官二員，前往會同督撫審決，從之。」（註一一四）刑部所題雖係有關朝審事宜日期，惟外省死罪案件，則督撫會同三司，查應決囚犯，酌量行刑。其所述情形與秋審無異，故以順治十年為清代恢復秋審制度之始。

後至順治十五年（一六五八年），秋審制度更行完備。順治十五年十月初六日，「刑部等衙門遵旨會議，各省秋決重犯，該巡按會同巡撫、布、按等官，面加詳審，列疏明開情眞應決、應緩、並可矜疑者，分別三項，於霜降前，奏請定奪。命永著爲例。」（註二一五）其永著爲例之例，載於大清會典事例：「其各省秋審，務依地方遠近，先將奉旨秋決重犯，各該巡按會同該撫及布按二司等官，照在京事例詳審，將情實應決、應緩並有可矜可疑者各案，分別開列，均定期於霜降前具奏，候旨定奪。」（註二一六）

由上述史料可知，順治年間之秋審與明代之遣官錄囚類似。惟清代之秋審係五年一次。順治年間各省均有巡按，權力極大，會審案件時，均由巡按領銜具題。順治十七年裁撤巡按後，各省秋審遂由巡撫照例舉行。（註二一七）

康熙十二年（一六七三年）以後，秋審制度漸與朝審制度類似，均須經九卿覆核。康熙十二年十一月初一日，上諭刑部：「各省秋審本內止有節略，觀覽未能明晰。……以後各省秋審應令照在京朝審例，豫期造册進呈，亦著九卿、科道會同覆核，奏請定奪。」（註二一八）

秋審爲清代重要司法審判制度，順治、康熙及雍正三朝漸次發展，制度漸立。乾隆以後，乃成定制。惟清律中並無有關秋審之律文，有關秋審制度之規定均附於清律第四一一條（有司決囚等第）之中。

二、秋審程序

各省死罪案件奉旨「依擬應斬（絞），著監候，秋後處決」者，均係秋審案件，須經秋審確定之後始得執行死刑。所謂「秋後處決」一語並非意指秋後一律處死。實際情形爲凡經秋審核定爲「情實」，且經皇帝勾決者，始執行死刑。其餘死罪人犯仍應監候，俟來年秋審，再行覆核。

㈠各省秋審

清代秋審分各省及中央兩階段進行。各省秋審又可分爲兩審。以司道爲第一審，以督撫司道爲第二審。第一審及第二審之審判事務均由按察司（臬司）負責辦理。清律第四一一條（有司決囚等第）附例規定：「各省每年秋審，臬司核辦招冊，務須先期定稿，陸續移咨在省司道，會同虛衷商榷，聯銜具詳，督撫覆核定擬，至期，會審司道等官，俱赴督撫衙門辦理。」（乾隆三十二年定例）

各省秋審應注意截止秋審日期，大清會典定曰：「各省截止秋審日期，以本（刑）部題覆奉旨之日爲斷。雲南、貴州、廣西、廣東、四川以年前封印日爲止，福建以正月三十日爲止，奉天、陝西、甘肅、湖北、湖南、浙江、江西、安徽、江蘇以二月初十日爲止，河南、山東、山西以三月初十日爲止，直隸以三月三十日爲止，新疆、察哈爾以六月三十日爲止。」（註二一九）故截止日期以前題結之案件，均可入當年秋審。反之，截止日期以後題結之案件，歸入下年秋審辦理。

各省秋審時，原則上應將秋審人犯解送省城，由督撫司道會勘後，定擬具題。惟緩決人犯，二次秋審即不復解送。此之解犯，謂之解勘。清律第四一一條（有司決囚等第）附例規定：「直省每年應入秋審案犯，於應勘時，仍令各督撫提解省城，率同在省司道，公同會勘定擬具題。至緩決人犯，解審一次之後，情罪無可更定者，只令有司敍由詳報，停其解審。其曾擬情實未經勾決人犯，及前擬緩決後改情實，並緩決人犯內情可矜疑者，仍照例解審。」（乾隆四十一年定例）

各省秋審事宜係由按察司主持，但各省督撫係按察司之上司，故各省秋審仍由督撫負其全責。會審之時，司道等官不敢置喙。雍正十三年（一七三五年）雍正帝曾加以指斥：「朕聞外省會審之時，不論案件多寡，悉於一天定議，均聽督撫主張，司道守令，不敢置喙，究其實督撫亦未必了然，不過憑幕賓略節，貼於册上，徒飾觀瞻而已。」（註二二〇）

各省秋審完結後，督撫應分別新事、舊事具題，新事應備敍案由，確加看語，舊事則僅須摘敍簡明略節。清律第四一一條（有司決囚等第）附例規定：「各省秋審本揭，如係新事初次入秋審者，照舊備敍案由，確加看語，以憑會核；其舊事緩決人犯，摘敍簡明略節，依次彙爲一本具題，俱不必敍入問供，以省繁冗。」（乾隆三十七年定例）

各省秋審題本，其格式有一定之體例。玆以乾隆五十九年山西巡撫蔣兆奎具題之秋審題本爲例，以爲說明：（註二二一）

謹題爲愼刑奉有恩綸事，例請規畫一，以重民命，以廣皇仁事。……所有山西乾隆五十九年分，免解應解共三百三十五起，……各廳州縣將免解各犯查敍案由，由本管道府州核轉，並將應審各犯委員親身押解前來。

臣隨同布政使善泰、按察使祖之望、冀寧道張曾誼、太原府知府鄧希曾、太原府同知梁世治、太原府通判德暉、署陽曲縣知縣李會觀在于臣署，將舊案會同確核，並提（新事應審各）犯逐細審明，除問語、口供遵照定例不敍外，如：

一起為活殺父命事……（三百三十五起案犯分為實、緩、矜、留四大類，各簡敘案由）伏乞皇上睿鑒，敕下三法司核覆施行。為此具本謹題請旨。

奉旨：三法司知道。

各省秋審，督撫除以題本彙題外，還應繕造黃冊奏報。黃冊是黃綾封面的册子，清以黃為正色。清代各部院及各省常於年終繕造黃冊，奏送皇帝閱看。康熙十六年以前，「直省督撫辦理秋審，例將各犯始末情由，備悉繕造黃冊，隨本具題。康熙十六年，經刑部議准，黃冊情節繁多，一時難以遽畢，免其繕造，止擬情實、緩決、矜疑三項，繕本具題。」（註一二二）

清律第四一一條（有司決囚等第）附例規定：「秋審時，督撫將重犯，審擬情實、緩決、可矜具題，限五月內到部。」依本附例所示，秋審案件處理類別只有情實、緩決、可矜三種，惟依大清會典規定，尚有留養承祀一種，總共四種。（註一二三）而秋讞志略則將留養承祀分為留養、承祀二種，總共五種。（註一二四）惟承祀一項並不多見，一般僅有實緩矜留四種。

(二)中央秋審

各省秋審題本具題後，照例奉旨：三法司知道。刑部奉旨後，正式開始辦理該年中央之秋審。清初，刑部四川司辦理秋審業務。雍正十三年（一七三五年），刑部設立總辦秋審處，辦理秋審業務。在秋審實際運作上，刑部各司應先核辦各該省秋審案件，各司核辦後應送秋審處彙辦，然後呈報堂官批閱，再送九卿會審與會題。俟皇帝裁決後，再行辦理覆奏與勾決。

1. 刑部定擬看語

中央秋審係以九卿會審方式進行，九卿會審之前，刑部應就各省秋審案件先行定擬看語。關於刑部之定擬看語，大清會典定曰：「總辦司員於年底即請堂派各司專辦次年秋審官，滿洲一員，漢二員。將各該司應入秋審人犯，依原案題結先後，以次摘敍案由，分別實緩矜留，出具看語，多曰初看，用藍筆標識。再爲覆看，用紫筆標識，陸續彙送本處。坐辦司員將各司略節刪繁補漏，交總看司員酌覈允當。加具看語，呈堂批閱。仍於堂議之前，總看坐辦各司員，齊集覈議。將情實、緩決、可矜、留養承祀各犯，詳加參酌，平情定擬。」（註一二五）秋讞志略亦曰：「每年各本司由堂官選派滿漢各一員，專司一年秋審之事，各本司選經承通曉讞事者各一人，抄錄應審之案，每十案爲一册，不得增減一字。各本司用藍筆刪訂略節，刪繁存要，其字簡而事詳，逐案各擬看語，分別應情實、應緩決、應可矜、應留養、應承祀，悉明列加簽，每十案訂一小册，加以目錄，送秋審處。總辦司員，用紫筆覆校，增刪案身並訂看語，核其當否，其應改者即改註，毋庸再商。其應呈堂會議酌定者，則註明臨時商定字樣，本司原議，不必遽駁，止別立册以記之。」（註一二六）關於刑部之定擬看語，清史稿刑法志所載與上述記載稍有不同，按清史稿刑法志曰：「刑部各司，自歲首將各省截止期前題准之案，分類編册，發交司員看詳。初看藍筆句改，覆看用紫，輪遞至秋審處坐辦、律例館提調，墨書粘籤，一一詳加斟酌，而後呈堂核閱。」（註一二七）其所述定擬看語程序應係清末秋審之實況。

刑部定擬各省秋審案件看語係依各省原案定擬，並不等待各省秋審題本之到部。「刑部侯定限五月中旬以前，各省後尾到齊，查閱外勘與部擬不符者，別列一冊。始則司議，提調、坐辦主之。繼則堂議，六堂主之，司議各員與焉。」（註一二八）又乾隆二十六年（一七六一年）議准：「刑部歷年辦理秋審，先將各犯原案，摘敍情節，刋刻招冊，俟督撫本揭到日，加入看語，分別辦理，繕本具題。」（註一二九）

決定秋審人犯實緩矜留之標準，乾隆卅二年以後方才逐漸建立。清史稿刑法志曰：「乾隆以前，各司隨意定擬，每不畫一。卅二年，始酌定比對條款四十則，刋分各司並頒諸各省以爲勘擬之準繩。四十九年，復行增輯。嗣刑部侍郎阮葵生別輯秋讞志略，而後規矩略備，中外言秋勘者依之。」（註一三〇）

2.九卿會審與會題

刑部定擬看語後，應將秋審案件刋刷招冊，分送九卿、詹事、科道進行九卿會議。清律第四一一條（有司決囚等第）附例規定：「刑部將原案及法司看語，並督撫看語，刋刷招冊，送九卿、詹事、科道各一冊，八月內在金水橋西，會同詳核情實、緩決、可矜，分擬具題，請旨定奪。」（註一三一）依本條例規定，僅九卿、詹事、科道得參與秋審，但實際上，內閣大學士也參與會審。至光緒年間，「三品官衙門則與會審」。（註一三二）參與秋審之官員大爲增加。

關於各省秋審招冊之咨送九卿，乾隆年間原定爲會審日前十五日。乾隆二十八年（一七六三年）曾奏准：「嗣後秋審屆期，刑部將各省招冊，於十五日以前，即分送各衙門，俾得從容繙閱，克罩乃心，

庶讞獄益昭愼重。」（註一三三）

嘉慶年間，秋審招册之咨送九卿，其期限原未限定。嘉慶七年（一八〇二年）上諭：「秋審册籍，著該部飭司於秋朝審上班數日前，分送大學士、九卿科道等，以便伊等細心硏勘，用昭詳愼。」（註一三四）嘉慶二十一年（一八一六年）上諭：「每年九卿科道所閱招册，刑部於七月二十後，始行分送，距上班之期，止三四日，未免稍促。嗣後刑部堂議，著較向來移前數日，其招册亦可趕早分送，俾得從容覈閱，以昭詳愼。」（註一三五）此項咨送招册之期限，光緒年間又恢復爲會審日前十五日。光緒五年（一八七九年）上諭：「秋審咨送招册，向有定限。嗣後秋審屆期，著刑部恪遵定限，於上班十五日前，將招册咨送各衙門，以符舊制。」（註一三六）

刑部咨送九卿之招册，原則上僅情實未勾及初次入秋審者，須刷印招册分送詳核。清律第四一一條（有司決囚等第）附例規定：「至九卿會審時，刑部分送招册內，除情實未勾及初次入秋審者，仍刷印招册分送詳核外，其舊事已入緩決者，不必重複備册，分送會審，止於會審時逐一唱名。」

清代認秋讞大典爲重要典章制度，但因參與秋審官員人數衆多，與審官員多數隨聲附合而已。其於司法審判上之形式意義大於實質意義。乾隆二十六年（一七六一年）秋審，左副都御史竇光鼎於秋審會審時，力持異議。此種情形乃屬特例。清史稿載此事曰：「（乾隆二十六年）秋讞，光鼎以廣西囚陳父悔守田禾殺賊，不宜入情實；貴州囚羅阿扛逞兇殺人，不宜入緩決；持異議，簽商刑部，語忿激。刑部遽以聞，上命大學士來保、史貽直，協辦大學士梁詩正覆覈，請如刑部議，且言光鼎先已畫題，何得又請改擬。上詰光鼎，光鼎言：『兩案異議，本屬簽商，並非固執。因會議時言詞過激，刑部遽將簽出未定之稿先行密奏。臣未能降心抑氣，與刑部婉言，咎實難辭，請交部嚴加議處。』上以『會讞大典，光鼎意氣自用，甚至紛呶謾罵而不自知。設將來預議者尤而效之，於國憲朝章不可爲訓。』命下部嚴議，當左遷，仍命留任。」（註一三七）

秋讞大典因「徒有會議之名而無覈議之實」，屢爲時人所批評。道光帝即曰：「刑部辦理秋審各案，向止摘敍略節，刋刻招冊，分送九卿詹事科道屆期會議。……僅於會議上班時，令書吏喧唱一次，會議諸臣，於匆遽之時，僅聽書吏喧唱看語，焉能備悉案由，從而商榷，是徒有會議之名，而無覈議之實，豈國家矜愼庶獄之意乎。」（註一三八）

秋審過後，刑部領銜，會同全體參與秋審官員具題。此項具題係逐次分省辦理，各省秋審案件均分情實、緩決、可矜、留養承祀四本具題，情實案件另造黃冊隨本進呈。此外，服制案犯和官犯均各單獨一本具題。

3.皇帝裁決

清代諸帝均極重視秋審，乾隆帝即曰：「秋審爲要囚重典，輕重出入，生死攸關。直省督撫皆應詳愼推勘，酌情準法，務協乎天理之至公，方能無枉無縱，各得其平。」（註一三九）又曰：「國家秋讞大典，上繫刑章，下關民命，慮囚時設情法未衷於至當，何以昭弼教之用心？」（註一四〇）九卿會審各省斬絞監候案件後應具題奏聞，皇帝須爲裁決。裁決時，皇帝常與內閣大學士及軍機大臣商酌，皇帝於情實招册最爲重視，常一一披覽。乾隆帝即曰：「每歲刑部進呈各省情實招册，朕必將逐案事由，一一披覽，使獄情毫無遺漏，而各案適輕適重，又詳爲稱量比擬，有其迹雖涉疑似，而情尚一綫可原者，既於册內折角存記。」（註一四一）

有關皇帝裁決九卿會審題本之情形，玆舉下列案例說明之：

(1)康熙十九年（一六八〇年），九月二十日，「九卿等會議江南秋審各案事，上曰：『此各犯罪案，朕俱已細閱，其中賈日祖尙待質審之人，著監候，馮氏、王白良、王祥、崔廷選罪案，俱屬可矜，著監候緩決，餘俱依議。』」（註一四二）

(2)康熙二十四年（一六八五年）九月二十六日，「九卿等會議福建罪犯張元薦等十一人秋審情眞事，上曰：『張元薦、李各蘭俱照所審處斬，內李三畏係部給都督劄付之人，顧耀宗雖分財物，原未同行，莊猶興、王信、林三、吳四、吳奇、楊招，蔡馬使雖經爲盜，于未分財物之前被獲，俱著改爲緩決。』」（註一四三）

(3)康熙二十四年（一六八五年）十月十八日，「九卿等會議江南秋審情眞人犯。上曰：『今年秋審情眞人犯甚多，俱即處決，朕心不忍，此內如蕭孟長、陳善言、張有聲、李華軸、張士寧、戎衣員、文龍、蕭祥、洪漢章二起，止將人誘拐，並無極惡之處，俱令監候緩決。』明珠等奏曰：『疏內有韓先格一起，所犯重罪俱在赦前，侵那錢糧之罪在赦後，似應照該撫原議。』上曰：『韓先格亦著緩決。』」（註一四四）

對於九卿會審題本，皇帝之批示有一定之格式：（註一四五）

⑴情實本批：這情實某某（開列名單）著覆奏，冊留覽。

⑵緩決本批：某某（開列名單）俱著監候緩決。

⑶可矜本批：這情有可矜犯某某（開列名單）依議免死，減等發落。

凡奉旨緩決、可矜、留養承祀之人犯，秋審程序即行結束。對於上三類人犯之處理，清史稿曰：「秋審本上，入緩決者，得旨後，刑部將戲殺、誤殺、擅殺之犯，奏減杖一百，流三千里，竊贓滿貫，三犯竊贓至五十兩以上之犯，奏減雲、貴兩廣極邊、煙瘴充軍，其餘仍就監固，俟秋審三次後查辦。問有初次入緩，後復改實者，權操自上，非常例也。入可矜者，或減流，或減徒。留養承祀者，將該犯枷號兩日，責四十板釋放。」（註一四六）緩決人犯，除減等發落者外，仍舊監固，俟來年秋審再行覆核。凡奉旨情實之人犯，其秋審程序仍未結束，尚須覆奏及勾決。

4.覆奏

清初秋審情實人犯行刑前並不實施覆奏，僅朝審情實人犯行刑前實施覆奏。自雍正二年（一七二四年）起，秋審人犯行刑前始實施覆奏。雍正二年四月初七日上諭刑部：（註一四七）

朝審重囚，其情實者，刑科必三覆奏聞，勾除者方行處決。而外省情事重囚，惟於秋審後，法司具題，即咨行該省，無覆奏之例。朕思中外一體，豈在京諸囚宜加詳慎，在外省者獨可不用詳愼乎？人命攸關，自當同仁一視。自今年爲始，凡外省重囚經秋審具題情實應決者，爾法可亦照朝審之例，三覆奏聞，以符朕欽恤愼罰之至意。爾部即遵諭行。

乾隆十四年（一七四九年），秋審情實人犯行刑前之三覆奏又改爲一覆奏。乾隆十四年九月十五日上諭：（註一四八）

朝審情實人犯，例由刑科三覆奏。其後各省秋審，亦皆三覆奏，自爲愼重民命，即古三刺三宥遺制。謂臨刑之際，必致其詳審，不可稍有忽略耳，非必以三爲節也。朕每當勾到之年，置招册於旁，反覆省覽，常至五六遍，必令毫無疑義。至臨勾時，猶必與大學士等斟酌再四，然後予勾。豈啻三覆已哉？若夫三覆奏本章，科臣忽遽具題，不無亥豕，且限於時日，豈能逐本全覽？朕思爲政惟當務實，而師古不在徇名。三覆奏之例，行之雖久，實不過具文。若不詳閱招册，即照例十覆，亦不過照例票旨，此廷臣所共知者。徒事繁文，何益於政？嗣後刑科覆奏，各省皆令一次。

刑科覆奏之日期，清初原未規定，嘉慶十九年（一八一四年）上諭：「向來覆奏之本，皆於黃册進呈後，隨即奏上，距勾到之時甚遠。嗣後黃册仍於八月中旬呈進，其秋審覆奏之本，皆於本省勾到前五日覆奏一次。」（註一四九）清律第四一一條（有司決囚等第）附例規定：「各省秋審情實人犯，刑科皆於本省勾到前五日覆奏一次；經御筆勾除者正法。」此項規即源於乾隆十九年上諭。

秋審情實人犯之覆奏，係由刑科給事中辦理，蓋因其有諫議封駁之職。刑部等衙門情實本奏上，奉旨覆奏後，刑科給事中乃上覆奏本。覆奏本之格式有一定之體例，茲以乾隆五十九年九月二十三日

刑科掌印給事中福伸等覆奏湖廣情實題本爲例，以爲說明：（註一五〇）

今乾隆五十九年九月二十二日接出紅本（指刑部所上情實本）該刑部等衙門題爲秋審事，奉旨：這情實孫繼康……著覆奏，册留覽，欽此欽遵到臣。科臣等覆看得湖廣省斬絞各犯孫繼康等八十名。俱各情實罪當，相應開列姓名情由具題，伏候命下之日仍敕該御史恭候勾到處決施行。謹題請旨，計開孫繼康……。

奉旨：著候勾到。

5. 勾到

各省秋審情實人犯經覆奏後仍須勾到始得執行死刑。清律第四一一條（有司決囚等第）附例規定「凡秋審勾到時，遇某省本章，著某道御史承辦。」由此可知，十五道監察御史係分別辦理各該省之勾到。玆以乾隆五十九年秋審，雲南道監察御史宗室明繩勾到本爲例，以爲說明：（註一五一）

十月初六日掌雲南道監察御史宗室明繩等題：爲處決重囚事，九月初七日刑科抄出刑科掌印給事中福伸等題前事覆奏雲南省情實重犯，奉旨，著候勾到，欽此。臣等謹遵定例將雲南省情實重囚開列花名具題，伏乞睿鑒勾除敕下，臣等遵照勾除，交與刑部行文該省行刑。其決過日期令該撫仍照例奏聞。臣等未敢擅便，謹題請旨。

斬犯八名，絞犯七名。

斬犯一名郭瑞榮，係四川重慶府大足縣人，……（略，各犯名上加硃筆勾除）

綋犯一名張必學，係普洱府洱縣人，……。

奉旨：這所勾郭瑞榮……著即處決。

勾到之日期，須由欽天監擇期。大清會典定曰：「多至前六十日，欽天監擇期。按各省道里遠近，首雲南、貴州，次四川、廣西、廣東、福建、盛京、陝西、甘肅、新疆，次湖北、湖南、浙江、江西，次安徽、江蘇，次河南，次山東、山西，次直隸、熱河。」（註一五二）清史稿刑法志亦曰：「（覆奏）本下，內閣隨命欽天監分期擇日，勾到，刑部按期進呈黃冊。」（註一五三）

關於皇帝勾到之程序，大清會典定曰：「是日清晨，豫設於懋勤殿御案，設學士奏本案於前，候召入。奏本學士以名單捧置案上，嚮上跪，大學士、軍機大臣、內閣學士、本部尚書侍郎跪於右，記注官侍立於左。奏本學士勾到某省，大學士一人展漢字本於案，奏本學士奏各犯姓名，恭候御覽黃冊。大學士等各閱所携小摺，俟皇帝降旨，大學士遵旨勾漢字本。勾訖，捧出照勾清字。繕寫清漢票籤，送批本處進呈。批出清字時，兼批漢字，密封交該道御史即交部辦理。」（註一五四）清史稿刑法志則曰：「至勾到日，素服御殿，大學士三法司侍，上秉硃筆，或命大學士按單予勾。」（註一五五）

皇帝勾到並非必於懋勤殿爲之，皇帝有時亦於圓明園或行在勾到。至其程序，大清會典定曰：「如在圓明園御洞明堂勾到，大學士、軍機大臣跪於右，內閣學士、本部尚書侍郎跪於左，記注官分左右侍立。如遇行在勾到，大學士等亦分左右跪，記注官侍立於案下之右，批出時，密封交行在兵部發京送內閣兼批漢字，遂交該道御史交部辦理。」（註一五六）皇帝勾到後，內閣應將勾到本交各該道御史，轉交刑部辦理。刑部應咨各省督撫執行死刑。

第六節　刑之執行

刑分五種，名曰五刑。每種又分數等，笞刑五等，杖刑五等，徒刑五等，流刑三等，死刑二等，五刑共二十等。清律第一條（五刑）規定：

笞刑五：一十。（折四板。）二十。（除零，折五板）三十。（除零，折一十板。）四十。（除零，折一十五板。）五十。（折二十板。）

杖刑五：六十。（除零，折二十板。）七十。（除零，折二十五板。）八十。（除零，折三十板。）九十。（除零，折三十五板。）一百。（折四十板。）

徒刑五：一年、杖六十。一年半、杖七十。二年、杖八十。二年半、杖九十。三年、杖一百。

流刑三：二千里、杖一百。二千五百里、杖一百。三千里、杖一百。

死刑二：絞。斬。

五刑之外，尚有總徒四年、准徒五年、遷徙、充軍、發遣、刺字、枷號、罰金、入官、追徵等刑罰。其中遷徙爲流刑之減輕，充軍、發遣爲流刑之加重，均屬廣義之流刑。

一、笞杖刑之執行

笞杖刑執行時用竹板。清律第一條（五刑）附例規定：「凡笞杖罪名折責，概用竹板。長五尺五寸，小竹板，大頭濶一寸五分，小頭濶一寸，重不過一斤半。大竹板，大頭濶二寸，小頭濶一寸五分，重不過二斤。」惟笞刑用小竹板，杖刑用大竹板，同條小註曰：「笞者，擊也，又訓爲耻。用小竹板。」又曰：「杖重於笞，用大竹板。」笞杖刑執行時並不照原定數執行，而是以四折十。杖一百，止折責四十板。笞杖罪執行完畢，即予釋放。

又笞杖罪人犯，熱審期間可予減免，清律第一條（五刑）附例規定：

每年於小滿後十日起，至立秋前一日止；如立秋在六月內，以七月初一日爲止。內外問刑衙門，除竊盜及鬬毆傷人罪應杖笞人犯，不准減免；其餘罪應杖責人犯，各減一等，遞行八折發落，笞罪寬免。如犯案審題在熱審之先，而發落在熱審期內者，亦照前減免。儻審題雖在熱審期內，而發落已逾熱審者，概不准其減免。（乾隆五十三年定例）

又文武官員（州縣官自亦屬之）犯笞杖罪時，得以行政處分代替笞杖刑之執行，但又有公罪私罪之不同，官員犯公罪時，清律第七條（文武官犯公罪）規定：

凡內外大小文武官犯公罪，該笞者，一十，罰俸一個月。二十、三十，各遞加一月。（二十，罰二月。三十，罰四月。）四十、五十，各遞加三月。（四十，罰六月，五十，罰九月。）該杖者，六十，罰俸一年。七十，降一級；八十，降二級；九十，降三級；俱留任。一百，降四級調用。

又官員犯私罪時，清律第八條（文武官犯私罪）規定：

凡內外大小文武官犯私罪，該笞者，一十，罰俸兩個月；二十，罰俸三個月；三十、四十、五十，各遞加三月。（三十，罰六月；四十，罰九月；五十，罰一年。）該杖者，六十，降一級；七十，降二級；八十，降三級；九十，降四級；俱調用。一百，革職離任。（犯贓者不在此限。）

執行笞杖刑時，應如法以決罰，行杖之人更應確實執行，不得決不及膚。清律第四一三條（決罰不如法）規定：

凡官司決人不如法（如應笞而用杖）者，笞四十；因而致死者，杖一百，（當該官吏）均徵埋葬銀一十兩。（給付死者之家。）行杖之人，各減一等。（不追銀。）其行杖之人，若決不及膚者，依驗所決（不及膚）之數抵罪，（或由主使，或由行杖。）並罪坐所由。若受財（而決不如法、決不及膚）者，計贓，以枉法從重論。

二、徒刑之執行

清律第四十五條（徒流遷徙地方）規定：「徒五等，發本省驛遞。」薛允升亦曰：「徒犯係在配所拘役，即古城旦鬼薪之類，前明改為煎鹽炒鐵，雍正年間改為發本省驛遞，均係拘役之意，是以有徒囚不應役分別治罪之律。」（註一五七）但乾隆五十二年，清律第四十五條（徒流遷徙地方）增一附例，該附例規定：

民人在京犯該徒罪者，順天府尹務於離京五百里州縣定地充配。至外省徒罪人犯，該督撫於通省州縣內，核計道里遠近，酌量人數多寡，均勻酌派。俱不拘有無驛站，交各州縣嚴行管束。俟徒限滿日，釋放回籍安插。（乾隆五十二年定例）

依此例，則徒犯僅須嚴行管束而已，並不須拘役。惟依六部處分則例，徒犯亦有流撥各衙門充當夫役者。（註一五八）

督撫將徒犯定地充配後，應由州縣決配，清律第四一一條（有司決囚等第）規定：「凡（有司於）獄囚（始而）鞫問明白，（繼而）追勘完備；軍流徒罪，各從府州縣決配。」至於起解期限，清律第三九一條（稽留囚犯）規定限十日內：

凡應徒、流、遷徙、充軍囚徒斷決後，當該（原問）官司限一十日內，如（原定）法（式）鎖杻，差人管押，牢固關防，發遣所擬地方交割。

但同條附例却規定，起解期限定限一月：

外省發遣官常各犯，及發往軍臺效力贖罪廢員，與軍流徒罪人犯，於文到之日，均限一個月即行起解，勿得任其逗留。各該督撫將各犯起解月日專咨報部，如有遲逾，即行指參；儻實因患病逾限不能起解者，地方官驗看屬實，加具並無捏飾印甘各結，詳明督撫起限，亦不得過兩個

月，該督撫亦即咨部查核。如有假捏及逾限不行起解者，別經發覺，將該州縣及失察之各上司，分別交部議處。（乾隆三十七年定例）

此外，六部處分則例又規定，起解期限定限二月：

徒流軍遣並遷徙各處人犯，俱以文到日爲始，定限兩個月起解。如人犯衆多，以五名作一起先後解送，每日限行五十里。儻人犯實在患病，該州縣將未能起解緣由，詳明督撫咨部查核，另行扣展，亦不得過一百日之限。（註一五九）

以上三項規定，相互岐異，究應適用何者，亟値研究。以法理言之，例之效力高於律，故清律第三九一條應無適用可能。至於後二項規定，似應適用六部處分則例之規定，蓋因六部處分則例實際上決定官員之處分也。

徒犯起解時，應注意以下二項規定：

㈠凡軍、流、徒犯，俱開明籍貫、年歲，行文配所。（淸律第十五條附例）

㈡文武員弁犯徒，及總徒四年，准徒五年者，即在犯事地方，定驛發配。俟年限滿日，釋放回籍。其有應折枷號鞭責者，仍照例辦理。（清律第四十五條附例）

徒犯到配後，應先按律折責，執行杖刑。清律第一條（五刑）附例規定：「凡民人，犯軍流徒罪者，俱至配所，照應杖之數折責。」即徒一年，杖六十；徒一年半，杖七十；徒二年，杖八十；徒二年半，杖九十；徒三年，杖一百。徒犯到配後應入役，清律第四一九條（徒囚不應役）規定：「凡鹽場、鐵冶，拘役徒囚，應入役而不入役，……過三日，笞二十；每三日加一等，罪止杖一百。」但事實上徒犯並無應役之事，有名無實而已。

徒犯應徒年限屆滿後，應即釋放，清律第四十五條（徒流遷徙地方）規定：「凡徒役，各照應徒年限，並以到配所之日爲始，限滿釋放。」

清代官員犯徒罪，常發往軍臺效力，軍臺係設於西北兩路之驛遞。官犯發往軍臺效力，據薛允升云：「官犯發往軍臺效力，始於乾隆六年，尙書訥欽等欽遵諭旨奏准，原係專指侵貪之案，完贓後減爲徒流者而言。諭旨內明言：『此輩既屬貪官，除參款之外，必有未盡之贓私，完贓之後，仍得飽其囊橐，殊不足以示懲儆』等語；是發往軍臺，本爲黷貨營私者戒，其犯別項罪名，原有應流應徒地方，即不得概行發往軍臺，自可概見。嗣後辦理官犯案件，有奉 特旨發往軍臺者，相沿日久，遂爲職官犯徒罪之定例，猶之官員犯軍流以上，即行發往新疆也。」（註一六〇）

清律第四十五條（徒流遷徙地方）附例規定：「凡發往軍臺效力廢員，三年期滿，臺費全數繳完者，由軍臺都統抄錄獲罪原案，具奏請旨（釋回）」清代於官吏之懲罰，較民人爲嚴。

清代於徒刑之執行，並不嚴格，是故弊病叢生，欽定州縣事宜即曰：「五刑之中，徒罪列於三等，其去軍流不遠，皆係作奸犯法之人。擺站拘役，原有年限釋放，未嘗禁錮終身。乃各驛中或驛丞專司，或係本官代管，在驛丞官職卑微，惟圖營利。而知縣地方事冗，不復經心。此等奸黠犯徒，每多夤緣賄買，私放歸家。或請人頂替，本犯潛回，梟犯仍然賣鹽，竊盜依然作賊。或遇旁人首告，在未經拏住者，則星夜逃回原驛，以爲並未遠離。倘遇人捕獲，則該驛倒提年月，捏報脫逃在先，借以掩飾，甚至隨到賣放，從即報逃，有一驛而連逃數人者。」（註一六一）

三、流刑之執行

清律第四十五條（徒流遷徙地方）規定：「流犯，照依本省地方，計所犯應流道里，定發各處荒蕪及瀕海州縣安置。」同條附例更詳細規定：

各省僉發軍流人犯，……餘俱按照軍流道里表內應發省分，毋庸指定府州，悉聽該省督撫接其所犯罪名，查照軍流道里表，酌量州縣大小遠近，在配軍多寡，均勻撥發。起解省分，預行咨明應發省分督撫，先期定地，飭知入境首站州縣，隨到隨發。其解犯兵牌內，塡明解赴某省入境首站某州縣，遵照定地，轉解配所投收申繳字樣。（乾隆五十三年定例）

同條並規定流刑發配省分：

直隸布政司府分，流陝西。江南布政司府分，流陝西。安徽布政司府分，流山東。山東布政司府分，流浙江。山西布政司府分，流陝西。河南布政司府分，流浙江。陝西布政司府分，流山東。甘肅布政司府分，流四川。浙江布政司府分，流山東。江西布政司府分，流廣西。湖北布政司府分，流山東。湖南布政司府分，流四川。福建布政司府分，流廣東。廣東布政司府分，流福建。廣西布政司府分，流廣東。四川布政司府分，流廣西。貴州布政司府分，流四川。雲南布政司府分，流四川。

流犯配地之決定，原則上督撫應俟奉到部覆後再行辦理，但亦有例外，清律第三九一條（稽留囚徒）附例規定：

凡各省距省窵遠之各廳州縣，問擬遣軍流犯。各督撫於出咨後，即令造册先行定地，並發給咨牌，存俟奉到部覆，即行僉差起解，不准稍有稽滯。仍將發給咨牌，並起解日期報部查核。

流犯起解之期限及行文配所，均與徒犯之執行相同，其特殊規定有以下三項：

㈠凡犯流者，妻妾從之；父、祖、子、孫欲隨者，聽。（清律第十五條）

㈡流犯到配，俱照應得杖數折責（杖一百）。（清律第四一一條附例）

㈢流犯發配，原則上係終身不返，永不釋回。

流刑之減輕有遷徙，清史稿刑法志曰：「遷徙原於唐之殺人離鄉，而定罪則異。律文沿用數條，然皆改爲比流減半，徒二年，并不徙居千里之外，惟條例於土蠻猺獞苗人讐殺刼擄及改土爲流之土司有犯，將家口實行遷徙，然各有定地，亦不限千里也。」（註一六二）

清律第四十五條（徒流遷徙地方）規定：「應遷徙者，遷離鄉土一千里外。」同條附例規定：

凡土蠻、猺、獞、苗人讐殺刼擄，及聚衆捉人勒禁者，……如係軍流等罪，將本犯照例枷責，仍同家口父母、兄弟、子姪一併遷徙；係流官所轄者，發六百里外之土司安插；係土司所轄者，發六百里外之營縣安插。（雍正五年定例）

凡土司有犯徒罪以下者，仍照例遵行外，其改土爲流之土司，……如犯軍流罪者，其土司併家口應遷於近省安插，係雲南、四川遷往江西，係貴州、廣西遷往安慶，係湖南遷往河南，在於省城及駐箚提督地方分發安插。（雍正五年定例）

四、充軍之執行

清史稿刑法志曰：「明之充軍，義主實邊，不盡與流刑相比附。清初裁撤邊衛，而仍沿充軍之名，後遂以附近、近邊、邊遠、極邊、烟瘴，爲五軍，且於滿流以上爲節級加等之用。附近二千里，近邊二千五百里，邊遠三千里，極邊、烟瘴俱四千里，在京兵部定地，在外巡撫定地。雍正三年之律，第於十五布政司應發省分約略編定。乾隆三十七年，兵部根據邦政紀略輯爲五軍道里表，凡發配者視表所列。然名爲充軍，至配幷不入營差操，第於每月朔望檢點，實與流犯無異。而滿流加附近近邊道里，反由遠而近，司讞者每苦其紛歧。」（註一六三）

充軍分五等，應由巡撫按照五軍道里表發配，清律第四十六條（充軍地方）規定：

凡問該充軍者，附近，發二千里；近邊，發二千五百里；邊遠，發三千里；極邊、烟瘴，俱發四千里。定地發遣充軍人犯，在京，兵部定地；在外，巡撫定地，仍抄招知會兵部。

充軍人犯起解之期限及行文配所，均與徒犯之執行相同。其特殊規定有以下三項：

㈠充軍常犯，至配後責令照例當差，不得任其閒散。（清律第三九六條附例）

㈡凡各省充軍人犯，該州縣仍駐軍籍當差，以該州縣爲專管，該府爲統轄。（清律第四十六條附例）

㈢充軍人犯到配後，應杖一百折責（清律第四一一條附例）

充軍雖係流刑之加重，其實軍犯與流犯無異，故薛允升曰：「充軍係沿前明舊例，前明軍犯俱在衞所當差。本朝俱歸州縣收管，並無可當之差，與流犯無異，是有軍之名，而無軍之實，又何必多立此項名目耶？」（註一六四）

五、發遣之執行

清史稿刑法志曰：「又有發遣名目，初第發尚陽堡寧古塔或烏喇地方安插，後并發齊齊哈爾、黑龍江、三姓、喀爾喀、科布多或各省駐防爲奴。乾隆年間，新疆開闢，例又有發往伊犂、烏魯木齊、巴里坤各回域分別爲奴種地者。咸同之際，新疆道梗，又復改發內地充軍。」（註一六五）

發遣分當差、爲奴二種情形，一般言之，生員以上犯罪，發遣當差，民人犯罪，發遣當差或當奴。發遣地通常爲黑龍江、吉林（寧古塔）、新疆（伊犂、烏魯木齊）等地。清律第四十五條（徒流遷徙地方）附例規定：

曾爲職官及進士、舉、貢、生員、監生，並職官子弟，犯該發遣烏魯木齊、黑龍江等處，如祇係尋常過犯，不致行止敗類者，發往當差。其發駐防者，亦改發烏魯木齊當差。若係黨惡窩匪、卑污下賤者，俱照平人一例，發遣爲奴。（乾隆五十六年定例）

發遣當差官犯得准其效力，同條附例規定：

發遣新疆廢員，派令管理鉛鐵等廠。該將軍、都統等，詳核案情輕重，摘敘原犯罪由，報部核覆。情罪較重者，不准管理。其情節較輕之員，准其管理。俟兩年期滿，如果妥協，除原犯徒杖例止三年奏請者，毋庸置議外，其原犯軍流例應十年奏請者，准其於十年之內酌減三年，奏聞請旨，如蒙允准，即令各回旗籍。（嘉慶八年定例）

發遣爲奴當差人犯須服勞役，同條附例規定：

民人發往伊犂、烏魯木齊等處爲奴遣犯，如在配安分，已逾十年者，止令永遠種地，不准爲民。若發往當差遣犯，果能悔過悛改，定限五年，編入該處民戶册內，給地耕種納糧。俱不准回籍。其有到配後，呈請願入鉛鐵等廠效力捐資者，……其餘無論當差、爲奴，罪由輕重，咨部記檔，准其入廠。……若果能始終實心悔過，入廠五年期滿，俱准其爲民，改入該處民戶册內。查係當差人犯，再效力十年，准其回籍；爲奴人犯，詳核原犯罪由，罪重者不准留廠，罪輕者報部核覆，再加十二年，如果始終效力奮勉，准其回籍。（嘉慶六年定例）

發遣人犯起解之期限，與徒犯之執行相同，其特殊規定有以下三項：

㈠凡發遣人犯，酌定名數，分起解送。如案內人犯衆多，至五名以上者，每五名作一起，先後解送。至起解時，務必如法鎖鐐，將年貌鎖鐐塡註批內，接遞官必按批驗明鎖鐐完全，於批內註明完全字樣，鈐蓋印信，轉遞前途。（清律第四十五條附例）

㈡發遣伊犁、烏魯木齊並吉林、黑龍江等處人犯，該將軍都統等，務酌量所屬各地方大小，均勻派撥，分別安插。（清律第四十五條附例）

㈢發遣新疆、黑龍江當差爲奴者，到配時照例安插，俱不決杖。（清律第四一一條附例）

發遣雖係流刑之加重，其實遣犯與流犯無異，故薛允升曰：「今發新疆遣犯，本罪原係軍流，初則因墾種而改發，後則不因墾種而酌量改發。初則仍係軍流本罪，後直定爲外遣專條。其究也，軍亦非軍，遣亦非遣，仍與流犯無異。」（註一六六）

六、死刑之執行

死刑之執行，因處決者爲立決人犯、情實人犯、先行正法人犯之不同，而有差異。三種人犯當中，以情實人犯最多，以先行正法人犯最少。

㈠立決人犯之處決：立決人犯，督撫審錄無冤，法司覆勘定議，奏聞候有回報，即可處決。清律第四一一條（有司決囚等第）規定：

至死罪者，在內法司定議，在外聽督撫審錄無冤，依律議擬（斬絞情罪），法司覆勘定議，奏聞（候有）回報，（應立決者，）委官處決，故延不決者，杖六十。

逆匪兇盜應斬梟立決人犯，應於省城處決，並由按察使等官監決，清律第四一一條（有司決囚等第）附例規定：

凡各省州縣招解逆匪兇盜罪應斬梟立決人犯，該督撫於各州縣解犯到省，審明題奏後，即留禁按察使監，及首府縣監，牢固監禁。俟奉到逆匪兇盜案內部文，按察使會同督撫標中軍，督率府縣，親提各犯驗明，綁赴市曹，監視處決。應梟示者，仍傳首犯事地方示衆。（嘉慶六年定例）

如處決一般立決人犯，督撫應按程按日計算，於非停刑日期，將部文釘封專差馳遞州縣，同條附例規定：

各省奉到立決人犯部文，該督撫按程按日計算。如由府廳州轉行州縣，在正月六月停刑期內者，即將部文密存按察使內署；仍按程日計算，行至州縣已非停刑日期，釘封專差馳遞。該州縣奉到部文，即日處決。（乾隆二十八年定例）

處決人犯，應由正印官監決，但如正印官公出，令同城佐貳會同武職，代行監決，如該地方無佐貳官時，令府屬佐貳等官會同武職，代行監決，同條附例規定：

凡立決之案，部文到日，如正印官公出，令同城之州同、州判、縣丞、主簿等官，會同本城武職，遴查不停刑日，代行監決。若該地方無佐貳官，令該知府於部文到時，即委府屬之同知、通判、經歷等官，速至該州縣，會同武職，代行監決。（雍正六年定例）

處決立決人犯須於非停刑日，淸律第一條（五刑）附例規定：

每年正月、六月俱停刑，內外立決重犯俱監固，俟二月初及七月立秋之後正法。其五月內交六月節，及立秋在六月內者，亦停正法。（雍正三年定例）

清律第四一一條（有司決四等第）附例規定：

一應立決人犯，如遇冬至以前，十日爲限，夏至以前，五日爲限，俱停止行刑。若文到正值冬至、夏至齋戒日期，及已過冬至、夏至者，於冬至七日、夏至三日以後，照例處決。（嘉慶十二年定例）

上述停刑規定，亦有例外，同條附例規定：

凡兇盜逆犯，干涉軍機，應行立決，及須刑鞫者，均即隨時辦理，聲明咨部，毋庸拘泥停刑舊例；其尋常案件，仍照定例月日停刑。（乾隆三十八年定例）

㈡情實人犯之處決：中央秋審程序結束後，情實人犯經勾決者即應處決。「勾到本下部，該道御史齎到，侍郎一人跪接，交司行文。」（註一六七）清律第四一一條（有司決四等第）附例規定：「俟（勾決）命下日，先後咨行直省，將情實人犯，於霜降後冬至前正法。」原則上，刑部咨文係咨送各省督撫。但直隸省大興、宛平兩縣，係由刑部咨送順天府，再轉送該兩縣。同條附例規定：「大、宛兩縣秋審勾決，及一應斬絞立決重犯，刑部奉旨後即一面逕行順天府府尹，轉飭該縣就近辦理，一面仍行文直隸總督備案。」（乾隆四十年定例）

各省秋審情實人犯勾決後，原則上應於犯事地方處決。清律第四一一條（有司決四等第）附例前段規定：「各省秋審斬絞重犯，俟督撫審勘後，俱發回各州縣監禁。接准部文後，即於犯事地方處決。」惟後段規定：「福建之臺灣府屬，甘肅之哈密、安西、玉門、敦煌等廳州縣，斬絞監候人犯，專令按察使照舊收監。」此等地方之情實人犯，自應於按察司所在地（省城）處決。

關於情實官犯之處決，均於按察司所在地爲之。清律第四一一條（有司決囚等第）附例規定：「各省官犯，於定案時，即在按察使衙門收禁。秋審勾本到省，照刑部決囚之例，將情實官犯全行綁赴市曹，即令按察使監視行刑。奉到諭旨，當場開讀。按照予勾之犯，驗明處決。」（乾隆三十三年定例）

至於情實人犯行刑日，清律第四一一條（有司決囚等第）附例規定「須於霜降後冬至前正法」。但同條附例又有例外規定：「秋朝審處決重囚，如遇冬至以前，十日爲限，俱停止行刑。若文到正値冬至齋戒日期，及已過冬至者，於冬至七日以後，照例處決。」（嘉慶十二年定例）

又各省督撫處決情實人犯時，應揭示通衢，曉諭百姓。清律第四一一條（有司決囚等第）附例規定：「每年秋審勾到後，大學士會同刑部，將已勾未勾情節，摘敍簡明事由，奏聞，行知各督撫，於處決時，揭示通衢曉諭。」（乾隆三十八年定例）

㈢先行正法人犯之處決：清律規定某些重大案件，督撫等官得將人犯先行正法，如清律第二八七條（殺一家三人）規定：

凡殺一家三命以上兇犯，審明後依律定罪，一面奏聞，一面恭請王命，先行正法。（乾隆五十五年定例）

又如清律第四一一條（有司決囚等第）附例規定：

凡審辦逆倫重案，……其子孫毆殺祖父母、父母之案，無論是否因瘋，悉照本律問擬。如距省在三百里內無江河阻隔者，均於審明後，即恭請王命，委員會同該地方官，押赴犯事地方，即行正法。若距省在三百里以外，即在省垣正法，仍將首級解回犯事地方梟示。（道光三年定例）

王命原意謂皇帝之命令。清代各省督、撫、提、鎮皆蒙欽頒「王命旗牌」，「所以重節鎮之權，崇天室之威。」究其源，約同古之「斧鉞」，或「尚方劍」，乃皇帝權威之象徵。賜頒大臣，使得專征專殺。所以清代遇有非常重案（如叛逆），獲犯後，恐久稽顯戮，或生不測者，督、撫、提、鎮等員得自神笥恭請王命旗牌，出置行刑之處，將該犯於旗牌前正法，然後具奏緣由。即俗謂「先斬後奏」。（註一六八）

又道光二十八年（一八四八年）上諭允准「雲南匪犯，督撫覆准後就地正法。」（註一六九）道光三十年（一八五〇年）太平軍興，各省軍務緊急，遂訂定就地正法章程，其施行地域大為擴大，此種就地正法與先行正法並不盡相同，實施時頗滋流弊。清廷雖有停止之議，但因各省督撫反對，終未能停止施行。

七、贖刑

人犯以金錢等物易其本來應科之刑，謂之贖刑。贖刑有三，清律第一條（五刑）附例規定：「贖刑：納贖、收贖、贖罪。」茲分述如后：

㈠納贖：准許納贖之情形有三：1.軍民犯公罪者，2.生員以上犯輕罪者，3.婦人犯罪者。茲分述如后：

1.軍民犯公罪者：其情形有三，清律第一條（五刑）附例規定：

各壇祠祭署奉祀、祀丞，神樂觀提點、協律郎、贊禮郎、司樂等官，並樂舞生及養牲官軍，有犯姦、盜、詐僞、失誤供祀，並一應贓私罪名；官及樂舞生罷黜，軍革役，仍照律發落。若訐告詞訟及因人連累，並一應公錯過誤犯罪者，照律納贖。（雍正三年定例）

太常寺厨役，但係訐告詞訟，過誤犯罪，及因人連累，問該笞杖罪名者，納贖，仍送本寺著役。徒罪以上及姦盜詐僞，並有誤供祀等項，不分輕重俱的決，改撥光祿寺應役。（雍正三年定例）

僧道官有犯，逕自提問，及僧道有犯姦、盜、詐僞，並一應贓私罪名，責令還俗，仍依律例科斷。其公事失誤，因人連累及過誤致罪者，悉准納贖，各還職爲僧爲道。（雍正三年定例）

2.生員以上犯輕罪者：清律第一條（五刑）附例規定：「凡進士、舉人、貢、監、生員及一切有頂戴官，有犯笞杖輕罪，照例納贖，罪止杖一百者，分別咨參除名，所得杖罪免其發落，徒、流以上照例發配。」但同條附例有一例外規定：「生員不守學規，好訟多事者俱斥革，按律發落，不准納贖。」

又依大清會典規定：「文武官員犯罪，杖一百以下者分別降級罰俸，犯該杖一百者革職。」（註一七〇）其詳細內容，已概述於前。清律第一條（五刑）附例特別規定：「凡文武官犯罪，本案革職，其笞杖輕罪，毋庸納贖。若革職後，另犯笞杖罪者，照例納贖。徒流軍遣，依例發配。有呈請贖罪者，刑部核其情節，分別准贖，不准贖二項，擬定奏明，請旨。不得以可否字樣雙請入奏，其貪贓官役，概不准納贖。」（道光四年定例）

3.婦人犯罪者：清律第一條（五刑）附例規定：「婦人有犯姦、盜、不孝者，各依律決罰。其餘有犯笞、杖、並徒、流、充軍，雜犯死罪該決杖一百者，與命婦、官員正妻，俱准納贖。」（雍正三年定例）

除上述准納贖、不准納贖之規定外，其律例未經開載者，問刑官得臨時詳審情罪，准其納贖。同條附例規定：「凡律例開明准納贖、不准納贖者，仍照舊遵行外；其律例內未經開載者，問刑官臨時詳審情罪，應准納贖者，聽其納贖；不應准納贖者，照律的決發落。如承問官濫准納贖者，交該部議處，多取肥己者，計贓科罪。」（乾隆三十二年定例）

清律第一條（五刑）附例小註曰：「納贖，無力，依律決配。有力，照例納贖。」有力納贖中，又分有力、稍有力二等。至於贖銀之數目，大清會典規定：「有力者，每笞一十，贖銀二錢五分，照數遞加。至笞五十，贖銀一兩二錢五分。杖六十，贖銀三兩。自杖七十以上，每加五錢。至杖一百，贖銀五兩。徒一年，贖銀七兩五錢。自一年半以上，每加二兩五錢。至徒三年，贖銀十七兩五錢。總徒四年，二十兩。准徒五年，二十五兩。稍有力者，每笞一十，照力役一月折銀之數，贖銀三錢。笞二十以上，每一等加役十五日，折銀一錢五分。至杖一百，贖銀一兩八錢。徒一年贖銀三兩六錢。一年半以上，每等遞加一兩八錢。至徒三年，贖銀十兩八錢，總徒四年，十四兩四錢。准徒五年，十八兩。」又依大清會典規定可以納穀、納米來代替納銀：「凡納穀者，每一石折米五斗。納米者，每一石折銀五錢。」（註一七一）

㈡收贖：清律第一條（五刑）附例小註曰：「老、幼、廢疾、天文生及婦人折杖，照律收贖。」茲分述如后：

1.老幼廢疾犯罪者：清律第二十二條（老小廢疾收贖）規定：「凡年七十以上、十五以下，及廢疾，犯流罪以下，收贖。八十以上、十歲以上，及篤疾，犯殺人應死者，議擬奏聞，取自上裁；盜及傷人者，亦收贖。」

2.婦人犯罪者：清律第二十條（工樂戶及婦人犯罪）規定：「其婦人犯罪應決杖者，姦罪去衣留褲受刑，餘罪單衣決罰，皆免刺字。若犯徒流者，決杖一百，餘罪收贖。」

3.天文生犯罪者：清律第十九條（天文生有犯）規定：「凡欽天監天文生，習業已成，明於測驗推步之法。能專其事者，犯軍流及徒，各決杖一百，餘罪收贖。」

至於贖銀之數目，大清會典規定：「笞一十，贖銀七釐五毫。每等照數遞加。至杖一百，贖銀七分五釐。徒一年，則倍加七分五釐，共一錢五分。徒五等，每等以七分五釐，折半為三分七釐五毫遞加。至徒三年，贖銀三錢。流二千里，復加七分五釐。流三等，每等亦折半以三分七釐五毫遞加。至流三千里，贖銀四錢五分。斬絞死罪，復加七分五釐，贖銀五錢二分五釐。」（註一七二）

㈢贖罪：清律第一條（五刑）附例小註曰：「官員正妻及例難的決並婦人有力者，照律贖罪。」惟大清會典又曰：「贖罪：命婦例應的決者准焉，各別以其等。過失殺傷人者亦如之，徒限內老疾者亦如之，誣輕為重未決者亦如之。」（註一七三）其範圍較清律附例小註所述者為大。

納贖、收贖、贖罪之外，另有捐贖。刑部設有贖罪處，專司其事。大清會典曰：「不著於例者曰捐贖，必敘其情罪以疏請，得旨乃准焉。」（註一七四）其制，據清史稿刑法志曰：「其捐贖一項，順治十八年，有官員犯流徒籍沒認工贖罪例，康熙二十九年，有死罪現監人犯捐贖例。三十四年，有通倉運米捐贖例。三十九年，有永定河工捐贖例。然皆事竣停止。其歷朝沿用者，惟雍正十二年戶部會同刑部奏准預籌運糧事例，不論旗民，罪應斬絞，非常赦所不原者，三品以上官照西安駝捐例，捐運糧銀一萬二千兩。四品官照營田例，捐運糧銀五千兩。六品官照營田例，捐銀四千兩。七品官以下進士舉人，二千五百兩。貢監生，二千兩。平人，一千二百兩。軍流，各減十分之四。徒以下，各減十分之六。俱准免罪。」（註一七五）

八、其他刑罰之執行

刑罰除五刑、遷徙、充軍、發遣外，尚有刺字、枷號、罰金、入官、追徵。玆分述如后：

㈠刺字：大清會典規定：「凡犯刺字者，各刺於其面與臂而涅之。」（註一七六）其制，依大清會典小註：「刺面在鬢之下頰之上；刺臂在腕之上肘之下。字方一寸五分，畫濶一分有半。初犯，杖罪以下刺右臂；徒罪以上刺右面。再犯、三犯，不論罪之輕重，皆刺左面。竊盜者，搶奪者，監守常人盜官物及官糧、官銀者，積匪猾賊者，均以所犯之事刺之，事由刺左者，地名刺右。事由刺右者，地名刺左。」（註一七七）

應刺文字，「係強盜面刺強盜字，係人命面刺兇犯字。」（註一七八）凡人犯，原則上加以刺字，但「旗人正身脫逃者，官員犯侵盜者，準竊盜論者，犯罪自首減罪者，婦人犯罪者，老幼及殘廢者，皆免刺。」（註一七九）此外，「凡竊盜刺字，後責令充當巡警，能改過捕獲竊盜，即與起除刺字，復

爲良民。其私自銷毀者，枷示杖責，補刺原字。」（註一八〇）

㈡枷號：大清會典曰：「杖罪情重者則枷示。」（註一八一）枷罪時間，或計日、或計月、或計年，亦有永遠枷號者。（註一八二）枷之大小，例有一定，清律第一條（五刑）規定：「凡尋常枷號，重二十五斤。重枷，重三十五斤。枷面各長二尺五寸，濶二尺四寸。」又清律第三九五條（囚應禁而不禁）附例規定，輕罪人犯不得用大枷枷號。「應枷號者，定於滿日責放，不許先責後枷；遇患病即行保釋醫治，痊日補枷。」（嘉慶六年定例）

清代旗人犯罪之刑罰，與漢人不同，笞杖刑易爲鞭責，軍流徒刑易爲枷號。清律第九條（犯罪免發遣）規定：

凡旗人犯罪，笞、杖，各照數鞭責。軍、流、徒，免發遣，分別枷號。徒一年者，枷號二十日，每等遞加五日。總徒、准徒，亦遞加五日。流二千里者，枷號五十日，每等亦遞加五日。充軍附近者，枷號七十日；近邊者，七十五日；邊遠、沿海、邊外者，八十日；極邊、煙瘴者，九十日。

㈢罰金：清律並無罰金名目，但實務上確實存在，薛允升即曰：「有過犯者罰令出錢充公，亦屬例所不禁。」（註一八三）清律命案上所謂「追埋葬銀」爲民事損害賠償，罰金則係刑罰，兩者並不相同。科處罰金時，清律第二十四條（給沒贓物）附例規定：「其承問各官，應開明罰贖人姓名，及所罰數目，曉示各該地方。如有以多報少及隱漏者，督撫參奏以貪贓治罪。」

㈣入官：入官即抄沒，類似今日之沒收。清律第二十四條（給沒贓物）規定物之抄沒入官：「凡彼此俱罪之贓，（謂犯受財枉法、不枉法，計贓，與受同罪者。）及犯禁之物，（謂如應禁兵器及禁書之類。）則入官。」除物之抄沒入官外，尚有人口之抄沒入官。清律第一四〇條（隱瞞入官家產）規定：「凡抄沒人口、財產，除謀反、謀叛及姦黨，係在十惡，依律抄沒。」

㈤追贓：原贓不在時，變賣人犯家產，以爲賠償，謂之追贓。其情形有二：

1.虧空貪贓案之追贓：清律第二十四條（給沒贓物）附例規定：「虧空貪贓官吏，一應追賠銀兩，該督撫委清查官產之員，會同地方官，令本犯家屬，將田房什物呈明時價，當堂公同確估，詳登册記，申報上司，仍令本犯家屬眼同售賣完項。」

2.強竊盜賊案之追贓：清律第二六六條（強盜）附例規定：「強竊盜賊現獲之贓，各令事主認領外，如強盜贓不足原失之數，將無主贓物賠補，餘剩者入官。如仍不足，將盜犯家產變價賠償。」同條附例亦規定：「凡盜犯到案審實，先將各犯家產封記，候題結之日，將盜犯家產變賠。」

【註釋】

註一　王又槐，辦案要略，見入幕須知五種，頁四九三。

註二　大清會典，卷五十五，頁三。

註三　同前註。

註　四　薛允升，讀例存疑，見黃靜嘉編校之重刊本，頁一二五二。
註　五　大清會典事例，卷八三七，頁五。
註　六　前書，卷八四五，頁五。
註　七　前書，卷八四五，頁十五至十六。
註　八　大清會典，卷七十四，頁一。
註　九　前書，卷四，頁六。
註一〇　前書，卷七十四，頁九。
註一一　前書，卷七十五，頁一。
註一二　前書，卷七十四，頁九。
註一三　參見大清律例第四一一條（有司決囚等第）及該條諸附例。
註一四　同前註。
註一五　同前註。
註一六　同前註。
註一七　六部處分則例，卷四十七，頁十。
註一八　大清會典事例，卷七五〇，頁四。
註一九　同前註。
註二〇　薛允升，讀例存疑，卷四十九，見黃靜嘉編校之重刊本，頁一二六五。

註二一　大清會典事例，卷一〇四二，頁五。
註二二　前書，卷十三，頁二至三。
註二三　前書，卷一〇一七，頁三。
註二四　清世宗實錄，卷九十六，頁五。
註二五　前書，卷九十六，頁五至六。
註二六　薛允升，讀例存疑，卷四十九，見黃靜嘉編校之重刋本，頁一二六五。
註二七　大清會典事例，卷七五〇，頁七至八。
註二八　前書，卷七五〇，頁八。
註二九　薛允升，讀例存疑，卷四十九，見黃靜嘉編校之重刋本，頁一二六四至一二六五。
註三〇　前書，頁一二六一。
註三一　前書，頁一二六〇。
註三二　駁案新編，卷二，頁三十二至三十八。
註三三　前書，卷三，頁三十二至三十三。
註三四　前書，卷四，頁十九至二十二。
註三五　前書，卷四，頁三十二至四十。
註三六　大清會典事例，卷八五〇，頁十四。
註三七　前書，卷八五〇，頁十九至二十。

註三八　前書，卷八五〇，頁十八。
註三九　前書，卷八五〇，頁二十一。
註四〇　清代地租剝削形態，頁五十八至五十九。
註四一　明清史料戊編第五本，頁四九八至五〇〇。
註四二　清史稿，卷一四四，刑法三，見鼎文版清史稿，頁四二〇六。
註四三　大清會典事例，卷一〇四三，頁六。
註四四　前書，卷一〇二一，頁九。
註四五　大清會典，卷六十九，頁十七。
註四六　刑案滙覽，凡例，頁一。
註四七　同前註。
註四八　大清會典事例，卷一〇二一，頁九。
註四九　同前註。
註五〇　同前註。
註五一　同前註。
註五二　前書，卷一〇四三，頁五至六。
註五三　大清會典，卷六十九，頁十七。
註五四　同前註。

註五五　大清會典事例，卷一〇二一，頁九。
註五六　前書，卷一〇四三，頁七。
註五七　清代地租剝削形態，頁五十九至六十一。
註五八　前書，頁二十一至二十五。
註五九　前書，頁一五四至一五五。
註六〇　大清會典，卷五十三，頁十六。
註六一　前書，卷二，頁六。
註六二　大清會典事例，卷一〇二一，頁十。
註六三　大清會典，卷六十九，頁十七。
註六四　大清會典事例，卷一〇二一，頁十一。
註六五　康熙起居注，康熙十九年五月十九日丁未。
註六六　前書，康熙二十年四月初三日丙戌。
註六七　大清會典，卷二，頁七。
註六八　同前註。
註六九　同前註。
註七〇　同前註。
註七一　同前註。

註七二　大清會典事例，卷十四，頁十五。
註七三　同前註。
註七四　前書，卷十四，頁二十三至二十四。
註七五　大清會典，卷二，頁七至八。
註七六　前書，卷二，頁八。
註七七　同前註。
註七八　大清會典事例，卷十四，頁十六至十七。
註七九　大清會典，卷二，頁八。
註八〇　前書，卷三，頁一。
註八一　同前註。
註八二　梁章鉅，樞垣記略，卷十三。
註八三　轉引自章乃煒，清宮述聞，頁四〇五。
註八四　轉引自章乃煒，清宮述聞，頁四〇六。
註八五　參見明清檔案與歷史研究（上册），頁五四四至五四五。
註八六　章乃煒，清宮述聞，頁四〇四。
註八七　大清會典事例，卷二九九，頁十至十一。
註八八　清世宗實錄，卷九十六，頁六。

註八九　莊吉發，清代奏摺制度，頁八十一。
註九〇　康熙起居注，康熙五十三年四月十九日庚寅。
註九一　前書，康熙五十五年三月初七日戊戌。
註九二　前書，康熙二十五年三月十三日丁卯。
註九三　前書，康熙五十五年二月十七日戊寅。
註九四　前書，康熙五十五年三月初七日戊戌。
註九五　大清會典事例，卷八五三，頁九。
註九六　康熙起居注，康熙四十五年四月二十四日辛亥。
註九七　前書，康熙四十五年六月二十二日戊申。
註九八　前書，康熙五十三年十月十三日辛巳。
註九九　前書，康熙五十四年十一月十七日己酉。
註一〇〇　大清會典事例，卷十四，頁九。
註一〇一　康熙起居注，康熙二十年五月二十一日癸酉。
註一〇二　前書，康熙二十四年四月二十八日丁巳。
註一〇三　大清會典事例，卷十四，頁二十一至二十二。
註一〇四　前書，卷一〇二一，頁十。
註一〇五　大清會典，卷六十九，頁十七。

註一〇六　大清會典事例，卷一〇二一，頁十一。
註一〇七　康熙起居注，康熙十九年五月十九日丁未。
註一〇八　前書，康熙二十年四月初三日丙戌。
註一〇九　前書，康熙二十年五月二十日壬申。
註一一〇　前書，康熙四十五年九月二十日乙亥。
註一一一　明會典，卷一七七，刑部，恤刑。
註一一二　清史稿，卷一四三，刑法二，見鼎文版清史稿，頁四一九四。
註一一三　前書，卷一四四，刑法三，見鼎文版清史稿，頁四二〇七。
註一一四　清世祖實錄，卷七十七，頁十五至十六。
註一一五　清世祖實錄，卷一二一，頁四。
註一一六　大清會典事例，卷八四六，頁二。
註一一七　同前註。
註一一八　清聖祖實錄，卷四十四，頁一。
註一一九　大清會典，卷五十七，頁十二。
註一二〇　大清會典事例，卷八四六，頁十三。
註一二一　轉引自鄭秦，清代司法審判制度研究，頁一七五至一七六。
註一二二　大清會典事例，卷八四七，頁十四。

註一二三　大清會典，卷五十七，頁十四。

註一二四　剛毅輯，秋讞輯要，卷一，頁一。

註一二五　大清會典，卷五十七，頁十四。

註一二六　剛毅輯，秋讞輯要，卷一，頁一。

註一二七　清史稿，卷一四四，刑法三，見鼎文版清史稿，頁四二〇八。

註一二八　同前註。

註一二九　大清會典事例，卷八四七，頁十四。

註一三〇　清史稿，卷一四四，刑法三，見鼎文版清史稿，頁四二〇八。

註一三一　大清會典事例，卷八四四，頁二。

註一三二　薛允升，讀例存疑，卷四十九，見黃靜嘉編校之重刊本，頁一二四一。

註一三三　大清會典事例，卷一〇二一，頁十七至十八。

註一三四　前書，卷一〇二一，頁十九。

註一三五　前書，卷一〇二一，頁二十二。

註一三六　前書，卷一〇二一，頁二十四。

註一三七　清史稿，卷三二三，見鼎文版清史稿，頁一〇七九一。

註一三八　大清會典事例，卷八五〇，頁三。

註一三九　前書，卷八四七，頁一。

註一四〇　前書，卷八四七，頁十五。

註一四一　同前註。

註一四二　康熙起居注，康熙十九年九月二十日乙亥。

註一四三　前書，康熙二十四年九月二十六日癸未。

註一四四　前書，康熙二十四年十月十八日乙巳。

註一四五　轉引自鄭秦，清代司法審判制度研究，頁一八〇。

註一四六　清史稿，卷一四四，刑法三，見鼎文版清史稿，頁四二〇九。

註一四七　清世宗實錄，卷十八，頁十至十一。

註一四八　清高宗實錄，卷三四八，頁十七。

註一四九　大清會典事例，卷八四九，頁十七。

註一五〇　轉引自鄭秦，清代司法審判制度研究，頁一八一至一八二。

註一五一　前書，頁一八二。

註一五二　大清會典，卷五十三，頁二。

註一五三　清史稿，卷一四四，刑法三，見鼎文版清史稿，頁四二〇九。

註一五四　大清會典，卷五十三，頁二。

註一五五　清史稿，卷一四四，刑法三，見鼎文版清史稿，頁四二〇九。

註一五六　大清會典，卷五十三，頁二。

註一五七　薛允升，讀例存疑，卷六，見黃靜嘉編校之重刋本，頁一五〇。
註一五八　六部處則例，卷七四二，頁二十四。
註一五九　前書，卷四十六，頁五。
註一六〇　薛允升，讀例存疑，卷六，見黃靜嘉編校之重刋本，頁一六七。
註一六一　清代州縣故事，見清代州縣四種，頁三十一。
註一六二　清史稿，卷一四三，刑法二，見鼎文版清史稿，頁四一九五。
註一六三　同前註。
註一六四　薛允升，讀例存疑，卷六，見黃靜嘉編校之重刋本，頁一七八。
註一六五　清史稿，卷一四三，刑法二，見鼎文版清史稿，頁四一九五。
註一六六　薛允升，讀例存疑，卷六，見黃靜嘉編校之重刋本，頁一七九。
註一六七　大清會典，卷五十三，頁三。
註一六八　張偉仁，中央研究院歷史語言研究所現存清內閣大庫原藏法制檔案的研究（抽印本），頁七十二，原文載食貨月刋第七卷，第七、八期。
註一六九　大清會典事例，卷八五〇，頁十四。
註一七〇　大清會典，卷五十六，頁十。
註一七一　同前註。
註一七二　前書，卷五十六，頁十一。

註一七三　同前註。

註一七四　前書，卷五十六，頁十二。

註一七五　清史稿，卷一四三，刑法二，見鼎文版清史稿，頁四一九七。

註一七六　大清會典，卷五十三，頁七。

註一七七　同前註。

註一七八　前書，卷五十三，頁八。

註一七九　前書，卷五十三，頁七。

註一八〇　前書，卷五十三，頁八。

註一八一　前書，卷五十三，頁四。

註一八二　同前註。

註一八三　薛允升，讀例存疑，卷四，見黃靜嘉編校之重刊本，頁一〇三。

第五章　清代中央司法審判程序之二
——京師案件現審程序

第一節　京師案件司法審判程序概說

一、京師司法審判機關及審級管轄

清代京師司法審判機關頗多，並非僅有三法司（刑部、都察院及大理寺）而已。中央各部院均擁有部份司法審判權，除三法司外，議政大臣、內閣大學士及軍機大臣等固得奉旨審判重大案件，吏戶禮兵工等五部尚書、侍郎於其業務職掌範圍內自有權參與相關案件之會審，亦得奉旨審判重大案件。理藩院得審理外藩蒙古案件，八旗都統衙門得審理旗人案件，宗人府得審理宗室覺羅案件，內務府得審理包衣及太監案件，總理各國事務衙門得審理涉外民刑案件。通政使司（鼓廳）得收受訴狀，轉送刑部或奏聞皇帝。又五城察院及步軍統領衙門均得就京師案件加以初步之審理。

清代中央各部院雖均擁有部份司法審判權，惟清代司法審判之核心仍在刑部及三法司。就京師案件而言，五城察院及步軍統領衙門在體制上雖係中央機關，但在司法運作上，實係京師案件之初審機關，刑部及三法司均係覆審機關。京師司法審判機關因案件刑責之輕重而定其審級管轄。玆將京師司法審判機關審級管轄之概況分述於後：

㈠第一級司法審判機關—五城察院及步軍統領衙門

五城察院及步軍統領衙門為京師之基層司法審判機關。清初，旗人居住內城，民人居住外城，內城之治安及司法主要由步軍統領負責；外城之治安及司法主要由五城察院負責。康熙中期以後，旗民居住混雜，此種區分漸次泯滅，兩衙門之土地管轄競合，於內城與外城均有管轄權。五城察院為文職機關，其管轄之對象兼及民人及旗人。步軍統領衙門為武職機關，其管轄之對象亦兼及民人及旗人。絕大多數京師司案件均由五城察院或步軍統領衙門進行初審。民事案件（指民人間之戶婚田土案件）由五城察院自理，巡城御史即可審結。至於刑事案件，則依案件刑責之輕重而作不同之審理。笞杖罪案件亦由五城察院或步軍統領衙門自理，巡城御史或步軍統領衙門即可審結。徒罪以上案件或其他特殊案件，五城察院或步軍統領衙門，須送刑部審辦。

㈡第二級司法審判機關—刑部

刑部為刑名總滙。京師徒罪以上案件或其他特殊案件（如職官案件、叩閽案件、京控案件、宗室覺羅案件等），均須經刑部現審（實審也，親為審理之意）。刑部現審案件，絕大多數係由五城察院或步軍統領衙門移送而來，少數係由都察院、通政使司或其他部院移送而來。遣軍流徒案件，刑部即可結案。尋常死罪案件須由三法司會審，惟仍由刑部主稿。專摺具奏之情節重大死罪案件則僅由刑部審理。

㈢第三級司法審判機關—三法司

清代京師死罪案件，「凡刑至死者，則（刑部）會三法司以定讞。」（註一）即「罪應斬絞之案，（刑部）會同三法司覈擬具題。」（註二）死罪案件中，尋常死罪案件應由三法司會審。（惟專摺具奏之情節重大死罪案件，因須儘速處理，故無須三法司會審，僅由刑部審理，專摺具奏即可。）三法司會審後具題，奏聞於皇帝。斬絞立決案件，奉旨依議後即爲確定。斬絞監候案件尚須經朝審覆核。

二、京師案件司法審判程序

清代，京師案件中之民事案件由五城察院自理，巡城御史即得審結。刑事案件則較爲複雜。茲以刑事案件爲中心略述京師案件司法審判程序之梗概如后：

㈠五城察院及步軍統領衙門初審程序

清代五城之正印官爲五城兵馬司指揮，惟其職掌與一般地方正印官不同，只負責各該城之治安，並不得受理民詞。所有五城之民事及刑事案件，均由各該城之巡城御史審理。五城察院及步軍統領衙門初審程序，應包括審前程序（呈控、批詞、查驗、檢驗、傳喚、拘提及緝捕等）和審理程序（審訊、判決及移送刑部），茲分述如後：

1.審前程序

民人或旗人至五城察院具呈控訴，謂之呈控。五城察院並無所謂三六九日放告或每月三八日放告之規定，原則上呈控並無時日之限制。民人或旗人至步軍統領衙門呈控亦同。五城察院或步軍統領衙門收受呈詞之後應予批示，決定是否准理，謂之批詞。批詞應依據律例決定准理或不准理。除呈控外，呈報亦爲常見受理事由，如苦主之呈報人命案件，事主之呈報強盜及竊盜案件。又民人之告發、人犯之自首（投首）及其他衙門之移送，均構成受理事由。

人命案件須由兵馬司指揮相驗（檢驗），強盜及竊盜案件須由兵馬司副指揮查驗（勘驗）。案件准理後，五城察院或步軍統領衙門得簽發印票，傳喚被告。情節重大案件，兩衙門得簽發印票，拘提被告。人犯如已逃逆，兩衙門得簽發印票，緝捕人犯。

五城人犯有事關重大者，五城察院得予羈禁（即所謂羈鋪候審）或交坊看押。惟兩衙門初步審理後認係徒罪以上案件時，則應將人犯移送刑部。

2.審理程序

五城察院及步軍統領衙門有權審理戶婚田土案件及笞杖罪案件，兩衙門審訊時自應依大清會典所定審訊原則加以審訊，即「依狀以鞫情，如法以決罰，據供以定案。」（註三）人犯如不吐實供，得予刑訊。

五城察院及步軍統領衙門得自理笞杖罪案件，斷罪時須引律例，斷罪後即可結案。如係徒罪以上案件，兩衙門應將案件移送刑部審辦。

(二)刑部審理程序

刑部並不直接收受呈詞。「一切並無原案詞訟，均應由都察院、五城、步軍統領衙門、順天府及各旗營接收，分別奏咨，送部審辦。」（註四）各衙門移送案件至刑部後，刑部當月處應呈堂，掣籤分司。「以事之輕重，分爲三等，奏案爲大籤，竊盜爲小籤，其餘爲中籤。各司內惟督捕司不辦現審案件，廣西司當朝審期內，亦不分現審。」（註五）徒流軍遣罪案件，刑部即可審結，按季彙題。專摺具奏之情節重大死罪案件，常奉旨由刑部核擬具奏。此類案件由刑部單獨審理。尋常死罪案件則須三法司會審。

(三)三法司審理程序

除專摺具奏之情節重大死罪案件由刑部單獨審理外，其餘尋常死罪案件，均應由三法司會審。三法司會審程序如下：「（京師案件）死罪既取供，大理寺委寺丞或評事，都察院委御史，赴本司會審，謂之會小法。獄成呈堂，都察院左都御史或左副都御史，大理寺卿或少卿，挈同屬員赴刑部會審，謂之會大法。如有翻異，發司覆審，否則會稿分別題奏。」（註六）斬絞立決案件奉旨依議後，即可執行死刑。斬絞監候案件則尙須經朝審覆核。

第二節　五城察院及步軍統領衙門審理程序

一、總　論

㈠原告、被告與代告

原告又稱爲「原造」，有時亦稱「控告人」、「首告人」、「告訴人」或「具告人」等。被告又稱「被造」，清律上則稱爲「被論」。（註七）清律常稱人命案件原告爲「苦主」（註八），又常稱強盜及竊盜案件原告爲「事主」。（註九）

清律於原告之訴訟能力頗多限制，依清律規定，㈠年八十以上之人，㈡十歲以下之人，㈢篤疾者，㈣婦人等四類人，其訴訟能力受有限制。清律第三三九條（見禁囚不得告他事）規定：「其年八十以上，十歲以下，及篤疾者，若婦人，除謀反、叛逆、子孫不孝、或己身及同居之內爲人盜、詐、侵奪財產及殺傷之類聽告，餘並不得告；（以其罪得收贖，恐故意誣告害人。）官司受而爲理者，笞五十。（原詞立案不行。）」

本條禁止上述四類人控告，係因老、幼、廢疾及婦人犯罪俱得收贖，（註一〇）恐故意誣告害人也。此四類人因無訴訟能力，故其控告時，必須由人代告（或曰抱告），清律第三三九條附例（見禁囚不得告舉他事）規定：「年老及篤疾之人，除告謀反叛逆，及子孫不孝，聽自赴官陳告外；其餘公事，許令同居親屬通知所告事理的實之人代告。誣告者，罪坐代告之人。」

實則非但「老、幼、廢疾及婦人」必須由人代告，即生（生員）監（監生）亦須由人代告，此項

限制雖不見於大清律例，惟同治十二年通行控訴條款第九項規定：「生監、婦女、老幼、廢疾，無抱告者，不准。」（註一一）

㈡代書與訟師

京師民人或旗人至五城察院或步軍統領衙門呈控時必須有呈詞，而民人及旗人不能自寫呈詞者頗多，此類人多由代書代寫呈詞。清初雖有代書存在，但無官方認可之官代書。關於官代書之設立，始於雍正七年，原專指直省府州縣。雍正十三年始兼及在京衙門。（註一二）清律第三四〇條（教唆詞訟）附例規定：

內外刑名衙門，務擇里民中之誠實識字者，考取代書；凡有呈狀，皆令其照本人情詞據詞謄寫，呈後登記代書姓名，該衙門驗明，方許收受。無代書姓名，即嚴行查究，其有教唆增減者，照律治罪。（雍正七年定例）

又同條附例規定：

凡有控告事件者，其呈詞俱責令自作，不能自作者，准其口訴，令書吏及官代書據其口訴之詞，從實書寫；如有增減情節者，將代書之人，照例治罪。其唆訟棍徒，該管地方官實力查拏，從重究辦。（嘉慶十七年定例）

官代書既係內外刑名衙門所考取者，其辦理代書業務，須依照內外刑名衙門之規定。如有違反，內外刑名衙門得加以責革。同治十二年通行控訴條款規定代書之斥責及責革：（註一三）

1.被告干證不得牽連多人，若有將無干之人混行開出及告姦盜牽連婦女作證者，除不准外，仍責代書。

2.違式雙行疊寫，定責代書。

3.冒名代告、舊事翻新、虛詞誣妄者，除本人反坐外，仍移代書責革。

4.凡爭控墳穴山場，俱應據實直書，如敢以毀塚滅骸盜發等語，架詞裝點，希圖聳聽者，除不准外，定將代書究革。

5.凡投詞須查明兩造前後批詞及地鄰原差一切票懇批語，全開數夾單呈閱，如敢故為遺漏，開載不全及削改字句，祇將初呈一二批語塡寫者，察出，定將代書責革。

清代嚴禁訟師，地方官應查拏禁緝。訟師又稱為訟棍，或本為書吏，或本為生員，甚至有本為舉人者。平日包攬詞訟，興風作浪，為害良民。訟師「大率以假作眞，以輕為重，以無為有，捏造妝點，巧詞強辯。」（註一四）「以撥弄是非為得計，以顛倒黑白而迷人，每當兩造紛爭，從中構禍。」（註一五）「偶遇小事小故，輒代駕虛詞投官府，以疾病老死為人命，以微債索逋為劫奪，以產業交易，戶婚干連者為強占，為悔賴。」（註一六）「待呈詞既遞，魚肉萬端，甚至家已全傾，案猶未結，且有兩造俱不願終訟，彼此就罷，而訟師以慾壑未盈，不肯罷手者。」（註一七）故曰「唆訟者最訟師，害民者最地棍，二者不去，善政無以及人。」（註一八）

清律對教唆詞訟者刑罰極重，清律第三四〇條（教唆詞訟）規定：「凡教唆詞訟，及為人作詞狀，增減情罪誣告人者，與犯人同罪；（至死者，減一等。）若受僱誣告人者，勿論。」本條規定適用於訟師及代書之情形最多。

同條附例亦規定：

> 審理詞訟，究出主唆之人，除情重贓多，實犯死罪，及偶爲代作詞狀，情節不實者，俱各照本律查辦外；若係積慣訟棍，串通胥吏，播弄鄉愚，恐嚇詐財，一經審實，即依棍徒生事擾害例，問發雲、貴、兩廣極邊煙瘴充軍。（乾隆二十九年定例）
>
> 凡審理誣控案件，不得率聽本犯捏稱倩過路不識姓名人書寫呈詞，務須嚴究代作詞狀唆訟之人，指名查拏，依例治罪。（嘉慶十七年定例）

清律規定地方官應查拏訟師，同條附例規定：

> 訟師教唆詞訟，爲害擾民，該地方官不能查拏禁緝者，如止係失於察覺，照例嚴處；若明知不報，經上司訪拏，將該地方官照姦棍不行查拏例，交部議處。（乾隆元年定例）

道光五年，清廷曾飭令五城御史嚴拏前三門外姦棍訟師，包攬京控之事。（註一九）此外，清律又規定地方官應查禁訟師秘本，同條附例規定：

> 坊肆所刊訟師秘本，如驚天雷、相角、法家新書、刑臺秦鏡等一切構訟之書，盡行查禁銷毀，不許售賣。有仍行撰造刻印者，照淫詞小說例，杖一百，流三百里。將舊書復行印刻及販賣者，杖一百，徒三年。買者，杖一百。藏匿舊書不行銷毀，減印刻一等罪。藏匿其書，照違制律治

罪；其該管失察各官，分別次數交部議處。（乾隆七年定例）

五城察院或步軍統領衙門如發現有訟師教唆詞訟時，因係徒罪以上案件，自應移送刑部審理。至於查禁訟師秘本一事，兩衙門自應依例辦理，盡行查禁銷毀，不許售賣。

㈢管轄

五城察院及步軍統領衙門之管轄，可分爲事物管轄及土地管轄兩方面來說明，玆分述如后：

1.事物管轄

事物管轄係以案件之種類，決定具有初審管轄權之司法審判機關，即於不同級司法審判機關間決定其案件之分配。清代司法審判機關之事物管轄係依案件刑責之輕重而定。原則上，五城察院及步軍統領衙門對戶婚田土案件及笞杖罪案件具有初審管轄權。換言之，兩衙門對上述兩類案件有事物管轄。

(1)五城察院之事物管轄

五城御史（或稱巡城御史）並非五城之地方官。清代，五城之地方官爲五城兵馬司指揮（五城，漢各一人，正六品），五城之佐貳官爲副指揮（五城，漢各一人，正七品）及吏目（五城，漢各一人，未入流）。五城兵馬司指揮爲五城之正印官，惟自清初以來即與各省州縣官之職掌不同，其司法審判上之職掌大部份歸於五城御史。清初設五城御史，「由都察院以科道引見，請旨簡派，一年更替。」（註二〇）故五城御史原係代表皇帝監督五城兵馬司者，五城御史雖係一年更替一次，但五城察院爲常設之機關。實際上，五城察院已成爲五城兵馬司之上司衙門，五城御史亦已成爲五城兵馬司指揮等官之上司。五城兵馬司指揮雖有正印官之名，却無正印官之實。五城御史雖無正印官之名，却有正印官之實。原則上，惟五城御史有權受理民間詞訟，審理一切民事及刑事案件。

五城察院之事物管轄又可分為戶婚田土案件、笞杖罪案件及徒罪以上案件等三方面來說明。玆分述如后：

甲、戶婚田土案件

順治年間，五城御史即得審理戶婚田土錢債案件。順治十三年覆准：「京師城內錢債等細事，如(旗人)與民互告，仍聽五城審結。」(註二一)康熙十一年題准：「五城詞訟，(巡城)御史巡行審結。」(註二二)惟順治、康熙年間，戶婚田土案件，五城指揮、副指揮及吏目亦得審理。康熙四十五年始予以限制，須奉五城御史批發委審，始得審理。康熙四十五年覆准：「五城副指揮、吏目係佐貳官。民間詞訟，非奉該城御史批發，正印官移行，不得准理動刑。」(註二三)

關於五城御史之批發委審，雍正元年嚴格禁止。雍正元年覆准：「司坊官員不許收受民詞，該城御史亦不許批審詞訟。」(註二四)惟此項禁令至乾隆十一年即已放寬。乾隆十一年奏准：「民間房屋債負，經該城批發事件，該坊錄取供詞，報明本城結案。」(註二五)本項定例雖僅就房屋債負案件而言，且坊官(副指揮及吏目)亦僅能錄取供詞而已，惟實際上坊官除房屋債負案件外，亦得審訊戶婚田土案件。嘉慶十八年，清律第四一一條(有司決囚等第)內增訂附例：五城案件如戶婚田土錢債細事，照例自行完結。道光十八年始諭令將戶婚田土詞訟案件改歸正指揮衙門詳城，聽五城御史批發核辦。道光十八年上諭：「吏目向例不准擅受民詞，若令其於戶婚田土詞訟案件傳人敍供，即與擅受無異。……其餘戶婚田土詞訟案件，向歸吏目管理者，均著改歸正指揮衙門詳城，聽各該御史批發覈辦。」（註二六）自此以後，五城兵馬司指揮經五城御史批發後，得審理戶婚田土案件，以迄於清末。

乙、答杖罪案件

順治年間，五城御史即得審理笞杖罪案件。順治十三年覆准：「京師城內鬥毆等細事，如（旗人）與民互告，仍聽五城審結。」（註二七）康熙十一年題准：「五城詞訟，（巡城）御史徑行審結（笞杖罪案件）。」（註二八）康熙二十七年議准：「城外居住旗人，有在城控告者，笞杖以下事件，該城御史審理歸結。」（註二九）

雍正五年，清律第四一一條（有司決囚等第）內增訂附例：「笞杖等輕罪，五城照例自行完結。」惟五城兵馬司等官於賭博、鬪毆等笞杖罪案件，亦有權審理。乾隆元年奏准：「賭博、鬥毆等件，該坊官於所屬地方，固宜隨拏隨審。」（註三〇）可知五城坊官得審理賭博、鬥毆等笞杖罪案件。

丙、徒罪以上案件

順治年間，並未確定何種案件應送刑部審理，直至康熙十一年方行確定。康熙十一年題准：「五城詞訟，徒罪以上送刑部。」（註三一）惟此項規定至雍正五年始於清律第四一一條（有司決囚等第）內增訂附例加以規定，按該附例規定：「若罪重於笞杖者，（五城）俱審明送刑部定擬。」（註三二）

乾隆十二年該附例修訂為：「五城審理案件，……若詞訟內所控情節，介在疑似，及關繫罪名出入，非笞杖所能完結者，俱送刑部審擬。」（註三三）嘉慶十八年該附例修訂為：「五城審理案件，……

……其旗民訴訟，各該衙門均先詳審確情，如應得罪名在徒流以上者，方准送部審辦。」（註三四）

(2)步軍統領衙門之事物管轄

步軍統領衙門之事物管轄與五城察院之事物管轄相類似。步軍統領衙門之事物管轄亦可分為戶婚田土案件、笞杖罪案件及徒罪以上案件等三方面來說明。茲分述如后：

甲、戶婚田土案件

清初（順治初年）五城察院掌京師戶婚田土案件之審理。步軍統領衙門原係負責京師治安之機關，極少涉及京師戶婚田土案件之審理。康熙十三年，命步軍統領提督九門事務。三十年，命步軍統領兼管巡捕三營。自此之後，步軍統領衙門職掌日漸擴充。雍正五年，清律第四一一條（有司決囚等第）即增訂附例：「笞杖等輕罪，提督衙門俱照例自行完結。」此之所謂笞杖等輕罪應含戶婚田土案件在內。嘉慶十八年，清律始明定，步軍統領衙門得審理戶婚田土案件。是年，清律第四一一條（有司決囚等第）附例修訂為：「步車統領審理案件，如戶婚田土錢債細事，……照例自行完結。」本附例至清末為止，仍屬有效。

乙、笞杖罪案件

順治初年，步軍統領衙門初設時，即得審理笞杖罪案件，惟未有明文規定。康熙十三年定：「凡審理八旗三營拏獲違禁犯法姦匪逃盜一應案件，審係輕罪，步軍統領衙門自行完結。」（註三五）雍正五年，清律第四一一條（有司決囚等第）即增訂附例：「笞杖等輕罪，提督衙門俱照例自行完結。」嘉慶十八年，清律第四一一條（有司決囚等第）附例修訂爲：「步軍統領審理案件，如拏獲竊盜鬥毆賭博，以及一切尋常訟案，審明罪止枷杖笞責者，照例自行完結。」本附例至清末爲止，仍屬有效。

丙、徒罪以上案件

順治初年，步軍統領衙門拏獲重要之姦匪逃盜人犯時，固得爲初步之審訊，但無審理權。遇有是類案件，應移送刑部審理。惟至康熙十三年始明定：「凡審理八旗三營拏獲違禁犯法姦匪逃盜一應案件，徒罪以上（步軍統領衙門）錄供送刑部定擬。」（註三六）雍正五年，清律第四一一條（有司決囚等第）即增訂附例：「若罪重於杖笞者，（提督衙門）俱審明送刑部定擬。」乾隆十二年，清律第四一一條（有司決囚等第）附例修訂爲：「若詞訟內所控情節，介在疑似，及關繫罪名出入，非笞杖所能完結者，（提督衙門）俱送刑部審擬，不得自行完結。」

徒罪以上案件，並非全部移送刑部審理。部分特殊案件，步軍統領衙門得自行審理。乾隆八年定：「八旗滿洲蒙古漢軍正身犯姦案件，流罪以下，步軍統領審理，以清字文案自行完結。其因姦罪至死者，步軍統領會同三法司滿堂官審明定擬，用清字具奏。」（註三七）

2. 土地管轄

(1) 五城察院之土地管轄

五城察院於京師地區一切民刑案件，原則上均有初步審訊或審理之權。順治十年議准：「令五城御史各率所屬，辦理地方之事，釐剔姦弊，整頓風俗。」（註三八）順治十六年題准：「京師內外十六門（指內九門及外七門），令巡城御史不時巡查。」（註三九）可知五城察院於各該城轄區內有土地管轄權。

五城御史並非於京師地區各該城轄區內一切民刑案件均親自審理，時或批發五城司坊等官（指揮、副指揮及吏目），五城司坊等官之土地管轄，曾經變更數次，雍正元年始行確定。雍正元年定：「五城兵馬司職司稽察姦宄，人命案件，以指揮管理。逃盜等件，以副指揮、吏目，分地管理。」（註四〇）乾隆三十一年議准：「永定等七門、安定等六門外地方，專責吏目分管。該員衙署俱設於正陽等三門之外，分管地方相隔遙遠，稽察難周。嗣後移副指揮駐紮城外，凡各吏目原管地方，即令副指揮專管。其正陽等三門外副指揮所轄地方，俱歸正指揮與吏目分管。」（註四一）自是年後，五城兵馬司副指揮、吏目之部分轄區有所變更。是年議准：「今移副指揮駐紮關外，則關外統歸副指揮管理。其關內地方，即歸併各城吏目分管（坊名，南城仍舊。東西北三城，俱隨地更換。」（註四二）玆列表說明如后：（註四三）

五城	司坊官	雍正元年以後分管地方	乾隆三十一年以後分管地方
中城	副指揮	中西坊	中西坊
	吏目	中東坊	中東坊
東城	副指揮	崇南坊	朝陽坊
	吏目	朝陽坊	崇南坊
西城	副指揮	宣南坊	關外坊
	吏目	關外坊	宣南坊
南城	副指揮	東南坊	東南坊
	吏目	正東坊	正東坊
北城	副指揮	日南坊	靈中坊
	吏目	靈中坊	日南坊

(2)步軍統領衙門之土地管轄

順治初年初設步軍統領時，原僅統轄內城滿洲、蒙古、漢軍八旗步軍。（註四四）並不管理京城內九門（正陽、崇文、宣武、朝陽、阜城、東直、西直、安定、德勝）及外七門（永定、左安、右安、廣渠、廣安、東便、西便）之門禁事務。順治初年，「京城內九門外七門，沿明制設指揮千百戶，屬兵部職方司漢主事專管。」（註四五）康熙十三年，命步軍統領提督九門事務。同年又定，步軍統領統轄十六門門軍。（註四六）自是年後，步軍統領衙門之土地管轄及於內城（內九門以內之地）及外城（外七門以內之地）。此項土地管轄，迄於清末，均無改變。

㈣迴避

五城御史及步軍統領審理京師案件時，應遵守有關迴避之規定。官吏於訴訟人（原告或被告）爲其㈠有服親及婚姻之家，㈡受業師，㈢舊上司與本籍官長有司，㈣素有仇隙之人時，官吏應自行迴避。不自行迴避，則予處分。清律第三三五條（聽訟迴避）即規定：「凡官吏於訴訟人內，關有服親及婚姻之家，若受業師，（或舊爲上司，與本籍長官有司。）及素有仇隙之人，並聽移文迴避。違者，雖罪無增減。笞四十；若罪有增減者，以故出入人罪論。」

大清律例會通新纂解釋此律曰：「官吏於訴訟人內，關於有服親、姻家、受業師，則當避徇情之嫌，舊有仇隙之人，則當避挾怨之嫌，並聽移文迴避。違而不迴避受理者，笞四十，雖受理得實亦不免也。若于罪有增減，以故出入人罪論，因仇隙而增，爲親故而減，是故出入也。」（註四七）

京師旗民雜處，各省來京之人極多，五城滿漢御史審理案件時，每遇同旗同籍之人，此時亦應迴避。乾隆五十九年，清律第三三五條（聽訟迴避）內增訂附例：「在京巡城滿漢御史承審案件，遇有同旗同籍之人。滿御史應行迴避者，會同他城滿御史辦理。漢御史應自行迴避者，會同他城漢御史辦理。如滿漢御史均應迴避，將原案移交他城辦理。」（乾隆五十九年定例）

(五)證據

大清會典規定：「凡聽斷，依狀以鞫情，如法以決罰，據供以定案。」（註四八）大清會典所稱「據供以定案」，其所謂「供」，意指原告、被告及證人之陳述。清代司法審判，極重口供，幾乎是「無供不能定案」。口供之中，以證人之供及被告之招最為重要。除口供外，物證亦極重要。玆分述如后：

1.證人之供

證人之供即證言也，得為司法審判之證據。清代稱證人為證佐，干證，其身份有一定之限制，大清律例規定下列人等不得為證：

(1)得相容隱之人：清律第四〇四條（老幼不拷訊）規定：「其於律得相容隱之人，（以其親情有所諱）……皆不得令其為證；違者，笞五十。」所謂「得相容隱之人」，依清律第三十二條（親屬相為容隱）之規定：「凡同居，（同謂同財共居親屬，不限籍之同異，雖無服者亦是。）若大功以上親（謂另居大功以上親屬，係服重。）及外祖父母、外孫、妻之父母、女婿、若孫之婦、夫之兄弟，及兄弟妻，（係恩重。）有罪（彼此得）相爲容隱。奴婢僱工人，（義重。）爲家長隱者，皆勿論。」

此種親屬容隱不得爲證之規定，亦有例外：①有服親屬犯謀反、謀大逆、謀叛者。（清律第三十二條）②父爲母所殺者。（清律第三十二條附例）上述兩種情形，知情之有服親屬或子均不得相容隱。

⑵老幼篤疾：清律第四〇四條（老幼不拷訊）規定：「年八十以上，十歲以下，若篤疾，（以其免罪，有所恃。）皆不得令其爲證；違者，笞五十。」

證人作證時須具甘結，並應如實陳述。清律第三三六條（誣告）附例規定：「詞內干證，令與兩造同具甘結，審係虛誣，將不言實情之證佐，按律治罪。」（雍正六年定例）

清律第四〇九條（官司出入人罪）附例規定承審官不得改造口供：「承審官改造口供故行出入者，革職；故入死罪已決者，抵以死罪。」（康熙十八年定例）

2. 被告之招

招又稱爲招詞，其意類似自白，招爲被告承認自己有罪之陳述。「招」實爲「供」之一種，稱供包括被告之招，大清會典曰：「據供以定案」，其所謂「供」，自包括被告之招在內。

清律第四二三條（吏典代寫招草）規定，必據犯者招草，以定其罪，如犯人不識字，方許令在官不干礙之人，依其親具招情代寫：

凡諸衙門鞫問刑名等項，（必據犯者招草以定其罪。）若吏典人等爲人改寫及代寫招草，增減（其正實）情節，致（官司斷）罪有出入者，以故出入人罪論；若犯人不識字，許令（在官）

不干礙之人，（依其親具招情）代寫。（若吏典代寫，即罪無出入，亦以違制論。）

但依清律第四二三條（吏典代寫招草）附例規定，招草似乎均由招房書吏錄寫，犯人僅只畫押而已：

各有司讞獄時，令招房書吏照供錄寫，當堂讀與兩造共聽，果與所供無異，方令該犯畫供。該有司親自定稿，不得假手胥吏，致滋出入情弊。如有司將供詞輒交經承，致有增刪改易者，許被害人首告。（雍正七年定例）

被告之招極爲重要，審理案件時必須據供以定案。清律第三十一條（犯罪事發在逃）附例規定，問刑衙門審辦時務得本犯輸服供詞（即被告之自白）：

內外問刑衙門審辦案件，除本犯事發在逃，衆證明白，照律即同獄成外；如犯未逃走，鞫獄官詳別訊問，務得輸服供詞，毋得節引衆證明白即同獄成之律，遽請定案。（嘉慶十九年定例）

3. 物證

清代審判案件雖重供招，但亦重視其他證據，命案須起獲兇器，盜案須起獲贓物，必有眞贓確據，方可定案。清律第四〇九條（官司出入人罪）附例規定：「（承審官）草率定案，證據無憑，枉坐人罪者亦革職。」可見得清代司法審判對口供以外之其他證據亦極重視。

清代審理盜案，無論強盜或竊盜，特重贓物，清律第二六六條（強盜）附例規定：

凡問刑衙門鞫審強盜，贓證明確者，照例即決，如贓迹未明，招扳續緝，涉於疑似者，不妨再

審。（雍正三年定例）

凡強盜初到案時，審明夥盜贓數，及起有贓物，經事主確認，即按律定罪。……如係竊賊，審明行竊次數，並事主初供，但搜有眞贓，即分別定擬。（雍正五年定例）

二、審前程序

㈠呈控及其他受理事由

五城察院及步軍統領衙門並無所謂「放告期日」，原則上，民人得隨時至兩衙門呈控。雖然清律第三三四條（告狀不受理）附例規定：

> 每年自四月初一日至七月三十日，時正農忙，一切民詞，除謀反、叛逆、盜賊、人命及貪贓壞法等重情，並姦牙鋪戶騙劫客貨查有確據者，俱照常受理外；其一應戶婚、田土等細事，一概不准受理。自八月初一日以後，方許聽斷。（雍正三年定例）

京師地區萬商雲集，與各省州縣多屬農業地區者不同。上述附例應僅適用於各省州縣，不適用於京師地區。

民人呈控重大案件，兩衙門必須受理，違者即有刑責。清律第三三四條（告狀不受理）規定：

> 凡告謀反叛逆，官司不即受理（差人）掩捕者，（雖不失事。）杖一百，徒三年。（因不受理掩捕，）以致聚衆作亂，或攻陷城池，及劫掠民人者，（官坐）斬（監候）。若告惡狀，（如

子孫謀殺祖父母、父母之類。）不受理者，杖一百。告殺人及強盜不受理者，杖八十。

又五城御史受收民間呈詞，須公同接受辦理。康熙三十一年奏准：「嗣後五城一切案卷，務須存儲公所。滿漢御史均應每日進署理事，民間呈詞，公同接收辦理。或遇昏夜緊急事件，始准在私宅接收，次日會辦。儻仍前每月進署數次，以致公務稽延，或更有將檔案私存書吏家中之事，即行參處。」（註四九）

清律第三三九條（見禁囚不得告舉他事）規定，㈠年八十以上之人，㈡十歲以下之人，㈢篤疾者，㈣婦人等四類人不得控告他人，亦即不得呈控他人。此等人既無訴訟能力，故其呈控時，必須由人代告（或曰抱告）。同條附例規定：

年老及篤疾之人，除告謀反叛逆，及子孫不孝，聽自赴官陳告外；其餘公事，許令同居親屬通知所告事理的實之人代告。誣告者，罪坐代告之人。

大清律例會通新纂輯註對此附例加以說明：「律不得告，而例許代告者，恐實有冤抑之事，限於不得告之律，致不得申辦，故立此代告之例；則有冤者，可以辦理，誣告亦得反坐，所以補律之未備也。」（註五〇）

五城察院及步軍統領衙門受理詞訟，除呈控外，呈報亦爲常見受理事由。又民人之告發、人犯之自首（投首）及其他衙門之移送，均構成受理事由。玆分述如后：

1. 呈報

命案或盜案發生後，民人（苦主或事主）或有關人員得呈報兩衙門追究。關於京師命案之呈報，清律第四一二條（檢驗屍傷不以實）附例規定：

凡京師內城正身旗人，及香山等處各營房旗人，遇有命案，令本家稟報該佐領，逕報刑部相驗。街道命案，無論旗民，令步軍校呈報步軍統領衙門，一面咨明刑部，一面飛行五城兵馬司指揮星往相驗，逕報刑部。其外城地方人命，亦無論旗民，俱令總甲呈報該城指揮，該城指揮即速相驗，呈報該城御史，轉報刑部都察院；若係旗人，並報該旗。（乾隆十三年定例）

關於京師盜案之呈報，司坊官均有責任呈報。六部處分則例規定：「五城劫盜案件事主呈報後，該地面坊官如諱匿不報，即照外省州縣例革職。」（註五一）又清律第三九四條（盜賊捕限）附例規定：「凡五城地方事主報有失竊案件，該司坊官隱諱不報者，照步軍校諱竊例議處。」（乾隆十四年定例）

事主呈報盜案時，須據實呈報，並逐細開明盜案失單。清律第二六六條（強盜）附例規定：「事主呈報盜情，不許虛誣捏飾。儻有並無被劫而謊稱被劫，及以竊爲強，以姦爲盜者，俱杖一百。」（雍正五年定例）又同條附例規定：「事主呈報盜案失單，須逐細開明。如贓物繁多，一時失記，准於五日內續報。」（乾隆五年定例）

2.告發

告發又稱爲首告、告擧、告言或陳告等，投貼匿名揭帖亦屬告發之一種。告發有以下之限制：

(1)赦前事不得告發：清律第十六條（常赦所不原）規定：「以赦前事告言人罪者，以其罪罪之。」

⑵告發必須具名：清律第三三三條（投匿名文書告人罪）規定：「凡投（貼）隱匿（自己）姓名文書告言人罪者，絞（監候）。（雖實亦坐。）見者，即便燒燬。若（不燒燬）將送入官司者，杖八十。官司受而為理者，杖一百。被告言者，（雖有指實）不坐。」

⑶被禁囚人不得告發：清律第三三九條（見禁囚不得告舉他事）規定：「凡被囚禁，不得告舉他（人之）事。」

⑷老幼篤疾婦人不得告發：清律第三三九條（見禁囚不得告舉他事）規定：「其年八十以上十歲以下及篤疾者，若婦人，除……聽告，餘並不得告。」

3.自首

自首或稱投首，人犯至五城察院或步軍統領衙門自首，自屬兩衙門之受理事由。投首之人犯惡性較輕，故清律第二十五條（犯罪自首）規定：「凡犯罪未發而自首者，免其罪，猶徵正贓。其輕罪雖發，因首重罪者，免其重罪。若因問被告之事，而別言餘罪者，亦如上科之。」人犯自首亦有限制，同條附例規定：「其損傷人，於物不可賠償，事發在逃，若私越度關及姦者，並不在自首之律。」

4.移送

清代中央各部院衙門得移送案件至五城察院或步軍統領衙門審理。各部院衙門之移送，以都察院及通政使司（鼓廳）移送者較多。此種移送亦屬兩衙門之受理事由。惟移送至五城察院或步軍統領衙衙門審理者，應屬輕微案件（笞杖罪案件）較多，較重大案件（徒罪以上案件），則應移送至刑部審理。

(二)批詞

五城察院或步軍統領衙門接受呈詞後，應依據大清律例決定准理或不准理。大清律例規定以下數種情形不准理：

1.以赦前事呈控者：清律第十六條（常赦所不原）附例規定：「以赦前事告言人罪者，以其罪罪之。」

2.無故不行親齎者：清律第三三二條（越訴）附例規定：「軍民人等干己詞訟，若無故不行親齎，並隱下壯丁，故令老幼殘疾婦女家人抱齎奏訴者，俱各立案不行，仍提本身或壯丁問罪。」

3.直省客商蓦越赴京奏告者：清律第三三二條（越訴）附例規定：「直省客商，在於各處買賣生理，若有負欠錢債等項事情，止許於所在官司陳告，提問發落。若有蓦越赴京奏告者，問罪遞回。奏告情詞，不問虛實，立案不行。」（雍正三年定例）

4.被劾官員奏告以圖報復者：清律第三三二條（越訴）附例規定：「曾經考察，考核被劾人員，若懷挾私忿，摭拾察覈官員別項贓私不干己事奏告，以圖報復者，不分現任去任，文武官俱革職爲民，已革者問罪，奏告情詞，不問虛實，立案不行。」（雍正三年定例）

5.呈詞內牽連無辜者：清律第三三六條（誣告）附例規定：「凡詞狀只許一告一訴，告實犯實證，不許波及無辜，及陸續投詞，牽連原狀內無名之人。如有牽連婦女，另具投詞。儻波及無辜者，一概不准，仍從重治罪。」（雍正三年定例）

6.事不干己而呈控者：清律第三三六條（誣告）附例規定：「凡官民人等告訐之案，察其事不干己，顯係詐騙不遂，或因懷挾私讐以圖報復者，內外問刑衙門，不問虛實，俱立案不行。」（道光十年定例）

7.被囚禁人呈控者：清律第三三九條（見禁囚不得告舉他事）規定：「凡被囚禁，不得告舉他事。」

8.老幼篤疾婦人呈控：清律第三三九條（見禁囚不得告舉他事）規定：「其年八十以上，十歲以下，及篤疾者，若婦人，除……聽告，餘並不得告。」

除上述規定外，同治十二年以後通行左列控訴條款（註五二），如有左列條款所述情形，兩衙門應不准理：

一、事在赦前者，不准。

一、不遵狀式及無副狀者，不准。

一、將已結之案翻控者，不准。

一、報竊盜無出入形跡，及首飾不開明分兩、衣服不開明綿綾緞布皮綿單夾者，不准。

一、告婪贓無確證過付者，不准。

一、田土無地鄰，債負無中保及不黏連契據者，不准。

一、告婚姻無媒證者，不准。

一、被告干證不得牽連多人，如有將無干之人混行開出及告姦盜牽連婦女作證者，除不准外，仍責代書。

一、生監、婦女、老幼、廢疾，無抱告者，不准。

一、婦女有子年已成丁，即令其子自行出名呈告，如仍以婦女出名，以其子作抱告者，不准。

一、無代書戳記者不閱，違式雙行疊寫，定責代書。

一、冒名代告，舊事翻新，虛詞誣枉者，除本人反坐外，仍移代書責革。

一、狀內所告無眞正年月日者，不准。

一、凡爭控墳穴山場，俱應據實直書，如敢以毀塚、滅骸盜發等詞，架詞裝點，希圖聳聽者，除不准外，定將代書究革。

(三)查驗

查驗或稱查勘或勘驗。京師五方雜處，竊盜或強盜案件頗多。京師地方治安主要由五城察院及步軍統領衙門負責，故盜案（竊盜及強盜案件）應由兩衙門負責查驗。

清初順治康熙年間，五城兵馬司副指揮及吏目即負責盜案之查驗。雍正元年定：「五城兵馬司職司稽察姦宄，逃盜等件，以副指揮、吏目分地管理。」（註五三）乾隆元年奏准：「（五城）盜賊案件，仍令副指揮、吏目按地分理。該司坊遇有事主呈報者，即行收受。一面詳報該城御史，一面親往踏勘。」

（註五四）關於副指揮及吏目之分地管理，前於論述土地管轄時業已詳述，茲不贅述。

大清會典規定：「凡劫盜即報，正印官即會營以親勘，驗其贓物。」（註五五）關於會營親勘，六部處分則例規定：（註五六）

地方呈報強劫盜案，責令…印官，不論遠近，無分風雨，立即會同營汛飛赴事主之家。查驗前後出入情形，有無撞門燬戶，遺下器械油捻之類。事主有無拷燎捆扎傷痕，並詳訊地鄰更夫救護人等，有無見聞影響，當場訊取確供，俱塡註通報文內。

關於查驗贓物，清律第二六六條（強盜）附例規定：「事主呈報盜案失單，須逐細開明。如贓物繁多，一時失記，准於五日內續報。該地方官將原報續報緣由，於招內聲明。」（乾隆五年定例）大清會典並規定：「履勘後查驗失單，飭傳經紀確估値銀若干，造册與勘圖一併附卷。」（註五七）

㈣相驗

相驗亦稱檢驗，分爲命案之相驗與鬥毆案之相驗兩種。

清初順治、康熙年間，五城兵馬司指揮即負責命案之相驗。康熙二十二年：「京城外各地方人命屍傷，令五城兵馬司指揮親行檢驗。」（註五八）雍正元年又定：「五城兵馬司職司稽查姦宄，人命案件，以指揮管理。」（註五九）乾隆元年奏准：「嗣後（五城）人命案件，仍令指揮管理。」（註六〇）乾隆三十一年議准：「五城正指揮專司命案。無論城關內外，凡屬該城之地，統由該員相驗緝兇。刑部、提督衙門命案，亦委該員相驗。是以向來專一責成辦理。」（註六一）由上述諭令可知五城兵馬司指揮專司命案之相驗。

京師命案之相驗，原則上由兵馬司指揮負責。惟於案件全集時，指揮亦得委副指揮、吏目代驗。乾隆五十六年奏准：「京師五方雜處，人命案件頗多。城內所報，該指揮尚可速驗，關外所報，有往返必需一兩日者，顧此失彼，在所不免。……嗣後五城相驗，城內不得過兩日，關外不得過三日。如一時案件全集，正指揮不得分身者，即照佐貳代驗之例，委副指揮、吏目代驗。」（註六二）

五城察院或步軍統領衙門辦理命案之相驗時，應分別民人或旗人辦理。玆先述不分旗民命案相驗之共同事項。

(1)清律第四一二條（檢驗屍傷不以實）附例規定不分旗民京師命案之相驗：

凡京師內城……街道命案，無論旗民，令步軍校呈報步軍統領衙門，一面咨明刑部，一面飛行五城兵馬司指揮星往相驗，逕報刑部。其外城地方人命，亦無論旗民，俱令總甲呈報該城指揮，該城指揮即速相驗，呈報刑部都察院。（乾隆十三年定例）

(2)同條附例規定京師命案相驗之實際作法：

遇告訟人命，……其果係鬥殺、故殺、謀殺等項當檢驗者，在京委刑部司官，及五城兵馬司、京縣知縣；……務須於未檢驗之先，即詳鞫屍親證佐兇犯人等，令其實招以何物傷致命之處，立爲一案。隨即親詣屍所，督令仵作如法檢報，定執要害致命去處，細驗其圓長斜正青赤分寸，果否係某物所傷，公同一干人衆，質對明白，各情輸服，然後成招。或屍久發變，青赤顏色亦

須詳辨，不許聽憑仵作混報擬抵。（雍正三年定例）

⑶同條附例規定，京師命案相驗後應分別實際情況加以處理：

凡五城遇有命案，除道途倒斃，客店病亡，經該城驗訊屬實，即自行完結外，其餘金刄自戕投井投繯等案，即令該城指揮照例驗報，由該城御史審訊，轉報刑部覈覆審結。（乾隆三十八年定例）

雍正十年以前，刑部相驗旗人命案係傳五城仵作相驗。是年以後始專設仵作二名。按雍正十一年題准：「人命最重相驗，相驗全憑仵作。刑部向無仵作，遇有命案，隨傳五城仵作相驗。」（註六三）「嗣後刑部專設仵作二名」（註六四），乃自行辦理旗人命案之相驗。

此外，京師命案之相驗應注意下列各點：

1.死者家屬得告免檢：清律第四一二條（檢驗屍傷不以實）附例規定，下列三種情形，死者家屬得告免檢：①諸人自縊溺水身死，別無他故，親屬情願安葬，官司詳審明白，准告免檢。②若事主被強盜殺死，苦主自告免檢者，官與相視傷損，將屍給親埋葬。③其獄囚患病，責保看治而死者，情無可疑，亦許親屬告免覆檢。

2.不得違例三檢：同條附例規定：「凡人命重案，必檢驗屍傷，註明致命傷痕。……若屍親控告傷痕互異者，許再行覆檢，勿得違例三檢，致滋拖累。」（雍正三年定例）

3.相驗應照工部頒發工程制尺：同條附例規定：「凡檢驗量傷尺寸，照工部頒發工程制尺，一例

製造備用，不得任意長短，致有出入。」（乾隆十一年定例）

4.相驗應於時限內辦理：同條附例規定：「京師五城指揮相驗，城內不得過兩日，關外不得過三日。」（乾隆五十六年定例）

5.五城吏役有犯命案，五城官員迴避相驗：同條附例規定：「京師五城吏役有犯命案，本城官員概令迴避。該城御史速調別城指揮，帶領本管吏仵，前往相驗辦理。」（乾隆四十六年定例）

除命案外，有時鬥毆案亦須相驗。關於鬥毆案之相驗，清律第三〇三條（保辜限期）附例規定：「凡京城內外及各省州縣，遇有鬥毆傷重不能動履之人，或具控到官，或經拏獲，及巡役地保人等指報，該管官即行帶領仵作，親往驗看，訊取確供，定限保辜，不許扛擡赴驗。（乾隆五年定例）

(五)拘提與拘執

拘提或稱差拘，拘執或稱拘捕，兩者略異。五城察院或步軍統領衙門職司京師治安，受理案件後，如遇情節較重情形，均得拘提被告。拘提時，兩衙門須簽發印票，此種印票又稱爲拘票。茲將兩衙門拘提拘執有關規定分述如后：

1.五城察院之拘提與拘執

五城掌分轄京師五城十坊之境，五城拘提被告時，係交由五城兵馬司所屬捕役執行。五城十坊各有其轄區，原則上不得越界拘執。但現行犯之拘執則屬例外。清律第三八七條（應捕人追捕罪人）附例規定：「五城司坊等官，若於途次遇有兇徒不法等事，不論何城，並准當時拘執，錄取口供，詳解該城御史審訊，一面報明本城御史存案。」（雍正十二年定例）

2. 步軍統領衙門之拘提及拘執

步軍統領管轄京師內九門及外七門之地，步軍統領衙門拘提被告時，係交由該衙門所屬番役執行。清律第三八七條（應捕人追捕罪人）附例規定：「（步軍統領衙門正身番役），如係提拏審案人犯，務必給予印票。將應拏人犯姓名，逐一開明。有應密拏者給予密票，亦於票內開明人犯姓名。」（乾隆六年定例）

㈥緝捕

緝捕或稱緝拿或拿捕，命案或盜案發生後，人犯常逃逸無蹤。五城察院及步軍統領衙門因均有維持京師治安之責，應緝捕人犯。兩衙門除基於本身職責應緝捕人犯外，亦常接獲刑部票傳，令五城兵馬司捕役緝拿人犯。

1. 五城察院之緝拿

清初雍正以前，京師內城多係旗人居住，內城之治安主要由步軍統領衙門負責，五城察院主要負責外城之治安。乾隆末期以後漸無區分。乾隆五年議准：「嗣後正陽、崇文、宣武門內五城分管地方（指內城），除人命及活傷驗報不實，照例參處外，其逃盜賭博等事，皆免司坊官失察處分，至正陽、崇文、宣武門外五城分管地方（指外城），各設巡役，遇有人命、逃盜、賭博等事，令該役按地緝拿，如該司坊官有失察逃盜、賭博等事，仍照例參處。」（註六五）由本項規定可知，外城人命、逃盜、賭博等案人犯，由五城兵馬司負責緝拿。

五城察院各有轄地，遇有轄地內人犯在逃，五城應移會各城協力查緝。嘉慶十五年奉旨：「五城按地分隸，本城遇有人命重案兇犯在逃，即移會各城協力查緝。其無名、無傷、自盡等案，僅止詳報本城，不復移會各城。請嗣後將五城所有各案，統於五日內通行移會，以便彼此查對。」（註六六）

2.步軍統領衙門之緝拿

清初雍正以前，步軍統領衙門主要負責京師內城之治安。惟乾隆以後，京師內城逐漸旗民雜處，外城亦然。步軍統領衙門有關治安職掌漸次擴大，與五城察院職掌漸無區分。

步軍統領衙門番役緝捕人犯時，應持印票。乾隆六年議准：「內外各衙門拘拏人犯，該管官必給印票，以杜詐冒滋擾之弊。獨步軍統領衙門，有指名訪拏者，有巡緝拘捕者，即如竊盜鬥毆之類，巡緝所至，隨遇隨拏，不能少待。應每名豫給印票一張，令其不時訪緝。仍令該統領覈明何等案犯，應豫行給票，並於票內開明款項，給發該番役收執。」（註六七）

步軍統領衙門番役拿獲人犯後，應送本衙門或五城察院審理。清律第三八七條（應捕人追捕罪人）附例規定：「步軍統領衙門番役，止許於京城內外五城所屬地方緝拿人犯。既經拿獲，屬提督管轄者，限即日送該管營弁轉送提督衙門。屬五城管轄者，限即日送該管官轉送御史衙門。」（乾隆元年定例）

關於步軍統領衙門番役之管理，清律第三八七條（應捕人追捕罪人）附例規定：「步軍統領衙門正身番役，俱照各部院經承、貼寫送查之例，將番役年貌籍貫按季造册，並出具並無白役、圓扁子印結，移送河南道御史考覈。」（乾隆六年定例）

㈦看押與羈禁

五城察院似未設有監獄。據筆者考察，清代京師地區，僅刑部、步軍統領衙門、順天府及大興、宛平兩縣設有監獄。五城察院審理案件時，如有徒罪以上人犯，應即移送刑部審理。此等人犯應否監禁，應由刑部決定。五城察院審理案件時，如有笞杖罪人犯，於必要時，自得交由捕役看押。大清律例允許五城察院將人犯交由捕役看押，捕役看押人犯，多於捕役住所為之，一般稱為班房。清代之看押類似現代刑事訴訟法之羈押。六部處分則例禁止差役私設班館，押禁輕罪干連人犯。亦禁止差役私設倉鋪所店及押保店等，押禁輕罪人犯。（註六八）

五城察院得將人犯羈鋪候審，所謂羈鋪指羈禁於店鋪之意，與交捕役看押不同。順治十六年覆准：「五城人犯，有事關重大者，方許羈鋪候審，其餘小事，不得濫行羈鋪。」（註六九）迄清末為止，仍有依此種方式羈禁人犯者。又兩衙門於輕罪人犯，得令取具的保候審。雍正五年議准：「嗣後提督五城拏獲輕犯，未經審理之先，應行收禁者，仍令該衙門照常收禁。若情罪甚輕，令具的保候審，不必監禁。」（註七〇）

三、審理程序

㈠審訊

五城察院及步軍統領衙門得自行審理戶婚田土及笞杖罪案件，上述兩類案件案情均屬輕微，故兩衙門審訊上述兩類案件時，得視其情節加以調處和息。調處意爲調解處理，和息意爲和解息訟。和息之達成，有因承審官員調處者，有因兩造親友調處者，有因地方紳耆調處者，亦有因兩造自行懇請和息者。案件如達成和息，兩衙門自不必加以判決。

關於和息之範圍，清律規定下列兩種情形不得和息：

1.尊長爲人所殺：清律第三〇〇條（尊長爲人殺私和）規定：「凡祖父母、父母及夫若家長爲人所殺，而子孫、妻妾、奴婢、雇工私和者，杖一百，徒三年。期親尊長被殺，而卑幼私和者，杖八十，徒二年。大功以下，各遞減一等。其卑幼被殺，而尊長私和者，各（依服制）減卑幼一等。若妻妾、子孫及子孫之婦、奴婢、雇工人被殺，而祖父母、父母、夫、家長私和者，杖八十。」

2.誣告人命：清律第三三六條（誣告）附例規定：「控告人命，如有誣告情弊，即照誣告人死罪未決律治罪，不得聽其自行攔息。其間或有誤聽人言，情急妄告，於未經驗屍之先盡吐實情，自願認罪遞詞求息者，訊明該犯果無賄和等情，照不應重律，治罪完結。」（雍正七年定例）

五城察院及步軍統領衙門均係依合議方式審理案件。關於五城察院，乾隆九年奏准：「五城凡有事件，必令滿漢二員公同審理。」（註七一）關於步軍統領衙門，雍正七年定，步軍統領衙門欽派部院堂官一人，協理刑名。乾隆四十三年定，嗣後步軍統領由尚書侍郎簡放者，不必復派部臣協理刑名事務，其由都統副都統等官簡放者，仍聲明恭候簡放。嘉慶四年，步軍統領衙門添設左右翼總兵各一員，遇有一切公務，步軍統領與總兵同堂坐辦。（註七二）

五城察院或步軍統領衙門審訊人犯，應依審訊原則。大清會典規定：「凡聽斷，依狀以鞫情，如法以決罰，據供以定案。」（註七三）依此規定，兩衙門審訊人犯時，應依上述三項審訊原則，茲分述如後：

1.依狀以鞫情

清代司法審判機關審訊案件時應依呈狀推問，不可超出呈狀控訴之範圍，類似現代刑事訴訟法不告不理之原則。清律第四〇六條（依告狀鞫獄）規定：

凡鞫獄，須依（原告人）所告本狀推問。若於（本）狀外別求他事，摭拾（被告）人罪者，以故入人罪論。（或以全罪科；或以增輕作重科。）若因其（所）告（本）狀（事情）或（法）應掩捕搜檢，因（掩捕）而檢得（被犯）別罪，事合推理者，（非狀外摭拾者比。）不在此（故入同論之）限。

2.如法以決罰

大清會典所稱之「如法以決罰」有二義，一指依法律規定執行刑罰，一指依法律規定拷訊人犯及公事干連之人（指與本案有關之人，如證人）。就審訊階段而言，「如法以決罰」應指後者。清代司法審判機關得拷訊人犯及公事干連之人。惟藉拷訊而取得之口供（指原告、被告和證人之陳述），其眞實性頗値懷疑。語云：「三木之下，無有不招。」被告之招（相當於現代刑事訴訟法之自白）如係依拷訊方式取得，則依此被告之招而作爲司法審判之基礎，自難期公平與正義。

清代允許司法審判機關拷訊人犯及公事干連之人。兩衙門審訊時，如遇人犯等人不肯招承，得命差役行刑拷訊，強制人犯等人從實招供。清代拷訊之刑具主要有三：曰板（大竹板）、曰夾棍，曰拶指。除以板、夾棍、拶指拷訊外，清律第三九六條（故禁故勘平人）附例尚允許以擰耳、跪鍊、壓膝、掌責等方式拷訊人犯等人。

兩衙門審理輕罪案件時，得使用板拷訊人犯等人。審理重大案件時，始得使用夾棍或拶指拷訊人犯等人。清律第三九六條（故禁故勘平人）附例規定，三法司等衙門得使用夾棍、拶指拷訊人犯等人：「內而法司，外而督撫、按察使、正印官，許酌用夾棍、拶指外，其餘大小衙門概不准擅用。」

兩衙門使用夾棍拷訊人犯等人，其拷訊之對象須爲：⑴強竊盜人命及情罪重大案件正犯，⑵干連有罪人犯。且須符合一定之條案，始得爲之。清律第三九六條（故禁故勘平人）附例：

強竊盜人命及情罪重大案件正犯，及干連有罪人犯，或證據已明，再三詳究，不吐實情，或先已招認明白，後竟改供者，准夾訊外，其別項小事，概不許濫用夾棍。（道光十二年定例）

3.據供以定案

清代司法審判極重口供。原則上，司法審判機關審理案件必須「據供以定案」。清律第三十一條（犯罪事發在逃）附例規定審理時務得本犯輸服供詞（即被告之自白）：

內外問刑衙門審辦案件，除本犯事發在逃，衆證明白，照律即同獄成外；如犯未逃走，鞫獄官詳別訊問，務得輸服供詞，毋得節引衆證明白即同獄成之律，遽請定案。（嘉慶十九年定例）

但如本犯實在刁健堅不承招時，亦可具衆證（包括人證及物證）情狀奏請定奪，同條附例後段規定：

其有實在刁健堅不承招者，如犯該徒罪以上，仍具衆證情狀，奏請定奪，不得率行咨結。杖笞以下，係本應具奏之案，照例奏請。（嘉慶十九年定例）

又如犯罪事發而人犯在逃者，亦可據衆證（包括人證及物證）定案。清律第三十一條（犯罪事發在逃）規定：

若犯罪事發而在逃者，衆證明白，（或係爲首，或係爲從。）即同獄成，（將來照提到官，止以原招決之。）不須對問。

㈡拷訊

清代司法審判允許拷訊人犯，前於論述「如法以決罰」時，業已略加申述。清律有關拷訊之規定頗多，茲申述如后：

清代拷訊人犯，常使用下列三種刑具：

1.板：板指大竹板，以竹篦爲之。大頭濶二寸，小頭濶一寸五分，重不過二斤。（清律第一條附例）

2.夾棍：夾棍，中梃木長三尺四寸，兩旁木各長三尺，上圓下方，圓頭各濶一寸八分，方頭各濶二寸。從下量至六寸處，鑿成圓窩四個，面方各一寸六分，深各七分。（清律第一條附例）夾棍多用於男性重罪人犯。

3.拶指：拶指以五根圓木爲之，各長七寸。徑圓各四分五釐。（清律第一條附例）拶指多用於女性重罪人犯。

清律第三九六條（故禁故勘平人）附例規定，三法司得使用夾棍、拶指拷訊人犯：「內而法司，外而督撫、按察使、正印官，許酌用夾棍、拶指外，其餘大小衙門概不准擅用。」（道光十二年定例）兩衙門使用夾棍拷訊人犯，必須符合一定條件，清律第三九六條附例（故禁故勘平人）規定：強竊盜人命及情罪重大案件正犯，及干連有罪人犯，或證據已明，再三詳究，不吐實情，或先已招認明白，後竟改供者，准夾訊外，其別項小事，概不許濫用夾棍。（道光十二年定例）

清代除得以大竹板、夾棍、拶指拷訊人犯外，尙准許以擰耳、跪鍊、壓膝、掌責等方式拷訊人犯。

清律第三九六條（故禁故勘平人）附例規定：

凡問刑各衙門一切刑具，除例載夾棍、拶指、枷號、竹板、遵照題定尺寸式樣，官爲印烙頒發外；其擰耳、跪鍊、壓膝、掌責等刑，准其照常行用。如有私自創設刑具，致有一二三號不等，及私造小夾棍、木棒棰、連根帶鬚竹板；或擅用木架撑執、懸吊、敲踝、針刺手指，或數十斤大鎖、並聯枷，或用荆條互擊其背，及例禁所不及賅載，一切任意私設者，均屬非刑；仍即嚴

參，照違制律，杖一百。（雍正五年定例）

清律規定⑴三品以上大員，⑵懷孕婦人，⑶應八議之人及老幼廢疾，皆不合拷訊：

⑴三品以上大員，革職拏問，不得遽用刑夾，有不得不刑訊之事，請旨遵行。（清律第四條附例）

⑵若婦人懷孕，犯罪應拷決者，依上保管，皆待產後一百日拷決。（清律第四二〇條）

⑶凡應八議之人，（禮所當優。）及年七十以上，（老所當恤。）十五以下，（幼所當慈。）若廢疾（疾所當矜。）者，如有犯罪（官司）並不合（用刑）拷訊，皆據衆證定罪；違者，以故失入人罪論。（故入抵全罪，失入減三等。）（清律第四〇四條）

拷訊爲正印官之權，捕官及差役不得私拷取供，正印官亦不得縱容，清律第二六六（強盜）條附例規定：

凡強盜重案，交與印官審鞫，不許捕官私行審訊，番捕等役，私拷取供，違者，捕官，參處；番役等，於本衙門首枷號一個月，杖一百，革役。如得財及誣陷無辜者，從重科罪。其承問官於初審之時，即先驗有無傷痕，若果無傷，必於招內開明並無私拷傷痕字樣。若疏忽不開，扶同隱諱，及縱容捕官私審者，即將印官題參，交部議處。（雍正三年定例）

又以夾棍拷訊人犯僅得於男性重罪人犯行之，不得濫用夾棍，違者應予治罪。清律第三九六條（故禁故勘平人）附例規定：

若將案內不應夾訊之人，濫用夾棍，及雖係應夾之人，因夾致死，並恣意疊夾致死者，將問刑

官題參治罪，若有別項情弊，從重論。（道光十二年定例）

司法審判機關依法拷訊人犯等人，邂逅致死，施行拷訊之承審官員不負刑責。清律第三九六條（故禁故勘平人）規定拷訊公事干連之人，邂逅致死者：

若因公事干連人在官，事須鞫問，及（正犯）罪人贓仗證佐明白，（而干連之人，獨爲之相助匿非。）不服招承，明立文案，依法拷訊，邂逅致死者，勿論。

同條附例規定拷訊人犯，邂逅致死者：

若因公事干連人犯，依法拷訊，邂逅致死，或受刑之後因他病而死者，均照邂逅致死律勿論。（乾隆元年定例）

㈢判決

五城察院及步軍統領衙門得自行審理戶婚田土錢債等案件及笞杖罪案件。兩衙門審理上述兩類案件後，得自行堂斷，堂斷後即可加以執行。此種堂斷屬判決之一種，兩衙門爲堂斷之判決時，應依判決原則。兩衙門判決時準據之原則主要有四：1.斷罪依新頒律。2.斷罪引律例。3.律例未規定時，依情理、道德、風俗、習慣等斷案。4.審判獨立。玆分述如后：

1.斷罪依新頒律

清律第四十三條（斷罪依新頒律）規定：「凡律自頒降日爲始，若犯在已前者，並依新律擬斷。（如事犯在未經定例之先，仍依律及已行之例定擬。其定例內有限以年月者，俱以限定年月爲斷。若例應輕者，照新例遵行。）」依此律，清律斷罪原則採從新主義，例外（例應輕者）採從新主義。律例頒布之後，審判衙門應適用新律例，不得再適用舊律例，引擬失當者，例有處分。同條附例規定：「律例頒布之後，凡問刑衙門，敢有恣任喜怒，引擬失當，或移情就例，或入人罪，苛刻顯著者，各依故失出入律坐罪。」

2. 斷罪引律例

清律第四一五條（斷罪引律令）規定：「凡（官司）斷罪，皆須具引律例，違者，（如不具引。）笞三十。」此所謂律例，係指已頒布且施行者而言，故「特旨斷罪，臨時處治」及「未經通行著為定例之成案」均非律例，不得引用。同條後半段規定：「其特旨斷罪，臨時處治，不為定律者，不得引比為律；若輒引（比）致斷罪有出入者，以故失論。」又同條附例規定：「除正律正例而外，凡屬成案，未經通行著為定例，一概嚴禁，毋庸得混行牽引，致罪有出入。」（乾隆三年定例）

有清一代，曾多次纂修律例。清初，清律原有四六〇條，雍正三年修律，共四三六條，此後即未再變動。例則逐年增修，康熙初年僅三二一條，康熙末年增為四三六條，雍正三年增為八一五條，至同治年間，共有例一八九二條。（註七四）

律例間之關係，則類似普通法與特別法，例排除律之適用，例之效力優於律。大清會典即曰：「有例則置其律。」律例每每兩歧，又除刑例之外各部尚有則例，重複雜沓，亦常相異：清史稿刑法志曰：「蓋清代定例，一如宋時之編敕：有例不用律，律既多成虛文，而例遂愈滋繁碎，其間前後抵觸，或律外加重，或因例破律，或一事設一例，或一省一地方專一例，甚且因此例而生彼例。不惟與他部則例參差，即一例分載各門者，亦不無歧異。輾轉糾紛，易滋高下。」（註七五）

3.律例未規定時，依情理、道德、風俗、習慣等斷案

清代並無獨立之民法典。清律之內容絕大多數爲相當於現代刑法、刑事訴訟法及行政法之規定，絕少有關民事之法律。五城察院及步軍統領衙門審理戶婚田土錢債案件時，因無律例可以依據，自應依情理、道德、風俗、習慣等斷案。兩衙門對此類案件予以堂斷時，仍應審愼爲之。因如處斷不當，仍易引起原被兩造之上控。

至於兩衙門審理笞杖罪案件，除大清律例及刑部通行、說帖、成案，已有明文規定者外，仍應參酌情理、道德、風俗、習慣等斷案。兩衙門審理輕罪案件，如遇大清律例未明文規定，而確有處罰必要時，兩衙門承審官員得逕引不應爲律，加以處罰。清律第三八六條（不應爲）規定：「凡不應得爲而爲之者，笞四十，事理重者，杖八十。」此不應爲律與現代刑法上之罪刑法定主義相衝突。

4.審判獨立

清律亦有類似審判獨立之規定，清律第五十八條（姦黨）規定：「若刑部及大小衙門官吏，不執法律，聽從上司主使，出入人罪者，罪亦如之。（斬，妻子爲奴，財產入官。）」依此律規定，兩衙門承審官員審判獨立。惟清代仍係君主專制政治，帝權至高無上，兩衙門審斷案件時仍應遵奉皇帝之諭令。故清律所謂：「審判獨立」自係有限度之「審判獨立」，與現代刑事訴訟法上之審判獨立不同。

㈣移送刑部

戶婚田土錢債案件及笞杖罪案件，五城察院及步軍統領衙門得自行審理完結。徒罪以上案件，兩衙門須送刑部審理。清律第四一一條（有司決囚等第）附例規定：

五城及步軍統領衙門審理案件，……其旗民訴訟，各該衙門均先詳審確情，如應得罪名在徒流以上者，方准送部審辦；不得以情節介在疑似，濫行送部。若將不應送部之案，率意送部者，刑部將原案駁回，仍據實參奏。如例應送部之案，而自行審結，亦即查參核辦。至查拏要犯，必須贓證確鑿，方可分別奏咨，交部審鞫。若將案外無辜之人率行拏送，一經刑部審明並非正犯，即將該管官員參奏，番捕人等，照例治罪。（雍正五年定例）

兩衙門將京師徒罪以上案件移送刑部後，刑部當月處即掣籤分司，由刑部十七司進行現審程序。

第三節　刑部現審程序（附三法司會審程序）

一、總　論

關於刑部之職掌，大清會典定曰：「掌天下刑罰之政令，以贊上正萬民。」（註七六）刑部爲「刑名總滙」，三法司中，刑部之權特重，清史稿刑法志即曰：「外省刑案，統由刑部核覆。不會法者，

院寺無由過問，應會法者，亦由刑部主稿。在京訟獄，無論奏咨，俱由刑部審理，而部權特重。」（註七七）

刑部設當月處，職司五城察院及步軍統領等衙門移送案件之掣籤分司。當月處設司員二人（滿洲一人，漢一人），以十八司郎中、員外郎、主事、七品小京官輪值。四川司自秋審上班起，至大決日止。廣西司自四月初一日起，至大決日止，俱不輪值。（註七八）

五城察院及步軍統領等衙門移送案件至刑部時，當月處收受後，呈堂而分司。大清會典定曰：「五城及步軍統領等衙門移送案件，其人犯有應收者，或散或鎖，酌量收禁，開列清單呈堂，當堂掣籤分司註册。」（註七九）

兩衙門移送之案件，有輕案，有重案，有須奏聞者，有無須奏聞者，爲使刑部十七司勞逸平均分擔，當月處將各衙門移送之案件分爲三等，頭等定爲大籤，二等定爲中籤，三等定爲小籤。大清會典定曰：「（五城及步軍統領等衙門移送案件）從事之輕重，分爲三等。奏案爲大籤，竊盜爲小籤，其餘爲中籤。」（註八〇）

五城察院呈報之命案，如屬無可審理者，不必籤分刑部各司。大清會典定曰：「凡司坊呈報無傷身死之案，經該坊驗明屬實，無可審理者，即由當月處具稿呈堂咨結，不必分司。」（註八一）

刑部各司內，惟督捕司不辦現審案件，廣西司當朝審期內，亦不分現審。（註八二）此因京師案件朝審時，係由廣西司彙總刑部各司之現審案件也。

關於京師案件司法審判程序之共同事項，如原告被告與代告、代書與訟師、管轄、迴避以及證據等事項，前於論述五城察院及步軍統領衙門時已有論及。刑部審理案件時，亦得適用前述有關規定，為免重複，茲不贅述。

徒罪以上京師案件由刑部現審，因係親為審理，故六部處分則例亦訂有承審限期，承審官員並應就審判枉法及審判錯誤負刑事及行政責任。茲分述如后：

㈠承審限期

關於刑部現審案件之承審限期，清律第四〇五條（鞫獄停囚待對）附例規定：

刑部現審事件，杖笞等罪，限十日完結。遣軍流等罪應入彙題者，限二十日完結。命盜等案應會三法司者，限一個月完結。（雍正五年定例）

六部處分則例所訂刑部現審案件之承審限期，與清律第四〇五條之規定相同。（註八三）薛允升亦曰：「刑部（現審）案件，笞杖限十日，徒流以上限二十日，死罪限三十日。」（註八四）其所述亦與清律第四〇五條之規定相同，均可為刑部現審案件承審限期之旁證。

原則上，刑部應於承審限期內將現審案件審理完畢，但如遇難以速結之案，亦得酌延限期。六部處分則例規定：（註八五）

刑部現審尋常案件如遇反覆推鞫難以速結之案，堂畫未全，適屆期滿，該司即將未曾畫全緣由於註銷冊內預行聲明。俟下次註銷，知照該科道查覈。

刑部堂官（尚書、侍郎）應監督承審官員於承審限期內將現審案件審理完畢。清律第三九七條（淹禁）附例規定：「刑部現審事件，著令承審司官，每於月底各將所審案件，逐一開具簡明略節，並監犯名數、收監日期，造具清册。其有行提應質人犯等項，不能依限完結者，將緣由一併造入册內，呈堂查覈。」本條附例，雍正五年定例，後因無需要，乾隆五年刪除。（註八六）

又都察院六科給事中及十五道監察御史亦應詳查，刑部現審案件是否於承審限期內審理完畢。道光十二年上諭：「嗣後刑部辦理案件，無論奏題咨案，著每月將現審若干案，開具略節，註明收審月日，於月終具奏一次。並著將月摺交該科道，與每月註銷清册，逐件覈對，按限詳查。如有遲延逾限，及遺漏舛錯之處，著據實劾參，即無前項情事，亦著按季覆奏一次。」（註八七）

㈡審判責任

刑部承審官員應依法審判現審案件，不得故出故入，亦不得失出失入。清律第四〇九條（官司出入人罪）前段規定承審官員審判枉法之刑事責任：

凡官司故出入人罪，全出入者，（徒不折杖，流不折徒。）以全罪論。若（於罪不至全入，但）增輕作重，（於罪不至全出，但）減重作輕，以所增減論；至死者，坐以死罪。

同條後段又規定承審官員審判錯誤之刑事責任：

若斷罪失於入者，各減三等；失於出者，各減五等；並以吏典爲首，首領官減吏典一等，佐貳官減首領官一等，長官減佐貳官一等科罪。若囚未決放，及放而還獲，若囚自死，（故出入，失出入。）各聽減一等。

又審判錯誤除有刑事責任外，另有行政責任，審判錯誤可分爲承問失入及承問失出兩種情形，其行政責任各不相同。失入處分重，失出處分重。

1.承問失入：六部處分則例規定：「官員承問，引律不當，將應擬斬絞人犯，錯擬凌遲，及應監候處決人犯，錯擬立決者，承審官降一級調用。……如將應擬軍流以下及無罪之人，錯擬凌遲者，承審官降四級調用。……如將應擬軍流以下及無罪之人，錯擬斬絞者，承審官降三級調用。……若錯擬已決者，承審官革職。……如將應徒杖以下及無罪之人，錯擬軍流者，承審官降一級留任。……如將無罪之人錯擬徒杖者，承審官罰俸一年。」（註八八）

2.承問失出：六部處分則例規定：「官員承問，引律不當，將應擬凌遲人犯，錯擬斬絞者，承審官降一級調用，……如將應擬立決人犯，錯擬監候者，承審官罰俸一年。……如將應凌遲人犯，錯擬軍流以下及免罪者，承審官降二級調用。……如將應擬斬絞人犯，錯擬軍流以下及免罪者，承審官降一級調用。……如將軍流等犯，錯擬徒杖笞及免罪者，承審官罰俸一年，……如將徒杖笞人犯，錯擬無罪者，承審官罰俸六個月。」（註八九）

二、審前程序

刑部審前程序（如查驗、相驗、拘提、緝捕等事項）均可準用兩衙門審前程序有關規定，此處僅論述其特別規定。刑部現審案件絕大多數均係由其他各衙門移送者，原則上，刑部不接受呈詞。清律第三三四條（告狀不受理）附例規定：

> 刑部除呈請贖罪留養，外省題咨到部，及現審在部有案者，俱據呈辦理外；其餘一切並無原案詞訟，均應由都察院、五城步軍統領衙門、順天府，及各旗營接收，分別奏咨，送部審辦，概不准由刑部接收呈詞。至錢債細事爭控地畝，並無罪名可擬各案，仍照例聽城坊及地方有司自行審斷，毋得概行送部。（嘉慶十年定例）

關於命案之相驗，雍正十年以前一切命案，不分旗民，均由五城兵馬司所屬仵作相驗。雍正十一年以後，刑部始專設仵作，自行辦理旗人命案之相驗。

清代於旗人命案之相驗特別重視。清初順治、康熙年間遇有旗人命案，刑部即派員相驗。雍正十一年題准：「五城關廂內外地方，有旗民之分。向例凡遇人命，旗地則領催報佐領轉報刑部委官相驗。」（註九〇）本條規定所稱「向例」，應係指順治、康熙年間之情形。乾隆十三年，清律第四一二條（檢驗屍傷不以實）增訂附例，規定旗人命案之呈報及相驗：「凡京師內城正身旗人，及香山等處各營房旗人，遇有命案，令本家稟報該佐領，逕報刑部相驗。」（乾隆十三年定例）

關於人犯之拘提，刑部拘提人犯時，通常係委由八旗、內務府、五城、順天府等衙門拘提。清律第四〇五條（鞫獄停囚待對）附例規定：「刑部行文八旗、內務府、五城、順天府提人，限文到三日內即行查送過部，或人犯有他故不到，即將情由報明，如違，將該管官參處。」（雍正五年定例）

關於人犯之監禁，康熙以前，刑部僅有北監。雍正初年始另設南監。薛允升曰：「先是北監分內外兩所，一繫重罪人犯，一繫輕罪人犯。雍正初年，因督捕歸併刑部，將督捕監口改為南所；舊有之北監，則稱為老監。其已定重罪旗、民人等及現審人犯，俱收老監。其旗人犯罪未經審定者，俱收南監。」（註九一）

雍正十三年以前，八旗及內務府各設高牆，監禁旗人及包衣。是年十月廢止設置高牆，旗人犯罪亦監禁於刑部監獄。雍正十三年十月上諭：「八旗內務府高牆，原因旗人定罪之後，不便與民人一處監禁，是以暫於各旗設立高牆分禁。今遇恩赦，一切雜犯俱已寬免，其餘重犯仍應歸入刑部監內，分別旗、民收禁。其八旗內務府高牆，不必安設。」（註九二）

關於輕罪人犯及人證之保釋，原則上刑部均發交五城司坊官取保。清律第四〇五條（鞫獄停囚待對）附例規定：「刑部發城取保犯證，如係五城送部之案，其案犯住址即在原城所管地方，仍發交原城司坊官取保。其餘各衙門移送案內應行取保人證，如本無原城可發者，俱按居址坐落何城，發交該城司坊官就近取保。其由外省州縣提到人證，即令本人自舉親識寓居所在，交城就近發保，仍將保人姓名報部查覈。其並無親識者，酌量交城看守。」（乾隆四十一年定例）

又輕罪人犯，刑部亦得令地保保候審理，清律第三九六條（故禁故勘平人）附例規定：「凡內外大小問刑衙門設有監獄，除監禁重犯外，其餘干連並一應輕罪人犯，即令地保保候審理。」（雍正五年定例）

此外，婦女非實犯死罪者，刑部得交其親屬保領，聽候發落。清律第四二〇條（婦人犯罪）附例規定：「婦女除實犯死罪，例應收禁者，另設女監羈禁外，其非實犯死罪者，承審官拘提錄供，即交親屬保領，聽候發落，不得一概羈禁。」（乾隆元年定例）

三、審理程序

㈠通論

刑部審理現審案件，其審訊及判決原則，可準用五城察院及步軍統領衙門審理案件之原則。審訊時，應「依狀以鞫情，如法以決罰，據供以定案。」判決時，應遵守下列原則：1.斷罪依新頒律。2.斷罪引律例。3.參酌情理等斷案。4.審判獨立。有關兩衙門審理案件之原則，前已論及，玆不贅述。

刑部現審之案件絕大多數均係徒罪以上案件。原則上，徒流軍遣罪案件，刑部得自行審結。死罪案件，則須由三法司會審。刑部或三法司審理案件，如遇律例上無處罰明文，而確有處罰必要時，得援引比附加以處罰。清律第四十四條（斷罪無正條）規定：

凡律令該載不盡事理，若斷罪無正條者援引他律比附，應加應減，定擬罪名，（申該上司）議定奏聞。若輒斷決，致罪有出入，以故失論。

又同條附例亦規定：

其律例無可引用，援引別條比附者，刑部會同三法司公同議定罪名，於疏內聲明律無正條，今

比照某律某例科斷，或比照某律某例加一等減一等科斷，詳細奏明，恭候諭旨遵行。（雍正十一年定例）

上述由三法司議定奏聞取自上裁之援引比附，應係就徒罪以上案件而言。援引比附與現代刑事訴訟法之罪刑法定主義相衝突。

刑部審理現審案件，原則上應先由各司審訊，由各司郎中及員外郎等依合議方式審訊人犯。各司負責審理掣籤分司之現審案件，其他司分不得干預。惟道光年間，刑部現審有所謂「派審」情事。道光元年上諭：「刑部現審案件掣籤分司後，另派司員會同審訊。往往數人雜坐，各存意見。臨審之時，偶有一人未到，彼此拕延。其本司司員拱手陪坐，轉將應辦別案，耽擱不問。且派審之員，藉端誇耀於外，以致情託賄賂諸病叢生。」（註九三）因此，是年上諭即加以限制。是年上諭：「嗣後著刑部堂官於各司所分現審案件，即責成本司悉心審理，不必先行派員會審，如案情疑難，該司不能發姦摘伏，再遴委賢能之員，另行審辦。庶本司不能藉詞推諉，而派審之員，亦不能遇事把持矣。」（註九四）

刑部各司審理現審案件，「惟該承審滿漢司官審問，該司之筆帖式與書辦登記口供。」（註九五）且禁止別司官員遞話囑託。「若有別司司官與筆帖式過來同坐遞話者，連容隱之官參處。」（註九六）

關於刑部官署之建置，日下舊聞考曰：「刑部公署，國朝即明錦衣衞故址移建。大堂壁間舊有錦衣衞題名碑，後燬於火。堂東向。直隸、奉天二司在堂左右，左廊湖廣、廣東、陜西三司，右廊河南、山西、山東、江西四司，及司務廳在二門外。江蘇、安徽、福建、浙江、四川、廣西、雲南、貴州並

督捕司凡九，在南夾道內。督催所在江西司稍北。西南西北二隅合置獄，曰南北所。」（註九七）

刑部審理現審案件，職責重要，故嚴禁閒雜人等擅自出入。清律第四〇〇條（主守教囚反異）附例規定：

在京問刑各衙門，如有閒雜人等擅自出入，及跟隨聽審人犯，私入衙門窺探者，本犯及守門領催兵皂俱責治，於刑部門首枷號，官員犯者交該部議處。（雍正三年定例）

同條附例又規定，步軍統領應派出番役於刑部衙門外密行訪拏：

步軍統領，酌量派出番役，在刑部衙門外左近，密行訪拏。若有探聽之徒，照私入刑部衙門例，枷號一個月責三十板；係官，交部議處。如有受賄通信教供情弊，察實，將書役並行賄之人，均計贓從重治罪。（雍正八年定例）

京師徒流軍遣案件，刑部得自行審結。京師死罪案件，原則上須由三法司會審。大清會典定曰：「凡刑至死者，則（刑部）會三法司以定讞。」（註九八）換言之，「罪應斬絞之案，（刑部）會同三法司覈擬具題。」（註九九）

清代三法司會審制度曾經數次變革，清初順治年間，三法司會審案件之範圍頗爲廣大，且會審案件須先由刑部初審，再由三法司覆核，即分兩階段進行。順治十年題准：「刑部審擬人犯，有犯罪至死者，亦有犯罪不至死者，若概經三法司擬議，恐於典例不合，嗣後凡犯罪至死者，刑部會同院寺覆覈。」（註一〇〇）自是年後，三法司會審案件之範圍縮小至死罪案件，惟此類案件仍分刑部初審及三法司覆核兩階段進行，且均須奏聞皇帝。康熙年間，京師死罪案件即係依此一方式審理。依此種方式審理死罪案件，雖較爲愼重，但其程序過於煩瑣。

據筆者考察，乾隆以後，京師死罪案件，不再分爲刑部初審及三法司覆核兩階段進行審理，而係三法司會同審理，併爲一階段完成。自此以後，此種方式遂爲定制。

關於三法司之會審，清律及清史稿均有說明。清律第七十條（同僚代判署文案）附例規定：「刑部遇有三法司會勘案件，即知會都察院、大理寺堂官，帶同屬員至刑部衙門秉公會審，定案畫題。」清史稿刑法志則曰：「（京師案件）死罪既取供，大理寺委寺丞或評事，都察院委御史，赴本司會審，謂之會小法。獄成呈堂，都察院左都御史或左副都御史、大理寺卿或少卿，挈同屬員赴刑部會審，謂之會大法。如有翻異，發司覆審，否則會稿分別題奏。」（註一〇一）此即乾隆以後三法司會審之大概。

又雍正三年議准：「凡會審事件，刑部移會到日，該道滿漢御史各一人到部，會同承辦司官取供。都御史一人，會刑部堂官錄供定稿，刑部堂官畫題，續送院畫題。若有兩議，五日內繕稿送部，一併具題。」（註一〇二）此項規定對於小三法司「會小法」及三法司「會大法」之具體工作（取供及錄供定稿），有較詳細之說明，可供參考。

乾隆以後，奏摺之使用逐漸公開，使用範圍亦日趨擴大。某些京師之情節重大死罪案件（如逆倫重案等），刑部得單獨審理，專摺具奏。此時，是類案件即無須由三法司會審。此類情節重大死罪案件之範圍，後日趨擴大，嘉慶十三年更於清律第四一一條（有司決囚等第）增訂附例，明確規定死罪案件何者應專摺具奏。按本附例雖係針對各省死罪案件應專摺具奏者而言，實則亦適用於京師死罪案件應專摺具奏之情形。

刑部現審案件，何者應專本具題，何者應併案彙題，何者應專摺具奏，清律第四一一條（有司決四等第）附例訂有應題應奏之原則。玆將其原則整理歸納如后：

1.特交案件

(1)遣軍流徒杖笞罪案件或無罪可科案件：刑部應專摺覆奏。

(2)斬絞罪案件：刑部應特題完結。（原指專本具題完結，後則改爲專摺覆奏。）

2.其他案件

(1)枷杖笞罪案件：刑部得自行審結發落。

(2)情節特別遣軍流徒罪案件：刑部應隨結隨題。（原指彙題，後則改爲專本具題。此類案件刑部奉旨後，始行發落。）

(3)尋常遣軍流徒罪案件：刑部應按季彙題。（此類案件，刑部得先行發落。）

(4)情節重大斬絞罪案件：刑部應專摺具奏。

(5)尋常斬絞罪案件：三法司應行會審，專本具題。

㈡皇帝裁決

刑部或三法司審理京師案件完畢後，應專本具題或專摺具奏，奏聞於皇帝。此時，內閣應先就題本票擬意見，軍機大臣應先就奏摺會商擬辦，供皇帝裁決時參酌。皇帝裁決時，亦常與內閣大學士或軍機大臣等商酌。

皇帝裁決刑部或三法司審理之案件，其裁決之種類主要有四：1.依法司定擬判決之裁決（即依議之裁決），2.法司再行覆審之裁決，3.九卿會議之裁決，4.另行處置之裁決。玆分述如后：

1.依法司定擬判決之裁決（即依議之裁決）

刑部或三法司定擬之判決，皇帝如認爲法司定擬之判決並無不妥，可裁決依法司定擬之判決。玆舉下列案例說明之：

⑴康熙二十三年（一六八四年）十二月初三日，「三法司會議法葆挈其妻子逃匿，與馬雄等同夥招兵，擬凌遲立決，其妻子交與該主爲奴。上曰：『爾等之意若何？』明珠等奏曰：『法葆所行悖亂，人所共憤，法所不宥。』上曰：『著照議完結。』」（註一〇三）

⑵康熙五十五年（一七一六年）閏三月二十六日，「刑部等衙門所題，阿那禮家中贖身之人福壽，將伊姊夫護軍綏布古毆死，不便照律擬罪，將福壽照滿洲毆死滿洲例，即行處斬一疏。上曰：『福壽以贖身之奴而毆死執豹尾鎗之護軍綏布古，著照新例行。』」（註一〇四）

2.法司再行覆審之裁決

刑部或三法司定擬之判決，皇帝如認爲法司定擬之判決並不妥當，可裁決法司再行覆審。玆舉下列案例說明之：

(1)康熙二十五年（一六八六年）十月十九日，「刑部等衙門題，希佛納打死和善，擬絞，秋後處決。上曰：『希佛納係新滿洲，情有可原。』明珠等奏曰：『希佛納係一時之怒，毆打誤傷，至三十二日身死，原無必殺之意。』上曰：『此事著該部再行確議具奏。』」（註一〇五）

(2)康熙二十七年（一六八八年）五月三十日，「刑部（等衙門）題莽牛於甘石橋地方打倒金二，搶去騎騾，應擬斬監候，秋後（處決）。上曰：『京城重地，莽牛等白晝搶奪，情罪殊爲可惡！著另行嚴議具奏。』」（註一〇六）

3. 九卿會議之裁決

刑部或三法司定擬之判決，皇帝如認爲案情重大，須由九卿會議者，可裁決九卿會議具奏。茲舉下列案例說明之：

(1)康熙二十四年（一六八五年）二月初十日，「三法司會同滿大學士議張鳳揚立斬，其子秋後處絞。上顧大學士勒德洪、明珠、王熙曰：『爾等之意云何？』勒德洪等奏曰：『張鳳揚顯係兇惡光棍，斷不可留。』上曰：『張鳳揚係大光棍，著議政王、貝勒、大臣、九卿、詹事、科、道會議具奏。』」（註一〇七）

(2)康熙二十四年（一六八五年）九月初四日，「刑部（等衙門）題殺張世興父子三人張林等兩議。上問曰：『此事爾等以爲如何？』明珠等奏曰：『臣等之意，此事前議照律，後議原情。若照律坐罪，似屬太過；若原情定議，又難行之久遠。似應交與九卿定議。』上曰：『然。爾等所

議交與九卿甚當。』」（註一〇八）

4.另行處置之裁決

刑部或三法司定擬之判決，皇帝如認爲法司定擬之判決並不妥當，得裁決另行處置。或加重其刑，或減輕其刑，或爲其他之裁決。玆舉下列案例說明之：

(1)康熙二十年（一六八一年）五月十五日，「三法司議，護軍機木素不聽主將號令，於別路散去，應立絞事。上曰：『此人應免死否？』明珠奏曰：『前有此等罪犯，概行寬免。』上曰：『機木素從寬免死，著給與本主爲奴。』」（註一〇九）

(2)康熙二十四年（一六八五年）十月十一日，「三法司議，行劫劉嗣聖家陳天德等四人即行處斬。上曰：『爾等之意若何？』明珠等奏曰：『此內查洪宗供稱，並未同夥行劫，情有可疑，應俟秋後處決。』王熙奏曰：『劉嗣聖原係賊黨，觀陳天德之行劫，亦以賊劫賊耳。』上曰：『此四人俱改爲秋後處決。』」（註一一〇）

三法司會審死罪案件，原應會同妥議，畫一具題。惟少數案件，三法司所見不同，難以畫一具題時，三法司得爲兩議。三法司兩議時，皇帝或逕行裁決依其中一議，或令畫一具奏。玆舉下列案例說明之：

(1)康熙十九年（一六八〇年）二月初十日，「刑部（等衙門）擬進財等盜取武英殿槅扇鍍金什物罪，兩議具奏事。上曰：『進財、楊疙疸係眞正賊犯，應依議立斬。其劉三雖銷化鍍金，並不曾與進財通同盜取，以後議爲是。爾等之意如何？』明珠等奏曰：『進財等偷盜時，劉三原未同事，後議秋後處決，似是。』上曰：『是。劉三著依後議。』」（註一一二）

⑵康熙二十年（一六八一年）四月初三日，「三法司將強盜孟金標、錢家禎等十九人兩議具題，前議立斬，後議賊首張文煥等在逃，俟獲日對質審結事。上曰：『罪疑雖輕，與其失入，毋寧從宥。爾等云何？』大學士勒德洪等奏曰：『誠如聖諭。』上曰：『此案著依後議。』」（註一一三）

京師斬絞立決案件如奉旨依議，案件即爲確定，刑部可即執行。京師斬絞監候案件如奉旨依議，則案件仍未確定，尚有待朝審之覆核。

第四節　朝　審

一、沿　革

朝審亦係愼刑制度，其發展較秋審爲早。明初遇有重大刑獄（以政治案件居多），常由皇帝親自審訊。洪武十四年（一三八一年）明太祖諭令：「爾後只武臣大獄面審，餘不再親審。」（註一一三）永樂二年（一四〇四年）曾行朝審。（註一一四）明英宗天順二年（一四三七年）九月二十五日奉旨：

「人命至重，死者不可復生。自天順三年爲始，每至霜降後，但有該決重囚，著三法司奏請會多官人等，從實審錄，應不冤枉，永爲定例。欽此。」（註一一五）因此，自天順三年（一四三八年）起，朝審定於霜降之後舉行，遂成爲制度。

明史刑法志曰：「天順三年令每歲霜降後，三法司同公、侯、伯會審重囚，謂之朝審，歷朝遂遵行之。」（註一一六）自此之後，朝審成爲京師斬絞監候案件，每年加以覆核之制度。關於朝審人犯之類別，萬曆二十一年（一五九三年）已有「可矜」、「可疑」及「有詞」等三類人犯之別。（註一一七）

清代朝審始於順治初年。順治元年（一六四四年），刑部侍郎黨崇雅奏言：「舊制凡刑獄重犯，自大逆、大盜決不待時外，餘俱監候處決。在京有熱審、朝審之例，每至霜降後方請旨處決。」（註一一八）惟順治元年並未恢復朝審制度。

清代之恢復朝審制度始於順治十年（一六五三年）順治十年八月二十一日，「刑部題朝審事宜日期，於霜降後十日舉行。將情實、矜疑、有詞各犯，分爲三項，各具一本請旨。奉有御筆勾除者，方行處決。」（註一一九）自順治十年起，朝審制度正式恢復。明代朝審含意較廣，原兼含各省斬絞監候案件之秋審，清代朝審則專指京師斬絞監候案件之覆核制度。

順治十年京師斬絞監候案件朝審程序如下：「每年於霜降後十日，將刑部現監重犯，引赴天安門。三法司會同九卿、詹事、科道官，逐一審錄。刑部司官先期將重囚招情略節刪正呈堂，彙送廣西司刊刻刷印進呈，並分送各該會審衙門。會審時，各犯有情實、矜、疑者，例該吏部尙書舉筆，分爲三項，

各具一本。均由刑部具題請旨，內有奉旨勾除者，方行處決。其未經勾除者，仍舊監候。」（註一二〇）

康熙七年（一六六八年），朝審制度漸行確立，是年朝審人犯已有「矜疑」、「緩決」及「情實」等三類人犯之別。可矜及可疑併為一類（即矜疑），另增緩決一類。按是年覆准：「朝審秋決重犯，將矜疑、緩決、情實者分別三項具題，俟命下之日。矜疑者照例減等，緩決者仍行監候，情實者刑科三覆奏聞，俟命下之日。別本開列各犯姓名，奉旨勾除，方行處決。其未經勾除者，仍行監候。」（註一二一）

朝審亦為清代重要司法審判制度，清初與秋審制度同時漸次發展。乾隆以後，乃成定制。惟清律中亦無有關朝審之律文，有關朝審制度之規定均附於清律第四一一條（有司決囚等第）之中。

二、朝審程序

京師死罪案件奉旨「依擬應斬（絞）、著監候，秋後處決」者，均係朝審案件，須經朝審確定之後始得執行死刑。凡經朝審核定為「情實」，且經皇帝勾決者，始執行死罪。其餘死罪人犯仍應監候，俟來年朝審，再行覆核。

清代朝審完全由中央進行，但中央進行朝審時可分為兩階段進行。第一階段由刑部進行，並由特派大臣覆核。第二階段則由九卿會審與會題。京師死罪案件均由刑部現審，奉旨「斬絞監候」後，即歸入下年朝審。朝審案件先由刑部自定實緩，再由皇帝特派大臣覆核，最後則由九卿等覆核。由九卿覆核之程序略如秋審。俟皇帝裁決後再行辦理覆奏與勾決。

㈠刑部定擬看語

朝審係以九卿會審方式進行，九卿會審之前，刑部應就京師朝審案件先行定擬看語。清初，刑部廣西司辦理朝審業務。雍正十三年（一七三五年），刑部設立總辦秋審處，除辦理秋審業務外，也辦理朝審業務。朝審時，刑部各司應先核辦各該司原籤分現審之京師案件（列入朝審者），逐案定擬看語。各司核辦後應送秋審處滙辦，然後呈報堂官批閱，再由刑部奏請特派大臣覆核。清律第四一一條（有司決囚等第）附例即定曰：「刑部現監重囚，每年一次朝審。刑部堂議後，即奏請特派大臣覆核。」此蓋因朝審案件均係刑部現審，為避免刑部固執己見，故特派大臣覆核。

關於朝審案件刑部奏請特派大臣覆核一事，乾隆以前原未行之。嘉慶二十三年（一八一八年）始特派大學士、尚書、侍郎等覆核。是年上諭：「向來直省秋審人犯，由各督撫分別情實緩決，刑部再加覆核。其有原擬未協，經刑部改緩為實、改實為緩者，皆例有處分。惟朝審人犯，但由刑部分別情實緩決，不加覆覈，立法尚未周備。著自明年為始，朝審人犯，經刑部堂官議後，即由該部奏請特派大學士、尚書、侍郎數員覆覈。其有部擬實緩未協，應行改擬者，著派出之員奏明請旨，以昭愼重。」（註一一三）

關於刑部之定擬看語，大清會典定曰：「總辦司員於年底即請堂派各司專辦次年秋審官，滿洲一員，漢二員。將各該司應入秋審人犯，依原案題結先後，依次摘敍案由，分別實緩矜留，出具看語，名曰初看，用藍筆標識。再爲覆看，用紫筆標識，陸續彙送本處。坐辦司員將各司略節刪繁補漏，交總看司員酌覈允當。加具看語，呈堂批閱。仍於堂議之前，總看坐辦各司員，齊集覈議。將情實、緩決、可矜、留養承祀各犯，詳加參酌，平情定擬。」（註一二三）又秋讞志略及清史稿刑法志於刑部之定擬看語亦有論述，本書前於論述秋審時已詳述，玆不贅述。

(二)九卿會審與會題

刑部定擬看語後，應將朝審案件刊刷招册，分送九卿、詹事、科道進行九卿會審。清律第四一一條（有司決囚等第）附例規定：「（刑部）俟（特派大臣）覈定具奏後，摘敘緊要情節，刊刷招册，送九卿、詹事、科道各一册。於八月初間，在金水橋西，會同詳審，擬定情實、緩決、可矜具題，請旨定奪。」

朝審之九卿會審與會題，與秋審類似。朝審九卿會審時，因參與朝審官員人數衆多，多數隨聲附合，不發一言。對於此種情形，嘉慶帝曾加以斥責。按嘉慶十二年（一八〇七年）上諭：「朕聞朝審漸成具文，九卿科道亦未必全到，即全到亦不發一言，若有一人駁改一案者，群起而攻，目爲多事，此習至惡，各宜痛改，毋負國恩而虛大典。朕非喜多事之人，但深恨模稜之輩耳，嗣後內外問刑各衙門，益當思人命至重，雖至獄成處決時，苟稍涉疑竇，當必爲之推鞫，斷不肯稍有屈抑。」（註一二四）

朝審過後，刑部領銜會同全體參與朝審官員具題。朝審案件亦分情實、緩決、可矜、留養承祀四本具題，情實案件另造黃册隨本進呈，此外，服制案犯和官犯均各單獨一本具題。

㈢皇帝裁決

朝審係就京師斬絞監候案件，每年加以覆核之制度。對於朝審，清代諸帝亦極重視。九卿會審京師斬絞監候案件後應具題，奏聞於皇帝。皇帝裁決時，亦常與內閣大學士與軍機大臣商酌。有關皇帝裁決九卿會審題本之情形，茲舉下列案例說明之：

1.康熙二十一年（一六八二年）十月初二日，「九卿朝審顧齊弘黨徒朱方旦，邪說惑衆，擬斬。上曰：『朱方旦蠱惑愚民，其徒甚衆，發覺者止顧齊弘一、二人，這顧齊弘著緩決。』又兩議邪黨陸光旭、翟鳳彩，前議擬斬，後議緩決。上曰：『顧齊弘尚且緩決，陸光旭、翟鳳彩情罪仍屬可矜，俱著免死，減等發落。』」（註一二五）

2.康熙二十四年（一六八五年）十一月十一日，「九卿、詹事、科、道會題在京朝審情眞各犯。上曰：『擬罪宜分首從，此內田五、李世英、粱順、陳四、徐四、白國柱、劉應登、張四、潘三、盧二麻子、樊洪爲人兇惡，情罪可惡，俱著改爲情眞，照例覆奏。田鳳吾、小黑兒、劉正芳、史黑、丫圖、古納、費四、傅成貴、孫世俊、王成義、劉大、李大、姚康太、王二鬍子、周二俱免死，照例減等發落。』又可矜、可疑各犯。上曰：『此內孫自立將人射死，情罪可惡，著監候緩決。』」（註一二六）

3.康熙二十五年（一六八六年）十月十六日，「九卿等朝審京城情眞重犯顏大等八十三人，上顧大學士等問曰：『爾等云何？』明珠等奏曰：『去年秋審時情眞重犯，皇上每有從寬減等者，臣等仰體皇上好生之意，故將此十四人分別隨簽。』上曰：『此內原任按察使庫爾堪贓跡未曾顯著，彼處百姓亦尚有稱之者，著免死，照例減等發落，其原任巡撫穆爾賽、原任布政使納爾甚爲貪惡，宜正法，餘皆照爾等所議完結。』又緩決重犯張國棟等五十三人。上問曰：『爾等云何？』明珠等奏曰：『此內十九人，臣等亦分別隨簽。』上曰：『爾等所議良是，此內尚有可寬者，再加搜求詳閱之。』又可矜罪犯朱二等十七人，上曰：『此等情有可矜之罪犯，著分別議處，照例減等發落。』」（註一二七）

4.康熙四十五年（一七〇六年）十一月初一日，「九卿朝審情眞、緩決、情罪可矜三案……上曰：『情眞內，張五、董紹、孔丁大、王章、郭三、李七矬、李五、丁二、楊八郎俱改爲監候，秋後處決。徐路、王三同、王應統俱改爲可矜，照例減等發落。又緩決內，王關保素行兇惡，本係光棍，改爲情眞，常保住改爲可矜，照例減等發落。黃毛、二小、俞二、程二禿子、顏三兒、住兒、劉保兒、劉二、進寶、八兒、丫頭、陳三黑子數人皆行竊三次，俱改爲情眞。』」（註一二八）

(四)覆奏

清初，僅朝審情實人犯行刑前實施覆奏。順治初年定，朝審情實人犯，刑科三覆奏聞。雍正二年定，秋審人犯亦照朝審例，三覆具奏。乾隆十四年定，秋審人犯一覆奏，朝審人犯仍令三覆奏。（註一二九）

嘉慶十九年，朝審人犯三覆奏亦改爲一覆奏，是年上諭：「秋審朝審情實人犯，舊例凡三覆奏，本沿古者三刺三宥遺意，我朝欽恤民命，凡案犯供情原委，備載招册，每年黃册進呈，早經反覆推求，愼之又愼，實不止於三覆，其科臣循例題本，僅屬具文，是以乾隆十四年將直省秋審，改爲一覆奏，朝審與秋審事同一例，嗣後朝審亦著改爲一覆奏，已足以存舊制。」（註一三〇）

朝審情實人犯之覆奏，係由刑科給事中辦理。刑部等衙門情實本奏上，奉旨覆奏後，刑科給事中乃上覆奏本。

(五) 勾到

朝審情實人犯經覆奏後仍須勾到，始得執行死刑。淸律第四一一條（有司決囚等第）附例規定：「朝審案件（勾到時），令京畿道御史專辦。」（乾隆十四年定例）

朝審勾到之日期，亦須由欽天監擇期。大淸會典定曰：「朝審（勾到）則於冬至前十日，遇停勾之次年，則於冬至前五日。」（註一三一）

關於皇帝朝審勾到之程序，與秋審勾到之程序大致相同，前於論述秋審時業已詳述，玆不贅述。

關於皇帝勾決之情形，玆舉下列案件說明之：

1. 康熙二十二年（一六八三年）十月二十八日，「大學士、學士捧京城秋審情眞重犯三覆奏本，面奏請旨，賜大學士等坐。上取招册置御案，逐一披閱，命大學士明珠依次陳奏，大學士李霨持姓名單候旨，勾者即勾出。……王三……以上各犯，或謀殺或故殺，或剜目，或刀刺，情罪眞確，俱無可生之理，上反復招冊，命俱處決，因諭曰：『兩年未行秋決，故人數多。』衆奏曰：『然。』於是大學士李霨等復加勘對，取覆奏本一一勾出，以授票本房。」（註一三二）

2.康熙二十四年（一六八五年）十一月二十一日，「（大學士等）以御史處決（朝審）重囚疏請旨。上曰：『玆事重大，人命所繫，雖經廷臣詳訊，朕已矜減多人，而情眞各犯苟可生全，故令緩死，朕與卿等詳議之，卿等坐。』諸臣叩頭坐，御案先設招冊，上一一朗誦，諭大學士等曰：『爾等攜有招冊節略摺子，各取出比對。』因命大學士王熙、學士牛鈕執筆，於應勾者先勾於摺子內，有擬議未定者姑點之，以俟再議；王熙讀招冊。……凡重犯六十六人讞詞一一覽畢，再加詳閱，乃命勾。」（註一三三）

皇帝勾到後，內閣應將勾到本交京畿道御史，轉交刑部辦理。大清會典定曰：「（勾決）命下，各道御史齎本授刑部施行。」（註一三四）朝審勾到後，即由京畿道御史齎勾到本授刑部施行。

第五節　刑之執行

一、笞杖徒流軍遣等刑之執行

京師笞杖罪案件絕大多數均由五城察院或步軍統領衙門審理完結，惟刑部現審案件中亦有少數案件之人犯被處以笞杖罪者。笞杖罪案件，無論由兩衙門審理完結，或由刑部審理完結，判決確定之後，即可執行。執行完畢，即可釋放。與各省督撫司道府州縣衙門執行笞杖刑之情形，並無不同。

京師徒罪案件，刑部審理完結後，應由順天府尹定地發配。清初順治、康熙年間，即已如此。雍正年間更分別就京師徒罪人犯，係順天府民人者，或各省民人，而為規定。雍正五年議准：「凡徒罪人犯，係順天府所屬者，仍送府尹發配外，各省民人，皆遞回由該督撫照原籍應發地方，發配充徒。徒限滿日，仍令原籍地方官管束，不許再來京城。違者拏獲之日，枷一月責四十板，仍行遞回。」（註一三五）嘉慶六年更於清律第四十五條（徒流遷徙地方）增定附例規定：「民人在京犯該徒罪者，順天府尹務於離京五百里州縣定地充配。」由本條附例可知，京師徒罪人犯，係由順天府尹執行。

京師流罪案件，刑部審理完結後，亦應由順天府尹定地發遣。清初順治、康熙年間，即已如此。雍正三年，於清律第四十五條（徒流遷徙地方）增定附例規定：「凡各省民人，在京犯該應流，並免死減等流犯，如無妻室，及無應追埋葬銀兩者，順天府定地發遣。如有妻室，及應追銀兩，順天府轉發原籍地方，令其追銀僉妻，各照本省所定應流地方發遣，追完銀兩解部，分別給主。」

京師充軍案件，刑部審理完結後，應先咨兵部定地。乾隆三十五年議准：「嗣後刑部凡有咨送兵部一切軍犯，俱應先咨兵部定地，將人犯仍監禁刑部，俟兵部定地後，提發順天府，照例起解，毋庸再轉發五城兵馬司看守。」（註一三六）

京師發遣案件，刑部審理完結後，應自行定地發遣。清代職官犯罪，多發遣當差。民人犯罪，或發遣當差，或發遣爲奴。京師發遣案件中，以職官犯罪發遣者居多。

京師案件人犯笞杖徒流軍遣等刑執行時之特別規定，大略如上。其餘有關笞杖徒流軍遣等刑執行時之共通規定，前於論述各省案件覆核程序（第四章）刑之執行（第六節）乙節中，業已詳述，玆不贅述。

二、死刑之執行

京師死罪案件，有奉旨立決者，有奉旨監候者。立決人犯定案後，應立即執行。監候人犯定案後，案件仍未最終確定，仍有待朝審之覆核。

㈠立決人犯之處決

清律第四一一條（有司決囚等第）規定：「至死罪者，在內法司定議，……奏聞（候有）回報，（應立決者，）委官處決。」刑部處決京師立決人犯時，除應遵守清律第一條（五刑）附例有關停刑日之規定外，並應遵守京師地區處決立決人犯停刑日之特別規定。清律第四一一條（有司決囚等第）附例規定：「凡遇南郊（夏至）北郊（冬至）大祀之期，前五日後五日，刑部及順天府衙門，凡在京立決重犯，俱停止題奏。」（嘉慶二十四年定例）又京師雨澤愆期清理刑獄之時，並皇帝祈雨祈雪期內，亦應停刑。同條附例規定：「應行立決人犯，應在京處決者，如適當雨澤愆期清理刑獄之時，並祈雨祈雪期內，刑部將此等應結案牘，暫行停止題奏。」（乾隆三十六年定例）

(二)情實人犯之處決

朝審結束後，情實人犯經勾決者，應即處決。清律第四一一條（有司決囚等第）附例規定：「每年……勾到後，大學士會同刑部，將已勾未勾情節，摘敍簡明事由奏聞……，由刑部發交該城榜示。」（乾隆三十八年定例）

刑部處決京師情實人犯時，步軍統領衙門應派員護送。同條附例規定：「每年朝審勾到，刑部將人犯綁出之日，步軍統領衙門，派步軍翼尉一員護送。」（乾隆三十八年定例）

處決京師情實人犯時，三法司應派員監視行刑。雍正以前，朝審決囚係由監察御史及刑部司官為監斬官。乾隆十四年，始改派刑科給事中及刑部侍郎監視行刑。

順治十年覆准：「凡情實各囚綁赴市曹，都察院委滿漢御史各一人，刑部委滿漢司官各一人為監斬官，將各犯姓名具本題覆，……奉旨勾除者，遵照行刑，其餘監候，監斬畢，仍具本覆命。」（註一三七）康熙、雍正年間亦係如此。乾隆十四年奉旨：「朝審人犯，著刑科給事中監視行刑。」（註一三八）是年，即於清律第四一一條增訂附例：「朝審案件，……行刑時，著刑科給事中及刑部侍郎一人監視。」（乾隆十四年定例）

又處決京師朝審人犯時，都察院及步軍統領衙門應負責維持刑場之秩序。嘉慶五年上諭：「朝審人犯，著刑科給事中監視行刑，讞獄大典，行刑之地自應慎重嚴肅。每年朝審決囚時，都察院及步軍統領衙門，一體嚴飭營城各員弁兵役等，於行刑處所，周圍排列，嚴禁巡察，毋許街市閒人擁擠。並

著派是日輪住城外京營總兵，親往巡察彈壓。」（註一三九）

三、易刑處分

清以少數民族入主中原，其部族習慣法之刑罰本與漢族不同。清入關後，旗人及宗室覺羅犯罪，仍然沿用部分入關前之刑罰習慣。旗人犯罪之鞭責、宗室覺羅犯罪之圈禁及入辛者庫，均屬著例。易刑處分可分為旗人犯罪之易刑處分、宗室覺羅犯罪之易刑處分及特殊易刑處分，茲分述如后：

㈠旗人犯罪之易刑處分

旗人犯罪，除死罪外，原則上，笞杖罪得易以鞭責，軍流徒罪得易以枷號。清律第九條（犯罪免發遣）規定：

凡旗人犯罪，笞、杖，各照數鞭責。軍、流、徒，免發遣，分別枷號。徒一年者，枷號二十日，每等遞加五日。總徒、准徒，亦遞加五日，流二千里者，枷號五十日，每等亦遞加五日。充軍附近者，枷號七十日；近邊者，七十五日；邊遠、沿海、邊外者，八十日；極邊、煙瘴者，九十日。

旗人犯罪並非均得科處易刑處分，所犯之罪如係寡廉鮮恥有玷旗籍者，不得科處易刑處分。同條附例規定：

在京滿洲、蒙古、漢軍及外省駐防並盛京、吉林等處屯居之無差使旗人，如實係寡廉鮮恥有玷旗籍者，均削去本身戶籍，依律發遣，仍逐案聲明請旨。如尋常犯該軍、遣、流、徒、笞、杖等罪，仍照例折枷鞭責發落。（乾隆二十七年定例）

上述附例所謂「寡廉鮮恥有玷旗籍」，依同條另一附例之規定係指：「旗人窩竊、窩娼、窩賭及誣告、訛詐，行同無賴，不顧行止；並棍徒擾害、教誘宗室爲非、造賣賭具、代賊銷贓、行使假銀、捏造假契、描畫錢票、一切誆騙詐欺取財、以竊盜論、准竊盜論，及犯誘拐、強姦、親屬相姦者。」（道光五年定例）凡觸犯上述罪行者，「均銷除本身旗檔，各照民人一例辦理。犯該徒、流、軍、遣者，分別發配，不准折枷。」（道光五年定例）

又八旗滿洲、蒙古奴僕雖非正身旗人，犯徒罪時，亦得照正身旗人例，折枷鞭責發落。漢軍奴僕，犯徒罪時，則須照民人例問擬。至八旗滿洲、蒙古、漢軍奴僕，犯軍流等罪時，不准折枷。清律第九條（犯罪免發遣）附例規定：

凡八旗滿洲、蒙古、漢軍奴僕，犯軍流等罪，除已經入籍爲民者，照民人辦理外，其現在旗下家奴犯軍流等罪，俱依例酌發駐防爲奴，不准折枷。犯該徒罪者，漢軍奴僕，照民人例問擬，實徒徒滿之後，仍押解回旗，交與伊主服役管束。其滿洲、蒙古奴僕，照旗下正身例，折枷鞭責發落。（乾隆十三年定例）

旗人犯軍流徒罪易以枷號時，俱發北京內城八門示衆。八門因而設立房屋以爲人犯住宿之地，號爲「門監」，由步軍統領衙門管理。乾隆元年議准：「各旗枷號人號，例俱發於各門示衆，因而設立房屋以爲住宿之地，遂有門監之名，實非囹圄可比。……嗣後枷號人犯仍照例枷號各門，不必拆毀門監。惟女犯必須另設牆垣房屋，應令提督會同刑部各委官一員，於各門詳加閱看。或於門監之旁，添造房屋一二間，或即於現在門監之內，量撥一二間，另開門戶，專爲女犯居住歇宿之所。不許仍同男犯俱禁一處，以致混雜無別。至此等枷號人犯原非重囚，且係已結之案，應許其跟隨親屬一人，在內照看。其看守兵丁，其令該管官弁嚴加管束，不得任其勒索凌虐，仍令步軍提督不時防察。」（註一四〇）

八門設置門監，始自雍正二年。雍正二年議准：「崇文、宣武、朝陽、阜城、東直、西直、安定、德勝八門，每門各設監獄。凡旗人獲罪，刑部議定枷示，或步軍統領奏明永遠枷示人犯，皆發門監羈禁。如封印後，步軍統領衙門監內人犯過多，亦發門監羈禁。」（註一四一）

八門門監監禁枷號人犯，俱依京師八旗旗分分配，每門分配一旗。大清會典定曰：「崇文門監禁鑲白旗人，宣武門監禁鑲紅旗人，朝陽門監禁正藍旗人，阜城門監禁鑲藍旗人，東直門監禁鑲黃旗人，西直門監禁正黃旗人，安定門監禁正白旗人，德勝門監禁正紅旗人。」（註一四二）

㈡宗室覺羅犯罪之易刑處分

宗室爲清皇室之近支親族，覺羅爲清皇室之遠支親族，均屬「天潢貴冑」，犯罪時，得易以他刑。大清會典定曰：「宗室覺羅犯罪，應笞杖者，折罰養贍銀，免其笞杖。」（註一四三）又曰：「宗室覺羅犯罪，應枷及徒以上至軍流者，皆折以板責圈禁。板責以本府（指宗人府）堂官監視，效力筆帖式掌板。監禁皆於空屋，枷罪徒罪拘禁，軍流罪鎖禁。」（註一四四）「國初定，王以下及宗室有過犯，或奪所屬人丁，或罰金不加鞭責，非叛逆重罪，不擬死刑，不監禁刑部。」（註一四五）

康熙八年題准：「宗室有過犯者，分別輕重議處。」（註一四六）康熙十年議准：「覺羅因罪應發遣寧古塔、黑龍江者，永遠圈禁空房。」（註一四七）康熙十二年以前，「舊例宗室等如犯枷責之罪，皆准折贖。覺羅等照平人例的決。」（註一四八）

宗室覺羅之易刑處分，至康熙十二年始行確定。是年議定：「嗣後除宗室覺羅犯軍流以上之罪者，由宗人府酌其情罪之輕重，另行請旨定議外。其犯笞罪，有品級者，照官員降級罰俸例議處。無品級者，笞十至二十罰養贍銀一月，笞三十罰二月，笞四十罰三月，至滿笞五十罰四月止。杖六十罰養贍銀六月，杖七十罰七月，杖八十罰八月，至杖九十罰十月，杖一百罰一年止。犯徒罪者於空室拘禁，犯軍流罪者於空室鎖禁。均照旗人折枷日期。以二日抵一日，俟限滿日釋放。重罪臨時請旨。」（註一四九）

上述康熙十二年議定之例規定，宗室覺羅犯徒、流、軍罪者，均照旗人折枷日期，以二日抵一日。此項易刑處分顯然太輕，不足以示懲。乾隆四十七年始加重其處分。是年奉旨：「宗室官員人等，嗣後如有犯邊遠及極邊煙瘴充軍者，應折圈禁三年，始准釋放。即犯近邊及附近充軍之罪，亦折圈禁二年六個月釋放，如犯流三千里及二千五百里者，應折圈禁二年，始准釋放，即遞減至二年之罪，亦以圈禁一年六箇月爲限，至徒罪自三年遞減至一年，計有五等，其問擬三年滿徒及徒二年半者，遵旨俱改爲圈禁一年，其徒二年及徒一年者，應行量減，俱以半年爲限，其餘笞杖之罪，仍照向例辦理。」（註一五〇）

上述乾隆四十七年諭令之圈禁期間最長可達三年，嘉慶十三年將圈禁期間分別減少六個月至三個月，但各加責四十板至二十板。是年議准：「凡宗室犯邊遠及極邊煙瘴軍罪者，折圈禁三年。犯近邊及附近軍罪者，折圈禁二年六箇月。俱改爲加責四十板，減圈禁日期六箇月。犯流三千里及二千五百里者，折圈禁二年。犯流二千里罪者，折圈禁一年六箇月。均改爲加責三十板，減圈禁日期四箇月。犯徒三年及二年半罪者，折圈禁一年。犯徒二年及一年罪者，折圈禁半年。均改爲加責二十五板，減圈禁日期三箇月。犯枷罪者，折圈禁二日抵枷一日，改爲加責二十板，減爲圈禁一日抵枷一日。」（註一五一）

大清會典規定：「宗室覺羅犯罪，應笞杖者，折罰養贍銀，免其笞杖。笞二十以下者罰一月，笞三十者罰二月，笞四十者罰三月，笞五十者罰四月，杖六十者罰六月，杖七十者罰七月，杖八十者罰八月，杖九十者罰十月，杖一百者罰一年。」（註一五二）此項規定與康熙十二年議定之罰養贍銀數額相同。

又大清會典規定：「宗室覺羅犯罪，應枷及徒以上至軍流者，皆折以板責圈禁，……其應枷罪者責一十，圈禁一日，抵枷一日。徒一年徒一年半徒二年者責二十五，圈禁三月。徒二年半徒三年者責三十，圈禁九月。流二千里者責三十，圈禁一年二月。流二千五百里流三千里者責三十，圈禁一年八月。附近充軍近邊充軍者責四十，圈禁二年。邊遠充軍極邊煙瘴充軍者責四十，圈禁二年六月。」（註一五三）此項規定與嘉慶十三年議准之圈禁期間相同。

宗室覺羅如犯軍流徒罪多次，則應分別情況處罰。清律第四條（應議者犯罪）附例規定：「凡宗室、覺羅，除犯笞、杖、枷，及初犯軍、流、徒，或再犯徒罪，仍由宗人府照例分別折罰責打圈禁外；如有二次犯流，或一次犯徒、一次犯軍，或三次犯徒者，均擬實發盛京。如二次犯徒，一次犯流；或一次犯流，一次犯軍者；均擬實發吉林。如二次犯軍，或三次犯流，或犯至遣戍之罪者，均擬實發黑龍江。（道光四年定例）

㈢特殊易刑處分—入辛者庫

辛者庫爲滿語 sin jeku 之音譯，sin 爲金斗之意，jeku 爲糧食之意，sin jeku 合譯爲一金斗糧食（一金斗爲一斗八升）。辛者庫是滿語「辛者庫者特勒阿哈」（sin jeku jetere aha）的簡稱，漢語譯爲「內務府管領下食口糧的人」，此種人實係內務府管領下食口糧的罪籍奴隸。

辛者庫之名，清入關前已有之，天命七年正月初五日即見「辛者庫牛彔」之名。（註一五四）順治年間，內務府已有辛者庫人。辛者庫人多係犯罪之旗人官員及其家屬，僅極少數並非旗人官員犯罪者。旗人官員犯罪多係於職官任內侵蝕虧空錢糧，亦有少數因政治犯罪或其他罪行者。觸犯此類犯罪者原應處以斬絞死罪。康熙以後，「入辛者庫」逐漸成爲旗人官員觸犯侵蝕虧空錢糧等犯罪之易刑處分。

康熙及雍正年間，此類人犯頗多。乾隆初年亦有此類人犯，後因八旗人口日繁，乾隆曾數度諭令准許八旗奴僕出旗爲民，乾隆二十一年上諭即曾明示此旨。（註一五五）自此以後，遂不再有辛者庫人。

清律第二十四條（給沒贓物）附例規定：「凡八旗應入官之人，令入各旗辛者庫，其內務府佐領人逡入官者，亦照比例入辛者庫。辛者庫人犯入官之罪者，照流罪折枷責結案。」（雍正三年定例）清代中期以後，本項附例實係具文，不具實質意義，因當時已無辛者庫人。

此外，須附言者，京師案件人犯其他刑罰之執行，如刺字、枷號、罰金、入官及追贓等刑之執行，前於論述各省案件覆核程序（第四章）中刑之執行（第六節）乙節中，業已詳述，玆不贅述。

【註釋】

註　一　大清會典，卷五十三，頁一。

註　二　同前註。

註　三　前書，卷五十五，頁一。

註　四　大清會典事例，卷一〇三一，頁十八。

註　五　大清會典，卷五十六，頁十九。

註　六　清史稿，卷一四四，刑法三，見鼎文版清史稿，頁四二〇六。

註　七　參見清律第三三四條（告狀不受理）。

註　八　參見清律第四一二條（檢驗屍傷不以實）附例。

註　九　參見清律第二六六條（強盜）。

註一〇　參見清律第二十條（工樂戶及婦人犯罪）及第二十二條（老小廢疾收贖）。

註一一　大清律例會通新纂，頁二九二三。

註一二　大清會典事例，卷八一九，頁十四。

註一三　大清律例會通新纂，頁二九二三至二九二四。

註一四　王又槐，辦案要略，見入幕須知五種，頁四八六。

註一五　裕謙，戒訟說，見牧令書，卷十七，頁四十六。

註一六　王元曦，禁濫准詞訟，見牧令書，卷十八，頁三。

註一七　劉衡，理訟十條，見牧令書，卷十七，頁四〇。

註一八　汪輝祖，學治臆說，見入幕須知五種，頁三〇一。

註一九　大清會典事例，卷一〇三一，頁十二。

註二〇　大清會典，卷六十九，頁十二。

註二一　大清會典事例，卷一〇三一，頁一。

註二二　前書，卷一〇三一，頁二。

註二三　前書，卷一〇三一，頁十七。

註二四　前書，卷一〇三一，頁十八。

註二五　前書，卷一〇三一，頁十九。

註二六　前書，卷一〇三一，頁二十四。

註二七　前書，卷一〇三一，頁一。

註二八　前書，卷一〇三一，頁二。

註二九　同前註。

註三〇　前書，卷一〇三一，頁十九。

註三一　前書，卷一〇三一，頁二。

註三二　前書，卷八四四，頁五。

註三三　同前註。

註三四　前書，卷八四四，頁五至六。

註三五　前書，卷一一五八，頁一。

註三六　同前註。

註三七　前書，卷一一五八，頁一至二。

註三八　前書，卷一〇三一，頁一。

註三九　同前註。

註四〇　前書，卷一〇三一，頁十八。

註四一　前書，卷一〇三一，頁二〇。

註四二　前書，卷一〇三一，頁二十一。
註四三　參見大清會典事例，卷一〇三一，頁十八。大清會典，卷六十九，頁十二。
註四四　大清會典事例，卷一一五六，頁一。
註四五　同前註。
註四六　前書，卷一一五六，頁一至二。
註四七　大清律例會通新纂，頁二九四九。
註四八　大清會典，卷五十五，頁一。
註四九　大清會典事例，卷一〇三一，頁三。
註五〇　大清律例會通新纂，頁三〇二三。
註五一　六部處分則例，卷四十一，頁三。
註五二　大清律例會通新纂，頁二九二三至二九二四。
註五三　大清會典事例，卷一〇三一，頁十八。
註五四　前書，卷一〇三一，頁十九。
註五五　大清會典，卷五十五，頁十至十一。
註五六　六部處分則例，卷四十一，頁四。
註五七　大清會典，卷五十五，頁十一。
註五八　大清會典事例，卷一〇三七，頁一。

註五九　前書，卷一〇三一，頁十八。
註六〇　前書，卷一〇三一，頁十九。
卷六一　前書，卷一〇三一，頁二〇。
註六二　前書，卷五八一，頁二十三。
註六三　前書，卷一〇三七，頁四。
註六四　同前註。
註六五　前書，卷一〇三九，頁十一。
註六六　前書，卷一〇三七，頁七。
註六七　前書，卷一〇一九，頁十。
註六八　六部處分則例，卷四十九，頁三。
註六九　大清會典事例，卷一〇四一，頁八。
註七〇　前書，卷八三八，頁三。
註七一　前書，卷一〇二五，頁十四。
註七二　參見前書，卷一一五六，頁二至四。
註七三　大清會典，卷五十五，頁一。
註七四　清史稿，卷一四二，刑法一，見鼎文版清史稿，頁四一八五至四一八六。
註七五　前書，頁四一八六。

註七六　大清會典，卷五十三，頁一。

註七七　清史稿，卷一四四，刑法三，見鼎文版清史稿，頁四二〇六。

註七八　大清會典，卷五十六，頁二〇。

註七九　同前註。

註八〇　同前註。

註八一　同前註。

註八二　同前註。

註八三　六部處分則例，卷四十七，頁十四。

註八四　薛允升，讀例存疑，卷八，見黃靜嘉編校之重刊本，頁二一五。

註八五　六部處分則例，卷十一，頁四。

註八六　大清會典事例，卷八四〇，頁二。

註八七　前書，卷一〇一七，頁十。

註八八　六部處分則例，卷四十八，頁四。

註八九　同前註。

註九〇　大清會典事例，卷一〇四一，頁十四。

註九一　薛允升，讀例存疑，卷九，見黃靜嘉編校之重刊本，頁二五八。

註九二　同前註。

註九三　大清會典事例，卷八一八，頁十九。
註九四　同前註。
註九五　前書，卷八四一，頁三。
註九六　同前註。
註九七　日下舊聞考，卷六十三，官署。
註九八　大清會典，卷五十三，頁一。
註九九　同前註。
註一〇〇　大清會典事例，卷一〇二一，頁十三。
註一〇一　清史稿，卷一四四，刑法三，見鼎文版清史稿，頁四二〇六。
註一〇二　大清會典事例，卷一〇二一，頁十四。
註一〇三　康熙起居注，康熙二十三年十二月初三日甲午。
註一〇四　前書，康熙五十五年閏三月二十六日丙戌。
註一〇五　前書，康熙二十五年十月十九日庚午。
註一〇六　前書，康熙二十七年五月三十日辛丑。
註一〇七　前書，康熙二十四年二月初十日庚子。
註一〇八　前書，康熙二十四年九月初四日辛酉。
註一〇九　前書，康熙二十年五月十五日丁卯。

註一一〇　前書，康熙二十四年十月十一日戊戌。

註一一一　前書，康熙十九年二月初十日庚午。

註一一二　前書，康熙二十年四月初三日丙戌。

註一一三　明史，卷九十四，頁九八二。

註一一四　大明會典，卷一七七，頁二四四五至二四四六。

註一一五　薛允升，讀例存疑，卷四十九，見黃靜嘉編校之重刊本，頁一二四一。

註一一六　明史，刑法志二。

註一一七　參見大明律集解附例，卷二十八，頁三十五。

註一一八　清史稿，卷一四四，刑法三，見鼎文版清史稿，頁四二〇七。

註一一九　清世祖實錄，卷七十七，頁十五至十六。

註一二〇　大清會典事例，卷八四六，頁一。

註一二一　前書，卷八四六，頁三。

註一二二　前書，卷八四九，頁十八。

註一二三　大清會典，卷五十七，頁十四。

註一二四　大清會典事例，卷一〇二一，頁二十一。

註一二五　康熙起居注，康熙二十一年十月初二日乙亥。

註一二六　前書，康熙二十四年十一月十一日丁卯。

註一二七　前書，康熙二十五年十月十六日丁卯。
註一二八　前書，康熙四十五年十一月十三日丁卯。
註一二九　參見大清會典事例，卷一〇一六，頁十四。
註一三〇　前書，卷八四九，頁十七。
註一三一　大清會典，卷五十三，頁二。
註一三二　康熙起居注，康熙二十二年十月二十八日乙丑。
註一三三　前書，康熙二十四年十一月二十一日丁丑。
註一三四　大清會典，卷六十九，頁九。
註一三五　大清會典事例，卷一〇四一，頁十。
註一三六　前書，卷一〇四一，頁十一。
註一三七　前書，卷八四六，頁二。
註一三八　前書，卷一〇一六，頁十五。
註一三九　同前註。
註一四〇　前書，卷七二三，頁七至八。
註一四一　前書，卷一一五八，頁二。
註一四二　大清會典，卷八十七，頁十五至十六。
註一四三　前書，卷一，頁十四。

註一四四　同前註。

註一四五　大清會典事例，卷十，頁一。

註一四六　同前註。

註一四七　同前註。

註一四八　前書，卷十，頁二。

註一四九　同前註。

註一五〇　前書，卷十，頁七至八。

註一五一　前書，卷十，頁八至九。

註一五二　大清會典，卷一，頁十四。

註一五三　同前註。

註一五四　滿文老檔（漢譯本），頁二九二。

註一五五　大清會典事例，卷一一一四，頁四至五。

第六章　清代中央司法審判程序之三——特別案件審理程序

第一節　宗室覺羅案件

一、概　說

清入關前即已有宗室、覺羅名號。天聰九年（一六三五年）正月二十六日，皇太極令阿格、覺羅均繫紅帶，藉與民人區分。是日上諭曰：「宗室者，天潢之戚，不加表異，無以昭國體。甚或兩相詆毀，詈及祖父，已令繫紅帶，以表異之。又或稱謂之間，尊卑顚倒，今復分別名號。遇太祖庶子，俱稱阿格。六祖子孫，俱稱覺羅。凡稱謂者，就其原名，稱爲某阿格、某覺羅，六祖子孫，俱令繫紅帶，他人毋得紊越。」（註一）上述諭令中已有宗室、覺羅名號。惟此時所稱之宗室，滿文是 mukūn，意爲宗族或族人，並非特指近支皇族。太祖庶子（衆子）稱爲阿格；六祖子孫（指景祖覺昌安兄弟六人之子孫而言）稱爲覺羅。由上述可知，天聰年間「宗室」一詞指努爾哈齊同一宗族之人，阿格、覺羅均係宗室。清太宗崇德元年（一六三六年），始將皇族區分爲宗室和覺羅，此時宗室指顯祖塔克世本支，而不限於太祖庶子一支，擴大了宗室之範圍。至於覺羅則指顯祖伯叔兄弟之支。自是年起，宗室與覺羅之含意始行確定。

大清會典曰：「凡皇族，別以遠近，曰宗室，曰覺羅。」（註二）又曰：「顯祖宣皇帝本支爲宗室，伯叔兄弟之支爲覺羅。」（註三）爲區別宗室覺羅之身分，「凡宗室覺羅皆別以帶。」（註四）所繫之帶分爲金黃帶（亦稱黃帶）、紅帶及紫帶等三種。大清會典定曰：「宗室繫金黃帶，覺羅繫紅帶，革退宗室者繫紅帶，革退覺羅者繫紫帶。」（註五）

清入關前，宗室覺羅犯罪，皇帝每每減輕其刑，惟與民人犯罪時之處斷，仍少差異。宗室覺羅案件與民人案件之司法審判程序，亦大致相同。清入關後，漸改其制。首於順治九年（一六五二年）設立宗人府，掌理宗室覺羅案件。順治十年二月初十日，禮科給事中劉餘謨上疏建言，宗室犯罪時，應施行八議中之「議親」。劉氏疏言：「周禮八議，首曰議親。向見宗室有犯，與民無異。臣謂法不可寬，而體不可辱，請自今除有大罪者請旨定奪外，餘皆斟酌輕重，永除鞭鎖之條，以昭睦族之恩。」（註六）

清入關後，宗室覺羅犯罪，常受特殊處置，清初順治康熙年間尤然。「國初定，王以下及宗室有過犯，或奪所屬人丁，或罰金不加鞭責，非叛逆重罪，不擬死刑，不監禁刑部。」（註七）此項記載雖未言及「議親」之名，但已有「議親」之實。康熙六十一年十二月初一日，雍正帝亦曾諭宗室及覺羅人等：「皇考至仁至厚，恩篤宗支。凡宗室覺羅，大罪薄懲，小罪寬免，歷年無一人及於刑辟者。必不得已，乃令圈禁。」（註八）

雍正帝認八議之條不可為訓。雍正六年三月二十六日上諭：（註九）

朕覽律例舊文，於名例內載有八議之條曰：『議親、議故、議功、議賢、議勤、議能、議貴、議賓。』此歷代相沿之文，其來已久。我朝律例於此條雖具載其文，而實未嘗照此例行者，蓋有深意存焉。夫刑法之設，所以奉天罰罪，乃天下之至公至平，無容意為輕重者也。若於親、故、功、賢人等之有罪者，故為屈法，以示優容，則是可意為低昂，而律非一定者矣，尚可謂之公平乎？……今修輯律例各條，務俱詳加斟酌，以期至當。惟此八議之條，若概為刪去，恐人不知其非理而害法，故仍令載入，特為頒示諭旨，俾天下曉然於此律之不可為訓，而親故人等，亦各知儆惕，而重犯法。是則朕欽恤之至意也。

雍正帝雖然認為「我朝律例於此條雖具載其文，而實未嘗照此例行。」但事實上，清代諸帝於宗室覺羅之犯罪每予特殊處置，減輕其刑或寬免其罪，實已施行八議之制。

二、管　轄

宗室覺羅案件（指原告或被告為宗室覺羅之案件）可分為京師宗室覺羅案件與盛京宗室覺羅案件。京師宗室覺羅案件係由宗人府、戶部及刑部會同審理。大清會典定曰：「凡宗室覺羅之訟，則會戶部刑部而決之。」（註一〇）又曰：「戶婚田土之訟，係宗室，由府會戶部。係覺羅，由戶部會府。人命鬥毆之訟，係宗室，由府會刑部。係覺羅，由刑部會府。」（註一一）換言之，㈠戶婚田土案件，係宗室者，由宗人府主稿，會同戶部審理。係覺羅者，由戶部主稿，會同宗人府審理。(二)人命鬥毆案件，係宗室者，由宗人府主稿，會同刑部審理。係覺羅者，由刑部主稿，會同宗人府審理。清末宗室覺羅案件則一概改由刑部或戶部主稿，會同宗人府審理。(註一二)至於盛京宗室覺羅案件，則係由盛京刑部、盛京將軍等審理。以下所述係以京師宗室覺羅案件司法審判程序爲主。

三、呈　控

宗室覺羅案件之呈控有二義，一指民人呈控宗室犯罪，二指宗室覺羅呈控民人等犯罪。民人呈控宗室覺羅犯罪，應至五城或步軍統領衙門呈控，由兩衙門依據案件輕重決定是否奏聞皇帝，或直接咨送宗人府、刑部審理。

宗室覺羅本人或其婦女均屬皇族，每自恃身分濫行呈控。清律第四條(應議者犯罪)附例嚴禁宗室覺羅濫行告訐：

凡宗室、覺羅人等告訐之案，察其事不干己，顯係詐騙不遂者，所控事件立案不行，仍將該原告咨送宗人府，照違制律杖一百，實行重責四十板。如妄捏干己情由聳准，迨提集人證質審，仍係訛詐不遂，串結揑控者；將該原告先行摘去頂戴，嚴行審訊，並究追主使教誘之犯。儻狡辯不承，先行板責訊問，審係控款虛誣，罪應斬絞者，照例請旨辦理。(道光九年定例)

又同條附例嚴禁宗室覺羅婦女出名具控：

凡宗室、覺羅婦女出名具控案件，除係呈送忤逆照例訊辦外，其餘概不准理。如有擅收，照例參處。儻實有冤抑，許令成丁弟兄、子姪或母家至戚抱告；無親丁者，令其家人抱告，官爲審理。如審係虛誣，罪坐抱告之人。若婦人自行出名刁控，或令人抱告後，復自行赴案逞刁，及擬結後瀆控者，無論所控曲直，均照違制律治罪。有夫男者，罪坐夫男。無夫男者，罪坐本身，折罰錢糧。（道光六年定例）

此外，道光十七年上諭嚴禁宗室控告倉庫案件。按是年上諭：「嗣後凡遇宗室控告倉庫案件，不論是否曲直，有無情弊，概置不問，亦毋庸會部，以免拖累。」（註一三）

四、奏聞皇帝

宗室覺羅犯罪，原則上應奏聞皇帝。清初，凡屬宗室覺羅犯罪，無論罪之輕重，均應奏聞皇帝。清代中期以後，則須區分罪之輕重，或奏聞皇帝，或毋庸具奏。

清律第四條（應議者犯罪）規定：「凡八議者犯罪，（開具所犯事情）實封奏聞取旨，不許擅自勾問。」此項規定並未區分罪之輕重，凡屬宗室覺羅犯罪，均應奏聞皇帝。清代中期以後，宗室覺羅犯罪案件漸多，嘉慶十三年遂於清律第四條內增訂附例規定，軍流罪以上必須具奏，徒罪以下毋庸具奏。此項附例規定：

凡宗室犯案到官，該衙門先訊取大概情形。罪在軍流以上者，隨時具奏。如在徒、杖以下，咨送宗人府，會同刑部審明，照例定擬。罪應擬徒者，歸入刑部，按季彙題。罪應笞杖者，即照例完結，均毋庸具奏。若到官時，未經具奏之案，審明後，罪在軍流以上者，仍奏明請旨。（嘉慶十三年定例）

五、審訊

宗人府設左司及右司，「掌左右翼宗室覺羅之事，皆具稿而呈於堂以定議。」（註一四）大清會典定曰：「左司管左翼宗室覺羅，右司管右翼宗室覺羅。……戶口田土刑名之案，皆分翼承辦。」（註一五）

宗人府審訊宗室覺羅，原則上於宗人府內問供。惟親王郡王犯罪時，原則上僅行文訊問。順治九年題定：「郡王以上緣事，或傳至府問供，或在本府問供。具奏候旨定奪。」（註一六）順治十四年題准：「郡王以上，犯大罪，傳至府訊問，若微罪，止在本府訊問，貝勒以下，皆傳至府訊問。」（註一七）關於審訊親王郡王之方式，遲至雍正三年始行確定。雍正三年上諭：「嗣後有應問諸王之處，行文訊問，如必當傳至衙門者，奏聞後再傳訊問，將此永爲定例。」（註一八）

清代中期以前，宗人府審訊宗室時，宗室原無需長跪聽審。後爲抑制宗室驕横不法，嘉慶二十四年於清律第四條內增訂附例加以規定：

> 宗室犯事到官，無論承審者何官，俱先將該宗室摘去頂戴，與平民一體長跪聽審，俟結案時，

如實係無干，仍分別奏咨給還頂戴。（嘉慶二十四年定例）

六、法司覆核或定擬判決

法司於宗室覺羅案件之覆核或定擬判決，與一般民人案件不同。清初，「王以下及宗室有過犯，或奪所屬人丁，或罰金不加鞭責，非叛逆重罪，不擬死刑，不監禁刑部。」（註一九）順治十二年議定：「宗室覺羅犯軍流以上之罪者，由宗人府酌其情罪之輕重，另行請旨定議。」（註二〇）清律第四條（應議者犯罪）即規定：「凡八議者犯罪……若奉旨推問者，開具所犯（罪名）及應議之狀，先奏請議，議定，（將議過緣由）奏聞，取自上裁。」

宗室覺羅犯罪，其刑罰與民人犯罪不同。原則上「輕則折罰，重則責懲，而加圈禁。」（註二一）（關於折罰養贍銀及板責圈禁，前已論及。）清代中期以後，「其犯笞杖徒流等罪，審係不安本分者，分別枷責實發，如有釀成命案者，先行革去宗室，照平人問擬斬絞，分別實緩。」（道光五年上諭）（註二二）易言之，宗室覺羅犯人命案件時，法司覆核或定擬判決之情形，與民人犯人命案件者並無不同。

又宗室覺羅犯罪，法司覆核或定擬判決時，應注意其有無繫帶。清律第四條附例規定：

凡宗室、覺羅犯罪時繫黃、紅帶者，依宗室、覺羅例辦理，若繫藍帶及不繫帶者，即照常人例治罪。（乾隆四十一年定例）

又已革宗室及已革覺羅犯罪時，法司原則上照旗人例，一體科斷。同條附例規定：「已革宗室之紅帶，已革覺羅之紫帶，除有犯習教等重情，另行奏明辦理外；其有犯尋常杖、枷、徒、流、軍及斬、絞等罪，交刑部照旗人例，一體科斷，應銷檔者，免其銷檔，仍准繫本身帶子。」（乾隆四年定例）

七、皇帝裁決

宗室覺羅軍流罪以上案件法司覆核或定擬判決後，須奏聞皇帝，俟皇帝裁決。此即清律第四條（應議者犯罪）所定：「凡八議者犯罪，……先奏請議，議定，（將議過緣由）奏聞，取自上裁。」皇帝於京師宗室覺羅案件之裁決主要有四：㈠依法司定擬判決之裁決（即依議之裁決），㈡法司再行覆審之裁決，㈢九卿會議之裁決，㈣另行處置之裁決。（盛京宗室覺羅案件可準用之）茲舉例說明如后：

㈠依法司定擬判決之裁決（即依議之裁決）

康熙五十六年（一七一七年）九月二十日，「覆請宗人府所題，原任護軍參領覺羅傅爾登，因伊姪媳閒散覺羅海敦之妻寡婦告訐，已議枷號兩個月，鞭一百，發往黑龍江。今傅爾登在逃，俟拿獲之日，從重枷號三個月，再行充發。其佐領兼族長齊祿降一級，罰俸一年一疏。上曰：『傅爾登脫已拿送。此事着依議。』」（註二三）

㈡法司再行覆審之裁決

康熙五十三年（一七一四年）十二月二十二日，「覆請宗人府題，鑲藍旗譚巴佐領下原充鳥鎗護軍索渾岱叩閽，告伊同佐領下護軍四十六弟兄恃有勢力，於護軍統領查爾圖處夤緣央求，誣告我曾脫逃，查爾圖將我毆打無數，遂革去護軍，將我應得之護軍校另放四格等因。查索渾岱所告護軍統領查爾圖之處俱虛，應無庸議。索渾岱理宜治罪，因查爾圖已經將伊責革，亦無庸議一疏。上曰：『此案所議不明。本發還，着再議具奏。』」（註二四）

(三)九卿會議之裁決

康熙二十四年（一六八五年）三月二十八日，「宗人府等衙門題禮部尚書杭愛與宗室額奇等互相訐訟事。上曰：『這本內所議事情是否相合？着議政王、貝勒、大臣、滿洲九卿、詹事、科、道會同一併詳議具奏。』」（註二五）

(四)另行處置之裁決

1. 加重其刑之裁決

康熙四十五年（一七〇六年）七月初六日，「宗人府為閒散覺羅殷泰打死僕婦噶爾馬什，議枷號四十日，鞭一百，罰一人入官。上曰：『殷泰每醉必捶撻奴僕，極其慘酷，着枷號三個月，鞭一百。彼好殺人、打人，俟枷滿之日，令宗人府諸王公同痛責，問其痛楚否？』」（註二六）

2. 減輕其刑之裁決

康熙四十五年（一七〇六年）十二月十五日，「宗人府為閒散宗室儒富砍殺其家人筐兒，擬枷號三個月，鞭一百，械繫拘禁家中。上曰：『即此一事，朕猶翼儒富之成人也。法雖當罪，若以理論之，筐兒者乃儒富家奴，而告陷儒富之父。儒富忿恨，故砍殺之，可謂有丈夫氣。着從寬免治罪。』」（註二七）

3.賜令自盡之裁決

咸豐十一年（一八六一年）八月，上諭：「宗人府會同大學士六部九卿翰詹科道等，定擬載垣等罪名，請將載垣、端華、肅順照大逆律凌遲處死等因一摺。……即照該王大臣等所擬，均即凌遲處死，實屬情眞罪當。惟國家本有議親議貴之條，尚可量從未減，姑於萬無可貸之中，免其肆市。載垣、端華，均着加恩賜令自盡，即派肅親王華豐，刑部尚書綿森，迅即前往宗人府空室，傳旨令其自盡。此爲國體起見，非朕之有私於載垣、端華也。」（註二八）

第二節　職官案件

一、概　說

清代職官可分爲文職官員與武職官員兩類。文職官員，中央自內閣大學士、軍機大臣及尚書侍郎等堂官，一至各部院九品小京官均屬之。地方自總督、巡撫、布政使、按察使、道員、知府、知州、知縣，至地方九品官員均屬之。武職官員指綠營官員，自各省提督、總兵、副將、參將、游擊、都司、守備、千總、把總、外委千總、外委把總及額外外委均屬之。八旗官員雖亦屬武職官員，但其司法審判程序與一般武職官員不同，故非本節所稱之武職官員，其司法審判程序當於另節析述之。

職官案件依其地區之不同，可分爲各省職官案件及京師職官案件，本節所述之職官案件兼含兩者。所謂職官案件係指原告或被告爲職官之案件。原告爲職官之案件指職官呈控案件，被告爲職官之案件主要指職官參審案件（即職官受參劾發審之案件）本節所述之職官案件以職官參審案件爲主。

二、管　轄

各省職官案件除中央提審案件外，原則上由各省總督或巡撫管轄及審理。京師職官案件原則上由刑部或三法司管轄及審理，惟文職官員案件常須會同吏部審理，武職官員案件常須會同兵部審理。又中央各部院所屬職官犯罪時，刑部或三法司常須會同各該部院審理。

各省職官案件並非由各省總督或巡撫初審，原則上係由道員或知府初審，由按察司（或會同布政司）覆審，最終則由督撫覆審。清律第六條（職官有犯）附例規定：

凡參革發審之案，查明被參之人，如係同知、游擊以下等官，遴委知府審理；係道、府、副將等官，遴委道員審理。統令就近提齊款證，秉公確訊。其案內牽連被害之人，無關輕重者，該道、府審明錄供之後，即分別保釋，止將重罪要犯，帶至省內，由司覆勘，解院審擬完結。（

乾隆二十六年定例）

三、題　參

清代職官犯罪，無論各省或京師職官，均應奏聞皇帝，清律第六條（職官有犯）規定：「凡在京在外大小官員，有犯公私罪名，所司開具事由，實封奏聞請旨，不許擅自勾問。」

清代各省重要職官犯罪，督撫審訊前須先題參，奉准之後，始得拘提審訊，進行司法審判。各省一般職官犯罪，題參之日，督撫即得將人犯拘齊審究。清律第六條（職官有犯）附例規定：

文職道、府以上，武職副將以上，有犯公私罪名，應審訊者，仍照例題參，奉到諭旨，再行提訊。其餘文武各員，於題參之日，即將應質人犯拘齊審究。如督撫同駐省分，一面具題，一面行知應承審衙門，即行提訊。（乾隆十六年定例）

所謂題參指以題本參劾，在各省，題參多由督（總督）、撫（巡撫）、提（提督）、鎮（總兵）爲之。在中央，題參多由都察院科道官爲之，惟各部院堂官於所屬職官之違法失職亦有權題參。文職官員題參案件多數由吏部辦理，武職官員題參案件多數由兵部辦理。

職官受題參後，如情節可疑須送刑部審判者，吏部或兵部得將受題參職官先行解任（解去職任）或革職（革去職銜）。題參後，受題參官員受處分（解任或革職）之情形有三：

㈠解任而未革職：於案情較輕者行之。如同治七年，直隸省懷柔縣土棍杜申苛派捐米一案，牽連

給事中徵麟。奉旨：（徵麟）着即行解任，交部歸案質訊。（註二九）

㈡逕行革職：於案情重大者行之。如康熙二十七年二月初三日，翰林院題參侍讀學士德格勒奸詐詭譎，私抹記注檔案。侍講徐元夢與德格勒互相標榜，奸詭虛誕，妄自矜誇。此二人應俱行革職，交與刑部嚴加議罪。奉旨：着革了職，刑部一併嚴加究擬具奏。（註三〇）

㈢先解任後革職：如同治四年，戶科給事中博桂揑詞誣陷文安縣兇犯寇玉林與衙門劉沅和朋比爲姦一案，奉旨將戶科給事中博桂等解任後革職，歸案審訊。（註三一）

四、審　訊

京師職官案件係由刑部或三法司會同有關部院審訊，其審訊與刑部現審案件之審訊大致相同，前已論及，茲不贅述。

關於各省職官案件之審訊，清初以來，即有「督參撫審，撫參督審」之慣例，惟未見於大清律例。清律第四〇五條（鞫獄停囚待對）附例規定各省職官參審案件之審訊：

凡參審之案，督撫於具題後，即行提人犯要證赴省。其無關緊要之證佐及被害人等，止令州縣錄供保候，俟奉旨到日，率同在省司道審理。其有應行委員查辦之處，亦即就近酌委。（乾隆十八年定例）

各省職官案件之審理期限，同條附例規定：

以奉旨文到之日扣限起，舊限四箇月者，限兩箇月具題；總督隔省舊限六箇月者，限四箇月具題。如果案情繁重，實有不能依限完結者，督撫據實先期奏明，請旨展限。如在舊限四箇月、六箇月內完結者，寬其議處。若逾舊限不結，照例查參議處。（乾隆十八年定例）

又清律第四條（應議者犯罪）附例規定禁止對大員刑訊：「三品以上大員，革職拏問，不得遽用刑夾，有不得不刑訊之事，請旨遵行。」

五、法司覆核或定擬判決

職官案件審訊完結後，須依律議擬，奏聞皇帝。按清律第六條（職官有犯）即規定：「依律議擬，奏聞區處，仍候覆准，方許判決。」各省職官案件，督撫審理完結後，或題或奏，奏聞於皇帝，由刑部或三法司覆核。京師職官案件，刑部或三法司審理完結後，須定擬判決，奏聞於皇帝。

各省職官案件，刑部或三法司覆核之情形與法司覆核其他各省案件之情形大致相同。京師職官案件，刑部或三法司定擬判決之情形與現審案件刑部定擬判決之情形大致相同。惟須注意者，雍正二年上諭曾就職官犯二以上案件之情形加以規定：

嗣後具題案內官員人等，有一人於兩案犯罪，而前案罪輕，先行題結，俟後案審明從重歸結者。至後案從重題結之日，仍將前案所擬輕罪敍入，然後就本案所犯重罪按律定擬。如前案已擬重罪，後案之罪輕於前案者。至後案題結之日，亦必將前案重罪聲明，仍歸前案定擬。如有數案

犯罪者，亦必將各案所擬應得之罪，俱簡明敍入最後題結本章內。（註三二）

武職官員（此處特指綠營官員）犯尋常死罪，如其父祖子孫曾經爲國陣亡者，刑部或督撫得聲明
請旨，皇帝常寬免其罪。清律第五條（應議者之父祖有犯）附例規定：

綠營官員軍民人等，有犯死罪，除十惡、侵盜錢糧、枉法、不枉法贓、強盜、放火、發塚、詐
僞、故出入人罪、謀殺各項重罪外；其尋常鬪毆及非常赦所不原各項死罪，察有父祖子孫陣亡
者；在內由刑部，在外由該督撫，於取供定罪後，即移咨八旗兵部，查取確實簡明事蹟，聲敍
入本，於秋審時恭候欽定。儻蒙聖恩優免一人一次後，俱不准再行聲請。

六、皇帝裁決

各省職官案件，刑部或三法司覆核後須奏聞皇帝，俟皇帝裁決。京師職官案件，刑部或三法司定
擬判決後，亦須奏聞皇帝，俟皇帝裁決。皇帝於京師職官案件之裁決主要有四：㈠依法司定擬判決之
裁決（即依議之裁決），㈡法司再行覆審之裁決，㈢九卿會議之裁決，㈣另行處置之裁決（各省職官
案件可準用之）。玆舉例說明如后：

㈠依法司定擬判決之裁決（即依議之裁決）

康熙二十一年（一六八二年）七月二十二日，「刑部等衙門，以監督達虎里枉法貪婪商人孫大
成等銀二十五兩入己，擬革職，不准折贖，枷號二十五日，鞭七十，永不敍用事。上曰：『伊

所貪婪入己銀兩豈止於此？但現今未經發覺，故部議如此耳。』大學士明珠奏曰：『罪至革職，不准折贖；鞭責、枷號，永不敍用，亦爲甚重。』上曰：『著依部議。』」（註三三）

㈡法司再行覆審之裁決

康熙二十四年（一六八五年）十一月初四日，「刑部等衙門奏擬（山西巡撫）穆爾賽等罪。……上曰：『穆爾賽惡貫滿盈，以致獲罪。不明訊其始末可乎？爾等口諭責飭承審大臣，再行嚴審，務究實情！』」（註三四）

㈢九卿會議之裁決

康熙二十三年（一六八四年）四月初九日，「吏部等衙門會議，以私支庫銀，將原任布政使顏敏等擬秋後處決；其原任巡撫郝浴浮冒銀九萬兩，應於郝浴家屬追徵。……上曰：『此事交與九卿、科、道會議具奏。』」（註三五）

㈣另行處置之裁決

康熙五十四年（一七一五年）十二月初二日，「覆請刑部等衙門覆尚書張鵬翮審奏，原任江蘇巡撫張伯行屢奏有海賊，並無海賊，將良民張元隆等以窩藏盜賊，招聚匪類題參，殊屬不合。應將張伯行照律擬斬監候，秋後處決，應如所擬一疏。上曰：『張伯行着從寬免死。』」（註三六）

第三節 旗人案件

一、概 說

清入關後，八旗兵逐漸分成兩大類，一類爲京師八旗，一類爲駐防八旗。駐防八旗又可分爲畿輔駐防、東三省駐防、各省駐防三種。民族成分包括滿洲、蒙古及漢族。

京師八旗，以皇城爲中心，按方位駐紮。鑲黃旗居安定門內，正黃旗居德勝門內；正白旗居東直門內，鑲白旗居朝陽門內；正紅旗居西直門內，鑲紅旗居阜城門內；正藍旗居崇文門內，鑲藍旗居宣武門內。以鑲黃、正白、鑲白、正藍四旗爲左翼，正黃、正紅、鑲紅、鑲藍四旗爲右翼，環衞皇宮。（註三七）

畿輔駐防，以寶坻、采育、東安、滄州四處爲左翼，保定、固安、雄縣、良鄉、霸州爲右翼，是爲小九處。設稽察大臣統領。又於密雲設副都統一人，山海關設副都統一人，張家口設察哈爾都統一人，承德設熱河都統一人。

東三省駐防，設盛京將軍、吉林將軍及黑龍江將軍。盛京將軍下轄盛京、熊岳、錦州等三副都統，吉林將軍下轄吉林、寧古塔、伯都納、三姓、阿勒楚喀等五副都統，黑龍江將軍下轄黑龍江、齊齊哈爾、墨爾根等三副都統。

各省駐防，設江寧將軍、杭州將軍、福州將軍、荊州將軍、西安將軍、寧夏將軍、成都將軍、廣州將軍、綏遠城將軍、伊犂將軍、青州副都統及涼州副都統等駐防官員。

旗人案件可分為京師旗人案件及各省駐防旗人案件兩類。本節所述之旗人案件兼含兩者，惟京師旗人案件司法審判程序已於論述京師案件現審程序中論及，其相重複之部分，玆不贅述。

所謂旗人原指正身旗人而言，正身旗人具有獨立戶籍，稱為正戶或正身另戶（亦簡稱正戶）。清代滿族人大多為正身旗人。閒散旗人（滿語稱為蘇拉 sula）雖無官職或差事，亦係正身旗人。惟八旗內之包衣（booi）原非旗人，後因與八旗關係密切，且地位逐漸提升，遂有所謂「包衣旗人」之稱，成為旗人之一種。

包衣一詞，為滿語「包衣阿哈」（booi aha），包衣阿哈，漢義為「家下奴僕」。包衣為最早歸順清室之遼東漢人，身份本極低下。入關後，地位逐漸提升。上三旗包衣隸內務府，為皇室服務，易得皇帝之信任，地位遂形重要。乾隆以後，包衣與正身旗人差異不大。上三旗包衣由內務府管理，適用特別之司法審判程序。下五旗包衣案件適用旗人案件司法審判程序。

二、管　轄

旗人案件之管轄可分為京師旗人案件及各省駐防旗人案件兩方面說明，玆分述如后：

㈠京師旗人案件之管轄

1.戶婚田土案件

京師旗人田土案件係由所屬牛彔之佐領（及其上司）審理。如該佐領不為審理，旗人得赴戶部呈控，由戶部管轄及審理。清律第三三二條（越訴）附例規定：「八旗人等，如有應告地畝，在該旗佐領處呈遞。如該佐領不為查辦，許其赴部及步軍統領衙門呈遞。其有關涉民人事件，即行文嚴查辦理。」（乾隆四十八年定例）本附例前段係指兩造均係旗人而言。

此外，大清會典定曰：「（戶部）現審處，掌聽旗民之訟事。」（註三八）又曰：「旗民爭控戶口田房之案，旗人於本旗具呈，民人於地方官具呈，如該管官審斷不公及實有屈抑，而該管官不接呈詞者，許其赴部控訴，亦有事係必須送部者，該管官查取確供確據，敍明兩造可疑情節，送部查辦。」（註三九）

2.刑事案件

清初順治康熙兩朝，京師旗人刑事案件（兩造均係旗人）由八旗都統管轄及審理。康熙五十五年七月定例，八旗命案須由該旗大臣（指八旗都統）會同刑部審理。（註四〇）雍正以後，八旗都統之司法審判權大為減縮。

清律第三四一條（軍民約會詞訟）附例規定：「八旗兵丁閒散家人等，有應擬笞杖罪名者，該管章京即照例回堂完結，其主僕相爭，控爭家產，隱匿入官物件，長幼尊卑彼此相爭，及賭博詐訛，擅用禁物，容留販賣來歷不明之人等事，俱由該旗審明，照例完結。」（雍正十一年定例，乾隆五年删。）由本附例之規定可知，乾隆五年以前，京師旗人笞杖徒流罪案件均由八旗都統管轄及審理。雍正元年（一七二三年）十二月初四日，「添設刑部現審司，辦理在京八旗命盜及各衙門欽發事件。」（註四二）雍正十三年，清律第三四一條（軍民約會詞訟）增訂附例：「八旗案件俱交刑部辦理。該旗有應參奏者，仍行參奏。」本附例所稱八旗案件係指應得罪名在徒流罪以上者。自是年起，八旗徒流罪以上案件均應由刑部審理，八旗都統已無管轄及審理之權。

㈡各省駐防旗人案件之管轄

1.戶婚田土案件

各省駐防旗人戶婚田土案件係由各省州縣衙門管轄及審理。清律第三四一條（軍民約會詞訟）附例規定：「（各省駐防旗人），其一切田土、戶婚、債負細事，赴本州縣呈控審理。」（雍正六年定例）本附例係指旗人與民人涉訟而言，若兩造俱係旗人，則不能由州縣官審理，而應由各省理事廳員（理事同知或理事通判）管轄及審理。又清律第四一一條（有司決囚等第）附例規定：「奉天所屬十二州縣，辦理旗、民事件，無分滿、漢，俱令自行審理。」（乾隆四十四年定例）

2.刑事案件

清代於各省旗人駐防之地，均設有理事同知或理事通判（均屬獨立衙門）負責審理旗人案件。各省理事廳員審理完結後，須呈送將軍、都統或副都統覆核。各省駐防旗人刑事案件又可分爲旗人被害人命案件、旗人自盡案件及旗人犯罪案件三類。

⑴旗人被害人命案件

旗人被害人命案件，應由旗員與理事同知、通判共同審理。如無理事同知、通判，則應由旗員與州縣官共同審理。清律第四一二條（檢驗屍傷不以實）附例規定：

凡外省駐防旗人，遇有命案，該管旗員即會同理事同知、通判，帶領領催屍親人等公同檢驗，一面詳報上司，一面會同審擬；如無理事同知、通判之處，即會同有司官，公同檢驗詳報審擬。

（雍正三年定例）

⑵旗人自盡案件

旗人自盡案件，應由州縣官自行審理，然後由理事同知（通判）衙門核轉。清律第三四一條（軍民約會詞訟）附例規定：

（各省駐防旗人），其自盡人命等案，即令地方官審理。如果情罪已明，供證已確，免其解犯，仍由同知衙門核轉。（雍正三年定例）

⑶旗人犯罪案件

清律第三四一條（軍民約會詞訟）附例規定：「（各省駐防）旗人謀故鬥殺等案，仍照例令地方官會同理事同知審擬。」（雍正三年定例）同條附例又規定：「（各省駐防）旗人犯命盜重案，（理事廳員）仍照例會同州縣審理。」（雍正六年定例）由上述兩項附例可知，旗人犯命盜重案，應由理事同知（通判）與州縣官共同審理。

又逃人案件及旗民爭角案件，應由理事同知（通判）自行審理。清律第三四一條（軍民約會詞訟）附例規定：「各處理事同知遇有逃人案件，並旗人與民人爭角等事，俱行審理，不必與旗員會審。」（雍正七年定例）

此外，奉天府旗人犯罪案件，由州縣官（均屬旗缺）自行審理。清律第四一一條（有司決囚等第）附例規定：

奉天所屬十二州縣，辦理旗、民事件，無分滿、漢，俱令自行審理。於訊明定擬之後，旗人笞杖等罪，概行移旗發落，仍知照該州縣備案。至承審時，遇有旗人應刑訊之處，仍照例刑訊。

（乾隆四十四年定例）

理事同知或通判爲各省駐防旗人案件之重要司法審判機關，其設置地均係各省八旗駐防之地：

㈠理事同知：順天一人，奉天一人，直隸省保定府、永平府各一人，山東省青州府一人，山西省朔平府一人，又歸綏道所屬一人，河南省開封府一人，江蘇省江寧府、鎭江府各一人，福建省福州府一人，浙江省杭州府、嘉興府各一人，湖北省荆州府一人，陝西省西安府、延安府、楡林府各一人，甘肅省寧夏府一人，新疆伊犂府一人，四川省成都府一人，廣東省廣州府一人。（註四二）

㈡理事通判：順天府屬二人，仍屬直隸。直隸省保定府一人，山西省太原府一人，甘肅省涼州府一人。（註四三）

各省駐防旗人案件，除法司覆核外，原則上僅有二審，其情形如下：（註四四）

㈠各省：各省駐防旗人案件，由理事廳審詳，將軍、副都統題奏。

㈡直隸省承德府：承德府旗人案件，由該府審詳，熱河都統題奏；若係旗民交涉之案，仍詳（直隸）總督會同（熱河）都統題奏。

㈢新疆：新疆地方旗人民人案件，由廳州縣審詳，新疆巡撫會同伊犂將軍題奏。

三、審訊

京師旗人徒罪以上案件係由刑部或三法司會同有關部院審訊，其審訊與刑部現審案件之審訊大致相同，前已論及，茲不贅述。至於畿輔一帶旗人徒罪以上案件係由直隸總督覆審咨題，與京師旗人案件不同，其審訊與各省民人案件之審訊大致相同。

關於畿輔一帶旗人案件之審訊，雍正三年議准：

直隸所屬霸州東安等十四州縣，山海關、古北口等八關口駐防總管、城守尉、防守禦、防禦，熱河理事同知，陵寢各總管，游牧各總管，太僕寺羊馬群各總管等應解部完結之案，令各該處審明，將應擬死罪並軍流徒罪正犯，照常解部審理完結外。其案件應笞杖人犯並證佐干連待質及無干之人，俱免解部。取具確供，繕寫文册，連正犯一併送部。將無干之人，竟行釋放。證佐干連待質之人，取保釋放。笞杖人犯，亦暫取保，俟刑部審結之日，飭令先行發落。如部審時罪犯改供，別有應質之處，飭取供詞送部。儻另有供出必須審訊之要犯，亦止飭取供詞送部。至命案內屍親，亦止申送口供，免其解部。若有情願隨審者，聽其赴部。（註四五）

各省駐防旗人案件之審訊，其有關規定與各省民人案件之審訊大致相同，前已論及，茲不贅述。

四、法司覆核或定擬判決

各省旗人徒罪以上案件，將軍、都統或副都統審理完結後，或咨或題或奏，奏聞於皇帝，由刑部或三法司覆核。京師旗人徒罪以上案件，刑部或三法司審理完結後，須定擬判決，奏聞於皇帝。

除閒散旗人外，絕大多數旗人均係軍人。清初以來，征戰頻多，旗人為國陣亡者衆。旗人犯尋常死罪，如其父祖子孫曾經為國陣亡者，刑部或督撫得聲明請旨，皇帝常寬免其罪。此與綠營官員兵丁等犯尋常死罪得聲明請旨之情形相同，前於論述職官案件時業已論及，茲不贅述。

五、皇帝裁決

各省駐防旗人案件，刑部或三法司覆核後，須奏聞皇帝裁決。京師旗人案件，刑部或三法司定擬判決後，亦須奏聞皇帝裁決。皇帝於京師旗人案件之裁決主要有四：㈠依法司定擬判決之裁決（即依議之裁決），㈡法司再行覆審之裁決，㈢九卿會議之裁決，㈣另行處置之裁決（各省駐防旗人案件可準用之）。茲舉例說明如后：

㈠依法司定擬判決之裁決（即依議之裁決）

康熙二十三年（一六八四年）十二月初三日，「三法司會議法葆挈其妻子逃匿，與馬雄等同夥招兵，擬淩遲立決，其妻子交與該主爲奴。上曰：『爾等之意若何？』明珠等奏曰：『法葆所行悖亂，人所共憤，法所不宥。』上曰：『着照議完結。』」（註四六）

㈡法司再行覆審之裁決

康熙二十二年（一六八三年）三月二十七日，「爲議政王、貝勒、大臣會議正黃旗蒙古都統穆占行間情罪，應即行處絞，籍沒家產。上曰：『穆占在保寧謊稱糧米已經運到秦州；交戰時不臨陣指揮，遠立觀望；在辰州推諉不救永興。以此坐罪固宜，但伊勞績約有二百六十處。他人勞績四五十處，尚行抵罪，伊有如許勞績，獨不可相抵乎？這所議稍過，著發還再議。』」（註四七）

㈢九卿會議之裁決

康熙二十三年（一六八四年）四月十三日，「爲刑部題城門尉伯爾黑等將原任侍郎宜昌阿家人札哈里等疎縱上城，應交與兵部革職後照例定罪。上曰：『……着議政王、貝勒、大臣、九卿、詹事、科、道一併嚴議具奏。』」（註四八）

㈣另行處置之裁決

康熙二十二年（一六八三年）十一月初七日，「刑部題原任包衣大阿林誑稱世祖皇帝有旨，勿令伊子牧馬，擬絞，秋後處決事。上曰：『阿林可免死乎？』勒德洪、明珠奏曰：『阿林乃一狂愚之人，以其誑言可惡，故部議處死。至於法外寬免，出自聖恩。』上曰：『阿林從寬免死，着減等發落。』」（註四九）

第四節　蒙古案件

一、概　說

清入關前，內蒙古科爾沁部即已來歸，並征服察哈爾部。其餘內蒙古諸部均陸續歸順。康熙二十七年（一六八八年），外蒙古喀爾喀四部來降，外蒙古正式納入版圖。乾隆二十一年（一七五六年），清廷又征服額魯特蒙古。至此，蒙古諸部均被征服，清帝國之版圖大爲擴張。

蒙古諸部降服後，清廷均編旗管理。內蒙古二十五部，編爲五十一旗。喀爾喀蒙古四部，編爲八十六旗。額魯特蒙古十七部，編爲四十四旗。喀爾喀蒙古與額魯特蒙古合稱爲外蒙古。又青海蒙古五部，編爲二十九旗。（註五〇）

清廷爲統治蒙古諸部，除以汗、親王、郡王、貝勒、貝子、公、臺吉等爵號分封蒙古諸領袖外，並於諸領袖中派任札薩克（Dzassak 蒙古語，酋長之義），掌一旗之政令，審理刑名案件。又將數

部合爲盟，設盟長一人。由清廷自蒙古諸汗、親王、郡王、貝勒中擇定。三年一次會盟，盟長清理刑名。（註五一）

又清廷爲統治內、外蒙古諸部，並直接派遣大員駐紮內外蒙古各要地。於內蒙古派駐熱河都統、察哈爾都統及綏遠城將軍等官，於外蒙古派駐定邊左副將軍及庫倫辦事大臣等官。此外，爲處理蒙古與民人交涉案件，理藩院派遣司員駐紮於八溝、塔子溝、三座塔、烏蘭哈達、神木、寧夏等處。（註五二）

二、管轄

內外蒙古案件之管轄，清初以來，變革頗大。其變革之情形，大清會典事例卷九九七理藩院刑法·審斷乙節記載頗詳，茲不贅述。乾隆二十一年征服額魯特蒙古後，內外蒙古案件之管轄逐漸確定。茲依大清會典之規定，析述如后：（註五三）

㈠兩造均係蒙古案件

1.未駐理藩院司官，亦非內屬者：「凡蒙古之獄，各以札薩克聽之。不決，則盟長聽之。不決，則報於（理藩）院。」具言之，「蒙古之訟，札薩克不能決者，令報盟長公同審訊，或札薩克判斷不公，亦准兩造赴盟長呈訴。」「札薩克、盟長俱不能決者，即將全案遺送赴（理藩）院，其或札薩克、盟長均判斷不公，亦准兩造赴（理藩）院呈訴。」

2.駐理藩院司官者：理藩院司官會札薩克而聽之。

(1)喀喇沁、敖漢、奈曼、喀爾喀左翼、土默特、翁牛特、巴林、克什克騰之案，八溝、塔子溝、三座塔、烏蘭哈達四司官分境管理，由熱河都統覆覈報院。

(2)鄂爾多斯七旗之案，神木、寧夏二司官會同管理，由司官徑行報院。

3.蒙古內屬者：將軍、都統、大臣各率其屬而聽之。

(1)歸化城土默特之案，歸化城副都統、土默特旗員審擬，綏遠城將軍覆覈，由將軍報院。

(2)察哈爾之案，察哈爾各旗司官審擬，察哈爾都統覆覈，由都統報院。

(3)伊犂塔爾巴哈臺所屬額魯特察哈爾之案，伊犂司官審擬，伊犂將軍覆覈，由將軍報院。

(4)科布多所屬烏梁海、札哈沁明阿特、額魯特之案，科布多大臣率司官審擬，定邊左副將軍覆覈，由將軍報院。

(5)唐努烏梁海之案，烏里雅蘇臺司官審擬，定邊左副將軍覆覈，由將軍報院。

(二)蒙古民人交涉案件：地方官會理藩院司官聽之。直隸、盛京、吉林、山西、陝西、甘肅等地邊民與蒙古交涉案件，原則上由各州縣廳道地方官會同理藩院司官審理，由沿邊之將軍、都統、總督或巡撫會同覆覈，並由該等官員會同報院。（註五四）

又關於蒙古案件之報院，大清會典定曰：「凡罪至遣者，報於院以會於刑部而決焉。死者，則會

三法司以定讞，若監候則入於秋審。」（註五五）

三、審　訊

絕大多數蒙古案件均係蒙古人於內外蒙古地方犯罪之案件，僅極少數蒙古案件係由理藩院或刑部現審者。蒙古有其傳統之歷史與文化，其習慣法與漢族不同，亦與滿洲有異。清代理藩院訂有蒙古律例，蒙古札薩克、盟長、理藩院司官、沿邊之州縣廳道地方官、將軍、都統、總督或巡撫等官審理蒙古案件時，自應依蒙古律例審斷。

蒙古律例中有關首告、捕亡及斷獄等門之規定頗具民族特色，如訟案須本人控告（註五六），斷獄時之發誓制度（註五七），訟案不許兩造私議（註五八）等習慣法均是。各級官員審訊蒙古案件時，自應遵守之。

極少數由刑部現審之蒙古案件，依事理推斷，自應適用刑部現審案件中有關審訊之規定。

四、法司覆核或定擬判決

遣罪以上蒙古案件由沿邊之將軍、都統、總督或巡撫會同覆核後，應會同報院，奏聞於皇帝。此時，理藩院應予覆覈。理藩院覆覈時須依據案件性質，分別適用刑律或蒙古律例。清律第三十四條（化外人有犯）兩條附例特別規定：

蒙古與民人交涉之案，凡遇鬥毆拒捕等事，該地方官與旗員會訊明確。如蒙古在內地犯事者，照刑律辦理。如民人在蒙古地方犯事者，即照蒙古例辦理。（乾隆二十六年定例）

蒙古地方搶劫案件，如俱係蒙古人，專用蒙古例；俱係民人，專用刑律。如蒙古與民人夥同搶劫，核其罪名，蒙古例重於刑律者，蒙古與民人俱照蒙古例問擬；刑律重於蒙古例者，蒙古與民人俱照刑律問擬。（嘉慶二十三年定例）

極少數由理藩院或刑部現審之蒙古案件，法司定擬判決時，亦應依據案件性質，分別適用刑律或蒙古律例。

五、皇帝裁決

蒙古案件，法司覆核或定擬判決後，須奏聞皇帝裁決。皇帝於蒙古案件之裁決主要有四：㈠依法司定擬判決之裁決（即依議之裁決），㈡法司再行覆覈之裁決，㈢九卿會議之裁決，㈣另行處置之裁決。茲舉例說明如后：

㈠依法司定擬判決之裁決（即依議之裁決）

康熙十九年（一六八〇年）三月十三日，「理藩院題額爾得尼和碩齊搶掠吳喇忒部落馬匹牲畜事。上曰：『着依所議行。』」（註五九）

㈡法司再行覆覈之裁決

康熙十九年（一六八〇年）六月二十三日，「理藩院議翁牛忒部落阿林大踢死綽爾濟，擬應絞事。上曰：『阿林大誤傷綽爾濟，以致斃命，即行擬絞，似屬可憫。着會同三法司再行核議具奏。』」（註六〇）

㈢九卿會議之裁決

康熙二十年（一六八一年）十月二十七日，「理藩院題，盜馬蒙古阿畢大、塞爾古冷、扈雅克圖、卓賓、哈喇候等五人，俱擬立斬，並家產妻子給與失主事。上曰：『着諸王、大臣會議定例具奏。』」（註六一）（所稱諸大臣即指九卿而言）

㈣另行處置之裁決

康熙二十四年（一六八五年）九月二十一日，「理藩院議，逃往羅刹之諾摩托、代布、顧辛泰、岳蘇烏兒、按都甘刹、黑葉爾臣即行正法。上曰：『諾摩托等乃無知愚徒，俱著從寬免死，併妻子交與該管衙門。』」（註六二）

第五節　京控案件

一、收　呈

清代並無現代刑事訴訟法上判決確定之概念，各省案件經督撫審理結案後，當事人（原被告）或其親屬如認原審審斷不公，得向京師各部院衙門呈控，謂之京控。京控與上控不同，上控係指當事人或其親屬向督撫司道府等衙門逐級呈控，京控則係指當事人或其親屬向京師各部院衙門呈控。

接受京控之衙門主要爲刑部、都察院、步軍統領衙門及通政使司（登聞鼓廳）。依清代司法審判有關史料觀之，各省民人京控案件，以向都察院呈控者居多。

各省民人京控之方式，以遞送呈詞者居多。惟如向通政使司（登聞鼓廳）呈控時，無論有無呈詞，均得擊鼓爲之，此即俗稱之「擊鼓喊冤」。大清會典定曰：「有擊鼓之人，由通政使司訊供，果有冤抑確據，奏聞請旨，交部昭雪。」（註六三）

各省民人京控前，應在本籍地方及該上司先行具控，並經審斷結案。清律第三三二條（越訴）附例規定：

軍民人等，遇有冤抑之事，應先赴州縣衙門具控。如審斷不公，再赴該管上司呈明；若再有屈抑，方准來京呈訴。如未經在本籍地方及該上司先行具控，或現在審辦未經結案，遽行來京控告者，交刑部訊明，先治以越訴之罪。（嘉慶五年定例）

二、法司處理

各省民人京控案件，清初原本不多，乾隆以後，逐漸增多。清初遇有京控案件，常特派大臣前往審辦。乾隆五十六年上諭即曰：「朕勤求民隱，惟恐鄉曲小民含冤莫訴，每遇來京具控之案，無不特派大臣前往審辦。」（註六四）嘉慶以後，特派大臣前往審辦之事例漸少。

嘉慶以後，各省民人京控案件處理方式有三。嘉慶四年上諭即曰：「向來各省民人赴都察院、步軍統領衙門呈控案件，該衙門有具摺奏聞者，有咨回各該省督撫審辦者，亦有徑行駁斥者，辦理之法有三。」（註六五）一般言之，情節較重者，具摺奏聞；情節較輕者，咨回本省督撫審辦。

各省民人京控案件，以咨交各省督撫審辦者居多，少數具摺奏聞之京控案件，亦以奉旨發交各省督撫審辦者居多。僅極少數案件，奉旨發交刑部審辦。奉旨發交各省督撫審辦之京控案件（即所謂欽命案件）各省督撫應親提審訊。（註六六）又無論咨交或發交審辦之京控案件，各省督撫往往官官相護，嘉慶八年上諭即曰：「此等民人，既經到京呈控，自不得不徹底究辦。而一經發交該省，該督撫等非袒庇屬員，即瞻徇前任，往往以誣告審結，民隱終不上聞。」（註六七）同治十三年，浙江民人楊乃武被控謀殺葛品連一案，楊氏親屬兩次京控，一次咨回浙省，一次發交浙省。（註六八）其冤情均未得伸，即屬著例。

都察院、步軍統領衙門，遇有京控之案，應分別情形處理，或即行具奏，或咨回本省，或暫交刑部散禁，提取案卷，查核酌辦。清律第六五條（事應奏不奏）附例規定：

> 都察院、步軍統領衙門，遇有各省呈控之案，俱不准駁斥。先向原告詳訊，其實係冤抑難伸，情詞眞切，及地方官審斷不公，草率辦結，並官吏營私骫法，確鑿有據，又案情較重者，即行具奏。如訊供與原呈迴異，或係包攬代訴，被人挑唆，情節顯有不實，及原告未經在本省赴案

成招，挾嫌傾陷，藉端拖累，應咨回本省審判之案，亦於一月或二月，視控案之多寡，彙奏一次，並將各案情節，於摺內分析註名。如距京較近省分，將原告暫交刑部散禁，提取本省全案卷宗細加查核，再行分別酌辦。（嘉慶四年定例）

都察院、步軍統領衙門遇有京控案件時，應先究問曾否在本省各衙門呈告有案，再分別情形處理，或咨回本省，或交刑部核對原案。清律第三三二條（越訴）附例前段規定：

外省民人赴京控訴，究問曾否在本省各衙門呈告有案，令其出結。如未經控理，將該犯解回本省，令督撫等秉公審擬題報。其先經歷控本省各衙門，已據審結題咨到部，復又來京翻控者，即交刑部將現控呈詞核對原案。（乾隆三十四年定例）

刑部將現控呈詞核對原案後，亦應分別情形處理，或毋庸再爲審理，或提取案卷來京核對，或交該督撫審辦，或請欽差大臣前往。上述附例後段規定：

如所控情事與原案祇小有不符，無關罪名輕重者，毋庸再爲審理，即將翻控之犯照律治罪。若核與達部案情迥不相符，而又事關重大者；或曾在本省歷控，尚未審結報部，虛實難以懸定者；將該犯交刑部暫行監禁，提取該省案卷來京核對質訊，或交該省督撫審辦，或請欽派大臣前往，臨時酌量請旨查辦。（乾隆三十四年定例）

第六節　叩閽案件

一、收　呈

所謂叩閽指吏民冤抑，詣闕自愬。質言之，即向皇帝訴冤也。依考察所得，叩閽之方式主要有三，一爲赴宮門叫訴冤枉，一爲迎車駕申訴，一爲呈遞封章。玆分述如后：

㈠赴宮門叫訴冤枉：官吏軍民人等依此種方式叩閽，得予准理，但叩閽人應科以刑罰。清律第三三二條（越訴）附例規定：「擅入午門、長安等門內叫訴冤枉，奉旨勘問得實者，枷號一個月，滿日杖一百；若涉虛者，杖一百，發邊遠地方充軍。」同條附例又規定：「凡跪午門、長安等門，及打長安門內石獅鳴冤者，俱照擅入禁門訴冤例治罪。」

㈡迎車駕申訴：乾隆以前，官吏軍民人等依此種方式叩閽者頗多。所謂車駕原指皇帝車輦而言，亦爲皇帝之代稱。迎車駕申訴，則係皇帝出巡時，於其車駕行處，申訴冤抑。清律第一九五條（衝突儀仗）規定：「若有申訴冤抑者，止於仗外俯伏以聽。若衝入儀仗內，而所訴不實者絞，得實者免罪。」但同條附例却規定「聖駕出郊，衝突儀仗，妄行奏訴者，……所奏情詞，不分虛實，立案不行。」可知，迎車駕申訴如未衝突儀仗，則得准理。如衝突儀仗，則所奏情詞，不分虛實，立案不行。清律第三三二條（越訴）規定迎車駕（未衝突儀仗）申訴不實之處分：「若迎車駕及擊登聞鼓申訴而不實者，杖一百；（所誣不實之）事重（於杖一百）者，從（誣告）重（罪）論；得實者，免罪。（若衝突儀仗自有本律。）」

㈢呈遞封章：清代，僅內外重要職官方得封章奏事，嘉慶十七年上諭即曰：「至封章奏事，則各有一定職分。內而九卿臺諫，外而督撫司道，方准呈遞奏章。下至庶尹末僚，尙不得越職言事，況齊民乎？」（註六九）清律嚴禁軍民人等呈遞封章，惟仍應將軍民人等呈遞之封章進呈皇帝，故呈遞封章仍屬叩閽方式之一。惟清律第三三二條（越訴）附例規定：「軍民人等控訴事件，俱令向該管官露呈投遞。儻敢呈遞封章，挾制入奏，無論本人及受雇代遞者，接收官員，一面將原封進呈，一面將該犯鎖交刑部收禁。」

二、法司處理與皇帝裁決

叩閽案件，皇帝多發交刑部或各部院審辦，亦有發交各省督撫審辦者。發交各省督撫審辦之叩閽案件，係欽命案件。發交刑部審辦之叩閽案件，其司法審判程序應依刑部現審程序辦理。惟皇帝出巡時，叩閽案件多發交行在刑部審辦。行在刑部審辦叩閽案件，其司法審判程序應依慣例辦理。發交各省督撫審辦之叩閽案件，其司法審判程序應依各省之司法審判程序辦理。

發交刑部審辦之叩閽案件，刑部等衙門審理完結後，應定擬判決，奏聞皇帝裁決。皇帝於叩閽案件之裁決主要有五：㈠依法司定擬判決之裁決（即依議之裁決），㈡法司再行覆審之裁決，㈢九卿會議之裁決，㈣特派大臣察審之裁決，㈤另行處置之裁決。玆分述如后：

㈠依法司定擬判決之裁決（即依議之裁決）

康熙四十五年（一七〇六年）六月初十日，「（刑部）爲西安駐防正黃旗披甲長生搖惑人心叩閽情罪，擬斬監候，秋後處決。……上曰：『長生依擬，應斬，着監候，秋後處決。』」（註七〇）

㈡法司再行覆審之裁決

康熙二十年（一六八一年）六月二十四日，「三法司衙門題，卞啓龍所告王花子將伊子卞一品打死，不曾質審屬虛，妄行叩閽，議鞭責九十事。上曰：『……此情節着再行究審。』」（註七一）

㈢九卿會議之裁決

康熙二十年（一六八一年）二月十五日，「原任都統劉之源之妻，因伊夫爲輔臣鰲拜黨，革職籍沒，入內府爲奴，事屬冤枉，叩閽辨明，刑部議不允行，仍鞭一百，折贖事。上曰：『劉之源效力行間，着議政王、大臣會議具奏。』」（註七二）

㈣特派大臣察審之裁決

康熙十九年（一六八〇年）七月初七日，「三法司議劉肖隆誣陷張公等謀取天津，立李二公子，

妄行叩閽，擬秋後處斬事。上曰：『……着差該部賢能司官一員，前往察審。』」（註七三）

(五)另行處置之裁決

康熙五十三年（一七一四年）五月十八日，「宗人府所題，……圖爾德黑妄行揑詞，僥倖叩閽，不合。擬將圖爾德黑枷號三個月，鞭一百一疏。上曰：『這佐領與圖爾德黑有分，着從寬免其枷責。』」（註七四）

【註釋】

註　一　清太宗實錄，卷二十二，頁九。

註　二　大清會典，卷一，頁一。

註　三　同前註。

註　四　前書，卷一，頁三。

註　五　同前註。

註　六　清世祖實錄，卷七十二，頁四至五。

註　七　大清會典事例，卷十，頁一。

註　八　清世宗實錄，卷二，頁二。

註　九　前書，卷六十七，頁二十三至二十四。

註一〇　大清會典，卷一，頁十四。
註一一　同前註。
註一二　欽定宗人府則例，卷三十，頁十五。
註一三　大清會典事例，卷十，頁十九至二十。
註一四　大清會典，卷一，頁十五。
註一五　同前註。
註一六　大清會典事例，卷十，頁一。
註一七　同前註。
註一八　同前註。
註一九　同前註。
註二〇　前書，卷十，頁二。
註二一　大清會典，卷一，頁十四。
註二二　大清會典事例，卷十，頁十六。
註二三　康熙起居注，康熙五十六年九月二十日辛未。
註二四　前書，康熙五十三年十二月二十二日庚寅。
註二五　前書，康熙二十四年三月二十八日戊子。
註二六　前書，康熙四十五年七月初六日辛酉。

註二七　前書，康熙四十五年十二月十五日己亥。
註二八　大清會典事例，卷十，頁二十四至二十六。
註二九　前書，卷一〇一一，頁九。
註三〇　康熙起居注，康熙二十七年二月初三日丙午。
註三一　大清會典事例，卷一〇一〇，頁十六至十八。
註三二　前書，卷七三七，頁十三至十四。
註三三　康熙起居注，康熙二十一年七月二十二日丁卯。
註三四　前書，康熙二十四年十一月初四日庚申。
註三五　前書，康熙二十三年四月初九日甲辰。
註三六　前書，康熙五十四年十二月初一日癸亥。
註三七　參見大清會典，卷八十四，頁一。
註三八　大清會典，卷二十四，頁一。
註三九　同前註。
註四〇　清通典，卷八十，刑一。
註四一　清世宗實錄，卷十四，頁四。
註四二　大清會典，卷五，頁一。
註四三　前書，卷五，頁二。

註四四　前書，卷五十五，頁三。
註四五　大清會典事例，卷八三八，頁七。
註四六　康熙起居注，康熙二十三年十二月初三日甲午。
註四七　前書，康熙二十二年三月二十七日己巳。
註四八　前書，康熙二十三年四月十三日戊申。
註四九　前書，康熙二十二年十一月初七日甲戌。
註五〇　參見大清會典事例，卷九六三，頁一至卷九六六，頁十四。
註五一　前書，卷九八三，頁八。
註五二　前書，卷九七六，頁二。
註五三　大清會典，卷六十八，頁九至十一。
註五四　參見大清會典，卷六十八，頁十至十一。
註五五　前書，卷六十八，頁十一。
註五六　蒙古律例，卷八。
註五七　前書，卷十二。
註五八　同前註。
註五九　康熙起居注，康熙十九年三月十三日壬寅。
註六〇　前書，康熙十九年六月二十三日庚辰。

註六一　前書，康熙二十年十月二十七日丙午。
註六二　前書，康熙二十四年九月二十一日戊寅。
註六三　大清會典，卷六十九，頁十五。
註六四　大清會典事例，卷一〇〇一，頁二十。
註六五　前書，卷七五〇，頁五。
註六六　前書，卷一〇一三，頁六。
註六七　前書，卷一〇〇三，頁一。
註六八　參見趙雅書，清末四大奇案，頁一五八至一六〇。
註六九　大清會典事例，卷八一六，頁十。
註七〇　康熙起居注，康熙四十五年六月初十日丙申。
註七一　前書，康熙二十年六月二十四日乙巳。
註七二　前書，康熙二十年二月十五日己亥。
註七三　前書，康熙十九年七月初七日甲午。
註七四　前書，康熙五十三年五月十八日戊午。

第七章 結論

一

清代司法審判制度爲中國傳統司法審判制度之重要環節，而中國傳統司法審判制度又係中國傳統法制之重要成分。瞭解清代司法審判制度，即易瞭解中國傳統司法審判制度，並有助於瞭解中國傳統法制。

研究中國傳統法制，似宜先研究清代法制，而研究清代法制，又宜先研究清代司法審判制度。蓋因中國傳統法制至清代已經成熟，清代法制實係中國傳統法制之最後代表。而清代司法審判制度又係清代法制之縮影，最能代表清代法制之精神。

清代中央司法審判制度爲清代司法審判制度之主要部分。清代中央司法審判制度包含：㈠各省案件覆核程序，㈡京師案件現審程序，㈢特別案件審理程序等三大部分。其範圍至廣，包羅極巨。非僅論及清代中央司法審判有關制度，亦涉及清代地方（督撫司道府州縣廳）司法審判有關制度。清代中央司法審判制度具有若干特徵，此項特徵亦係整個清代司法審判制度之特徵，頗能彰顯清代司法審判制度之特質。

清代中央司法審判制度具有下列特徵：

㈠君主集權：中國三千餘年來均施行君主集權制度。夏商周三代行封建制度，君主集權之情形尚非甚巨。秦漢以後行郡縣制度，君主集權之情形逐漸加劇，至明代達於顛峯。明太祖廢丞相，直接管理六部，集大權於一身。明代君主集權之情形最爲嚴重。清沿明制，一切典章制度多取法前明。因之，國家重大政務（含司法審判）均須由皇帝裁決。內閣大學士及軍機大臣僅係皇帝之幕僚，協助皇帝處理政務（含司法審判），其地位與中國歷史上之宰相相去懸殊。清代各省死罪案件，督撫審理完結後，須奏聞皇帝裁決。京師死罪案件，刑部或三法司審理完結後，亦須奏聞皇帝裁決。斬絞立決案件奉旨依議後，始可執行死刑。斬絞監候案件奉旨依議後，尚有待秋審或朝審覆核。秋審或朝審覆核後，仍須奏聞皇帝裁決。清代諸帝多牢牢掌握司法審判大權，絕不輕易授與臣僚。司法審判出自上裁，生殺與奪在於一人，清代司法審判上君主集權之情形極爲顯著。

㈡各部院得兼理司法審判：清代司法審判機關以三法司（刑部、都察院、大理寺）爲主，除三法司外，清代中央尙有其他兼理司法審判之機關，如議政衙門、內閣、軍機處、吏部、戶部、禮部、兵部、工部、理藩院、通政使司、八旗都統衙門、步軍統領衙門、五城察院、宗人府、內務府等機關，均掌有司法審判權，都屬廣義之司法審判機關，此種情形與現行民刑訴訟法中司法機關一元化之情形迥不相同。按清代中央行政與司法並不嚴格區分，雖有專業之司法審判機關（三法司），中央各部院仍多兼理司法審判，得審理部分民刑案件。

㈢三法司合議審判：「明制三法司，刑部受天下刑名，都察院糾察，大理寺駁正。」（註一）清代三法司之職掌漸無區分，三法司共掌司法審判。「凡刑至死者，則會三法司以定讞。」（註二）除情節重大死罪案件由刑部專摺具奏外，其餘死罪案件，「罪應斬絞之犯，在京由三法司會審，在外由三法司會覆。」（註三）惟三法司中，刑部之權特重，清史稿刑法志即曰：「外省刑案，統由刑部核覆。不會法者，院寺無由過問，應會法者，亦由刑部主稿。在京訟獄，無論奏咨，俱由刑部審理，而部權特重。」（註四）清代之三法司合議審判與現行民刑訴訟法中合議制審判並不相同，清代之三法司合議審判係數司法審判機關之合議審判，而現代民刑訴訟法中之合議制審判係數法官之合議審判。中國傳統司法審判制度採行三法司合議審判，一則為避免司法審判大權集中於一衙門，使其權力過大。二則期望三法司相互制衡，防止營私舞弊。此固有其深意在焉，而非無意義之制度。

㈣民刑審判漸趨分化：清代司法審判並未嚴格區分民事與刑事案件，惟已有戶婚田土錢債案件與命盜等案件之分。清代府州縣廳等司法審判機關兼理民事與刑事案件，而省級司法審判機關中，布政使司職司審理戶婚田土錢債等民事案件，按察使司職司審理命盜等刑事案件。各省戶婚田土錢債等民事案件，州縣廳衙門即可結案，即使因審斷不公而上控，亦可於布政使司或督撫衙門結案。除涉及刑事者外，鮮見民人再行京控者。清代中央司法審判機關中，三法司職司審理命盜等刑事案件，戶部職司審理旗民戶口田房等民事案件。由此可知，清代省級及中央之司法審判已開始區分民事與刑事案件，兩類案件之司法審判漸趨分化。

㈤採行糾問制度：清代刑部或三法司於各省咨題之案件應行覆核，係採書面審理方式。惟刑部或三法司於京師徒罪以上案件，應行現審。依現代刑事訴訟之學理言之，刑部或三法司之現審係採糾問制度，以審判官為糾問者，以被告為被糾問之對象。審判官得依職權進行司法審判程序。糾問制度以發見實體之眞實為目的，並不重視判決之確定力。審判官得於發見新事實或新證據時，重新審理案件。換言之，刑部或三法司現審案件縱已結案，仍得再行覆審，與現行刑事訴訟判決確定後不得再行上訴或審判之情形不同。

㈥允許刑訊取供：刑部或三法司於現審案件（指京師徒罪以上案件及其他特殊案件），應親為審訊。清代司法審判特別重視當事人（原被告）及證人之口供，大清會典規定：「據供以定案」（註五）清律第三十一條（犯罪事發在逃）附例規定：「內外問刑衙門審辦案件，……務得（本犯）輸服供詞。」所謂輸服供詞即被告之招（自白），為案件據以定案之重要證據。清代司法審判允許刑訊取供，一般案件，得以大竹板刑訊人犯。重大案件，人犯如係男子，得以夾棍刑訊；人犯如係婦女，得以拶指刑訊。清律第三九六條（故禁故勘平人）附例尚允許以擰耳、跪鍊、壓膝、掌責等方式刑訊人犯，審判官依法拷訊致人犯於死者，無刑事責任。刑訊殘酷異常，藉刑訊而取得之供招，違反自白任意性之原則，其眞實性殊值懷疑。

㈦允許援引比附：清代並無現行刑事訴訟上罪刑法定主義之概念，法司遇有於律例上無處罰規定，而確有處罰必要之行為時，得援引比附，加以處罰。援引比附時，法司應議定奏聞。清律第四十四條

（斷罪無正條）規定：「凡律令該載不盡事理，若斷罪無正條者，（援）引（他）律比附，應加應減，定擬罪名，（申該上司）議定奏聞。」又同條附例規定：「其律例無可引用，援引別條比附者，應由刑部會同三法司公同議定罪名，於疏內聲明律無正條，今比照某律某例科斷，或比照某律某例加一等科斷，詳細奏明，恭候諭旨遵行。」法司援引比附之案件應係重大案件，一般輕微案件似毋庸援引比附，法司可逕引清律第三八六條（不應為），加以處罰。援引比附基本上與罪刑法定主義相衝突。

㈧分層結案：各省有關人命徒罪案件及遣軍流罪案件，督撫應專案咨部，刑部核覆後，即可結案。至於各省死罪案件，情節重大死罪案件，督撫應專摺具奏，由刑部核擬具奏，奉旨依議後，即可結案。尋常死罪案件，督撫應專本具題，由三法司核擬具奏，奉旨依議後，即可結案。（奉旨斬絞監候之案件，尚須經秋審覆核。）京師遣軍流徒罪案件，刑部應按季彙題，奉旨依議後，即可結案。至於京師死罪案件，情節重大死罪案件，刑部應專摺具奏，奉旨依議後，即可結案。尋常死罪案件，三法司應專本具題，奉旨依議後，即可結案。（奉旨斬絞監候之案件，尚須經朝審覆核。）由此可知，清代司法審判係分層結案，其中死罪案件之結案權屬於皇帝。

㈨自動覆核：各省遣軍流罪案件，不論被告是否不服，督撫均應專案咨部，由刑部覆核。各省死罪案件，不論被告是否不服判決，督撫均須專摺具奏或專本具題，奏聞於皇帝，由刑部或三法司覆核。京師死罪案件，因係由刑部或三法司現審，故無所謂自動覆核。各省死罪案件之自動覆核，係因人命關天，必須審慎處理，現行刑事訴訟法第三三四條第四項規定：「宣告死刑或無期徒刑之案件，原審法院應不待上訴依職權逕送該管上級法院審判。」與清代自動覆核制度略相類似，但僅限於宣告死刑或無期徒刑之案件，其範圍較小。平情論之，自動覆核制度較能保障被告之權益。

(十)九卿覆核制度（秋審及朝審制度）：各省尋常死罪案件，督撫專本具題後，由三法司核擬具奏，如奉旨斬絞監候，此類案件即係斬絞監候案件，應俟秋審覆核。京師尋常死罪案件，三法司專本具題後，如奉旨斬絞監候，此類案件亦係斬絞監候案件，應俟朝審覆核。秋審及朝審雖源自明代，惟其形成制度則係於清初。此項制度本質上爲一愼重民命之愼刑制度，清代諸帝均極爲重視。秋讞大典，蔚爲一代之典章。秋審及朝審，每年秋季（八月間）施行，由九卿、詹事、科道等官會同覆核，過程十分愼重。此一制度雖有形式化之缺點，成爲儀式性之工作，但仍有其意義與價值。

(土)限期審判：各省遣軍流罪案件，督撫專案咨部後，刑部應依期限核覆，各省死罪案件（無論情節重大死罪案件或尋常死罪案件），督撫專摺具奏或專本具題後，刑部亦應依期限覆核，核擬具奏。京師徒罪以上案件及死罪案件，刑部或三法司應於期限內審理完結，定擬具奏。（各省案件之覆核期限及京師案件之審理期限，前已述及，玆不贅述。）刑部或三法司違反覆核或審理期限者，即予處分。大清律例規定，三法司等衙門應於期限內審判，可避免案件久懸不決。

(土)審判錯誤者科以刑罰或處分：審判官審判錯誤時負刑事及行政責任。關於刑事責任部分，清律第四〇九條（官司出入人罪）規定：「若斷罪失於入者，各減三等；失於出者，各減五等。」關於行政責任部分，六部處分則例規定，審判錯誤者科以處分。承問失入者處分重，承問失出者處分輕，均應依案情輕重而爲處分，或革職，或降級調用，或降級留任，或罰俸。審判官審判錯誤時負刑事及行政責任，似爲中國傳統法制所特有。平情論之，審判錯誤時負刑事責任之規定，應非妥當。惟審判錯誤時負行政責任之規定，可督促審判官認眞審判，避免草率斷案，自有其可取之處。

無可諱言，清代司法審判制度，因受當時政治、經濟及社會發展等歷史條件之侷限，有其根本上之缺陷，諸如君主集權、行政機關兼理司法審判、採行糾問制度、允許刑訊取供及允許援引比附等。惟上述缺陷並非清代司法審判制度所特有，法國大革命以前歐陸各國之司法審判制度亦莫不皆然。法國大革命以後，歐陸各國陸續廢棄君主政治，採行民主政治，逐步建立以自由、民主及人權爲基本精神之法制。歐陸法制因而脫胎換骨，面貌一新，與法國大革命以前之歐陸法制迥不相同。可斷言者，中國傳統法制實自法國大革命以後，始大幅度落後於歐陸各國。吾人認爲，一味肯定中國傳統法制，固非所宜；而全盤否定中國傳統法制，亦有欠妥當。

二

清代中葉以前，由於當時政治、經濟及社會發展並無重大變化，中國傳統法制（含傳統司法審判制度）仍能有效運行。鴉片戰爭後，中國在政治、經濟、社會及文化上，均受到歐陸各國之衝擊，中國傳統法制逐漸難以因應。清末，清廷遂逐步引進歐陸法制。辛亥革命後，中國傳統法制，被徹底廢棄，全盤移植歐陸法制。當時移植歐陸法制係以德意志法制爲主要之範本，而當時之德意志法制，係以自由、民主及人權爲基本精神，（當時之德意志雖仍係帝國，但已有民主議會。）但其內容含有德意志民族習慣法之成分，未必適合當時之中國。民國初年之移植歐陸法制，屬於「超前立法」。超前立法固有其積極作用，但亦有其不良影響。總體而言，超前立法利多而弊少，但不能謂毫無其弊。

中國傳統法制雖已於民國初年被廢棄，但中國傳統法制三千年來所形成的中國人的法律觀念（legal view）或法律意識（legal conciousness）仍未消亡。中國傳統法制雖已廢棄達八十年，而中國傳統法制所形成的法律觀念，仍然深刻地影響當前民刑訴訟的實際運作。此種法律觀念，非但一般人民受其影響，司法人員（法官及檢察官）亦受其影響。

以民事訴訟而言，中國傳統司法審判制度採職權進行主義，注重實體的眞實發見，不重視判決確定力。而現行民事訴訟法主要採當事人進行主義（以職權進行主義爲輔），注重程序的公正，重視判決確定力。民事訴訟法第一百九十九條第二項規定：「審判長應向當事人發問或曉諭，令其陳述事實、聲明證據或爲其他必要之聲明及陳述。」依現行民事訴訟當事人進行主義之精神，審判長之闡明權原有一定之界限，不得超過一定之範圍。但在實務上，各級法院部分法官每每擴大闡明權之行使，最高法院並有判決予以肯定。（四十九年度臺上字第一五三〇號判決）各級法院法官在實務上擴大闡明權之行使，已有違現行民事訴訟當事人進行主義之精神，各級法院部分法官應係受中國傳統司法審判制度職權進行主義之法律觀念之影響。

以刑事訴訟而言，中國傳統司法審判制度採糾問主義，係以職權發動爲刑事審判開始之制度，當事人之地位不對等。而現行民事訴訟法採彈劾主義，係以起訴控告爲刑事審判開始之制度，當事人之地位對等。刑事訴訟法第二百八十二條規定：「被告在庭時，不得拘束其身體。」但在實務上，各級法院法官並未認眞執行，刑事案件之被告在庭時每每手銬脚鐐，此項作法自係違法。又刑事訴訟法第一百〇一條規定法官及檢查官之羈押權：「被告經訊問後，認爲有第七十六條所定之情形者，於必要時得羈押之。」此項羈押權之行使，原以必要時爲限。但在實務上，法官及檢察官每每擴大羈押權之行使，非必要時，亦常羈押被告。上述兩項實務上事例均有違現行刑事訴訟彈劾主義之精神，有關司法人員應係受中國傳統司法審判制度糾問主義之法律觀念之影響。

中國傳統法制所形成的法律觀念既然仍然如此深刻地影響當前民刑訴訟的實際運作，研究中國傳統法制（含傳統司法審判制度）即有其意義與價值，故學者認爲：「我國的傳統法制持續地發展了數千年，每一個時代都承襲了前一個時代的舊制度，作了一些改革，又遺傳給了下一個時代。在清末變法之前，因爲我國的政治、經濟、社會、觀念各方面所經歷的變化不劇烈，傳統法制的改革也很有限。自清到目前，我國在這些方面發生了重大的變化，法制的改革乃極迅速。不過想在短暫的數十年間，完全擺脫數千年遺留下來的影響是不可能的，所以目前我國法制裏還有許多新舊不洽的問題。要解決這些問題，一方面固然應該仔細探討目前和將來的新情勢，另一方面也應該對我國的法制傳統詳加研究。」（註六）

民國初年移植之歐陸法制在中國本無與之配合的政治、經濟與社會條件，也無歷史與文化的基礎。

民國初年移植歐陸法制時，既不考量政治、經濟與社會條件，也不參酌民族歷史與文化的傳統（指習慣法等），這種作法自然是有欠妥當的。

以日本之移植歐陸法制爲例，明治維新以後，日本逐步廢棄傳統法治，移植歐陸法制。日本移植歐陸法制時，即較能考量日本政治、經濟與社會條件，也較能參酌日本歷史與文化的傳統。現行日本法制已與歐陸法制不同，具有日本之特色，新的日本法制已隱然形成。

中國傳統法制（含司法審判制度）固然缺點很多，但亦不無優點。歐陸法制固然優點很多，但亦不無缺點。吾人期盼，我國今後引進歐陸法制（或英美法制）時，不應再有全盤移植的作法，而應考量我國的政治、經濟與社會條件，也應參酌我國的歷史與文化的傳統（指習慣法等），重建具有中國特色的、適合中國人的法制，使中華法制浴火重生，再度屹立於世界。

【註釋】

註一　清史稿，卷一四四，刑法三，見鼎文版清史稿，頁四二〇六。

註二　大清會典，卷五十三，頁一。

註三　前書，卷六十九，頁十六。

註四　清史稿，卷一四四，刑法三，見鼎文版清史稿，頁四二〇六。

註五　大清會典，卷五十五，頁一。

註六　張偉仁輯著，清代法制研究，輯一册一，頁一四五。

重要參考書目

一、律例典章部分

長孫無忌等撰，唐律疏議，弘文館出版社，民國七十五年三月。

竇儀等撰，宋刑統，文海出版社，民國五十三年八月。

高舉發刻，大明律集解附例，學生書局，民國五十九年十二月。

戴金編次，皇明條法事類纂，文海出版社。民國七十四年八月。

黃彰健編著，明代律例彙編，中央研究院歷史語言研究所，民國六十八年三月。

弘晝等撰，大清律例（乾隆年間編，載四庫全書中），臺灣商務印書館，民國七十五年三月。

崑岡等撰，大清律例（光緒年間編，載大清會典中），新文豐出版公司，民國六十五年十月。

姚潤原纂，胡璋增輯，大清律例會通新纂，文海出版社，民國五十三年四月。

李瀚章等纂，大清律例彙輯便覽，成文出版社，民國六十四年。

文孚等修，六部處分則例，文海出版社，民國五十八年。

佚名，蒙古律例，成文出版社，民國六十一年一月。

崑岡等撰，大清會典，新文豐出版公司，民國六十五年十月。
崑岡等撰，大清會典事例，新文豐出版公司，民國六十五年十月。
嵇璜等纂，清朝通典，新興書局，民國七十六年十二月。
嵇璜等纂，清朝通志，新興書局，民國七十六年十二月。
嵇璜等纂，清朝文獻通考，新興書局，民國七十六年十二月。
劉錦藻等撰，清朝續文獻通考，新興書局，民國七十六年十二月。
鐵保等纂，八旗通志，學生書局，民國五十七年。

二、檔案部分

中國第一歷史檔案館、中國社會科學院歷史研究所譯註，滿文老檔（漢譯本），北京中華書局，一九九〇年三月。
中國第一歷史檔案館編，清初內國史院滿文檔案譯編，北京光明日報出版社，一九八九年十月。
中國人民大學清史研究所、中國第一歷史檔案館譯，盛京刑部原檔（漢譯本），北京群衆出版社，一九八五年三月。
中央研究院歷史語言研究所編，明清史料，中央研究院歷史語言研究所，民國六十一年三月。
張偉仁主編，明清檔案，聯經出版公司，民國七十五年元月至七十七年五月。
關嘉祿譯，雍乾兩朝鑲紅旗檔，遼寧人民出版社，一九八七年二月。

中國第一歷史檔案館、中國社會科學院歷史研究所編，清代地租剝削形態（乾隆刑科題本租佃關係史料之一），北京中華書局，一九八二年十一月。
國立故宮博物院編輯，宮中檔康熙朝奏摺，國立故宮博物院，民國六十五年至六十六年。
國立故宮博物院編輯，宮中檔雍正朝奏摺，國立故宮博物院，民國六十六年至六十七年。
中國第一歷史檔案館編，清代檔案史料叢編（一至十輯），北京中華書局，一九八四年四月。
國立故宮博物院編輯，袁世凱奏摺專輯，國立故宮博物院，民國五十九年十月。
全士潮等纂輯，駁案新編，成文出版社，民國五十七年六月。
祝慶祺等編，刑案滙覽，成文出版社，民國五十七年六月。
剛毅輯，秋讞輯要，文海出版社，民國五十八年。

三、官修史書部分

大清滿洲實錄，新文豐出版公司，民國六十七年七月。
大清太祖高皇帝實錄，新文豐出版公司，民國六十七年七月。
大清太宗文皇帝實錄，新文豐出版公司，民國六十七年七月。
大清世祖章皇帝實錄，新文豐出版公司，民國六十七年七月。
大清聖祖仁皇帝實錄，新文豐出版公司，民國六十七年七月。
大清世宗憲皇帝實錄，新文豐出版公司，民國六十七年七月。

大清高宗純皇帝實錄，新文豐出版公司，民國六十七年七月。
大清仁宗睿皇帝實錄，新文豐出版公司，民國六十七年七月。
康熙起居注，北京中華書局，一九八四年八月。
趙爾巽等撰，清史稿，鼎文書局，民國七十年九月。

四、著作部分

楊鴻烈著，中國法律發達史，臺灣商務印書館，民國五十六年一月。
戴炎輝著，中國法制史，三民書局，民國五十五年六月。
林咏榮著，中國法制史，作者自印，民國六十年九月。
李甲孚著，中國法制史，聯經出版公司，民國七十七年十月。
楊雪峯著，明代的審判制度，黎明文化事業公司，民國六十七年四月。
張晉藩、郭成康著，清入關前國家法律制度史，遼寧人民出版社，一九八八年十一月。
劉景輝著，滿洲法律及其制度之演變，嘉新水泥公司文化基金會，民國五十七年十月。
張偉仁輯著，清代法制研究，中央研究院歷史語言研究所，民國七十二年九月。
薛允升著，黃靜嘉編校，讀例存疑重刊本，民國五十九年。
鄭秦著，清代司法審判制度研究，湖南教育出版社，一九八八年五月。
陶希聖著，清代州縣衙門刑事審判制度及程序，食貨出版社，民國六十一年一月。

那思陸著，清代州縣衙門審判制度，文史哲出版社，民國七十一年六月。
王其榘著，明代內閣制度史，北京中華書局，一九八九年一月。
李鵬年等編著，清代中央國家機關概述，黑龍江人民出版社，一九八八年六月。
傅宗懋著，清代軍機處組織及職掌之研究，嘉新水泥公司文化基金會，民國五十六年十月。
傅宗懋著，清制論文集，臺灣商務印書館，民國六十六年七月。
楊樹藩著，清代中央政治制度，臺灣商務印書館，民國六十七年五月。
繆全吉著，清代幕府人事制度，中國人事行政月刊社，民國六十年五月。
莊吉發著，清代奏摺制度，國立故宮博物院，民國六十八年九月。
張晉藩著，法史鑒略，北京群衆出版社，一九八八年四月。
昭槤著，嘯亭雜錄，弘文館出版社，民國七十五年十一月。
于敏中等編纂，日下舊聞考，北京古籍出版社，一九八三年五月。
梁章鉅、朱智撰，樞垣記略，北京中華書局，一九八四年十月。
陳康祺著，郎潛紀聞，北京中華書局，一九八四年三月。
章乃煒著，清宮述聞，北京紫禁城出版社，一九九〇年五月。
伍承喬編，清代吏治叢談，文海出版社，民國五十八年。
趙雅書著，清末四大奇案，文鏡文化公司，民國七十一年九月。

中國第一歷史檔案館編，明清檔案論文選編，北京檔案出版社，一九八五年八月。
中國第一歷史檔案館編，明清檔案與歷史研究，北京中華書局，一九八八年五月。
莊吉發著，故宮檔案述要，國立故宮博物院，民國七十二年十二月。
潘喆等編，清入關前史料選輯（第一輯、第二輯），中國人民大學出版社，一九八四年十一月。
孟森著，明清史論著集刋，南天書局，民國七十六年五月。
陳捷先著，清史雜筆（第一輯至第八輯），學海出版社，民國六十六年八月至民國七十六年二月。
莊吉發著，清代史料論述，文史哲出版社，民國六十八年十月。
孟森著，明清史講義，里仁書局，民國七十一年九月。
陳捷先著，明清史，三民書局，民國七十九年二月。
楊學琛、周遠廉著，清代八旗王公貴族興衰史，遼寧人民出版社，一九八六年三月。
閻崇年著，努爾哈赤傳，北京出版社，一九八三年六月。
孫文良、李治亭著，清太宗全傳，吉林人民出版社，一九八二年。
孟昭信著，康熙大帝全傳，吉林文史出版社，一九八七年四月。
馮爾康著，雍正傳，北京人民出版社，一九八五年九月。
楊啓樵著，雍正帝及其密摺制度研究，源流出版社，民國七十二年九月。

五、其他

李成華編著，中國古代職官辭典，常春樹書坊，民國七十七年五月。
孫文良主編，滿族大辭典，遼寧大學出版社，一九九〇年五月。
商鴻逵等編著，清史滿語辭典，上海古籍出版社，一九九〇年五月。
佚名，六部成語注解，浙江古籍出版社，一九八七年七月。
張偉仁主編，中國法制史書目（第一册、第二册、第三册），中央研究院歷史語言研究所，民國六十五年六月。